FAITH AND CONFESSION

by
CHARLES CAPPS

믿음과 고백

챨스 캡스 지음 | 신현호 옮김

믿음의 말씀사

Faith and Confession
ISBN 10:1-57794-132-2
ISBN 13:978-1-57794-132-3
(Formerly ISBN 0-89274-444-8)
Copyright © 1987 By Charles Capps
P.O.Box 69
England, Arkansas 72046

2010 / Korean by Word of Faith Company, Korea.
Translated and published by permission
Printed in Korea.

믿음과 고백

1판 1쇄 인쇄일 · 2010년 10월 8일
1판 1쇄 발행일 · 2010년 10월 12일

지 은 이 챨스 캡스
옮 긴 이 신 현 호
발 행 인 최 순 애
펴 낸 곳 믿음의 말씀사
주   소 경기 용인시 기흥구 마북동 320-2 엔젤빌딩 3층
전화번호 (031) 8005-5483 / 5493   FAX : (031) 8005-5485
홈페이지 http://faithbook.kr
출판등록 제68호 (등록일 2000. 8. 14)

ISBN 89-90836-90-5 03230
값 12,000원

본 저작물의 한국어판 저작권은 Harrison House와의 독점 협약으로 '믿음의 말씀사'가 소유합니다.
저작권법에 의해 한국 내에서 보호를 받는 저작물이므로 무단 전재와 복제를 금합니다.

목 차

서문	6
도입부	7
1. 복음은 하나님의 능력입니다	9
2. 죽고 사는 것이 혀에 달려 있습니다: 말의 능력	35
3. 심을 때와 거둘 때	61
4. 하나님의 말씀에는 믿음으로 얻게 될 복의 이미지가 담겨 있습니다	89
5. 믿음의 원리와 관련된 의로움	117
6. 고백을 통해 믿음을 발전시켜야 합니다	141
7. 믿음에 상응하는 행동	179
8. 믿음에 상응하는 행동의 법칙: 믿음에는 행동이 따라야 합니다	199
9. 믿음에 상응하는 행동은 균형이 잡혀야 합니다	229
10. 믿음의 동역자인 소망	259
11. 믿음과 고백 – 어떻게 이것이 역사하는가	287
12. 우리의 고백이 역사하도록 하려면	311
13. 없는 것을 있는 것처럼 부르기	325
하나님의 말씀에 근거한 고백문	369

서 문

　성경에는 특별한 시각으로 보지 않으면 도무지 알 수 없는 진리들이 많습니다. 믿음과 고백에 대한 진리들도 그런 종류의 것이므로 이를 가르치기 위한 특별한 노력이 필요하며, 저는 이 특별한 노력을 하고 있습니다.

　믿음과 고백에 대한 많은 잘못된 오해들이 있었습니다. 이런 오해들을 바로잡는 일에 도움을 준 많은 그리스도의 몸된 지체들에게 이 책을 바칩니다. 책을 읽으실 때 기도를 많이 하시기 바랍니다. 이 책에 언급된 성경 구절을 읽으실 때 열린 마음으로 대하십시오. 이 책에 언급되지 않은 다른 성경 구절에 대해서도 연구하는 시간을 가지시길 바랍니다. 이 책에 언급된 원리들이 여러분들이 그동안 배웠던 것과 다르다는 생각이 들더라도 섣불리 판단하지 마시고 하나님과 당신 스스로에게 자문해 보십시오. 성령님께 가르쳐 달라고 도움을 청하십시오. 그리고 이 원리를 여러분의 삶에 적용하려고 한다면 구체적으로 어떻게 적용해야 할지에 대해서도 성령의 지시하심을 따르십시오.

- 챨스 캡스

도입부

　많은 분들이 믿음과 고백에 대해 말해왔고 또 가르침도 많이 있었지만, 아울러 많은 오해도 있었습니다.
　저는 이 책을 통해 믿음과 고백에 관련된 하나님의 말씀을 실제적으로 적용할 수 있는 방법을 설명하려고 합니다. 이렇게 하는 것이 이 주제에 대한 잘못된 많은 오해들을 풀 수 있는 방법이 될 것입니다.
　믿음의 삶은 균형 잡힌 것이어야 한다는 점을 이해해야 합니다. '균형 잡힌 믿음' 이란 말은 나쁜 말이 아닙니다. 어떤 분들은 균형이란 말을 들으면 불편해 합니다. 그분들은 제가 균형 잡힌 삶을 말하면서 믿음과 불신앙을 뒤섞으려고 한다고 생각하기 때문입니다. 전혀 그렇지 않습니다.
　제가 말하는 균형 잡힌 삶이란 어느 한쪽 방향으로 치우쳐서 도랑에 빠질 때까지 계속 가지 말고 하나님께서 말씀하신 모든 것에 균형을 유지하라는 의미입니다.
　이 책을 통해 믿음과 고백에 대한 공부를 하게 되면, 여러분이 지금까지 믿음에 관한 설교나 가르침을 통해 들어보지 못한 것도 발견할 것입니다. 또한 믿음의 원리들을 어떻게 적용할지, 하나님의 말씀을 따라 믿음을 어떻게 사용하는지를 배우게 될 것입니다.
　믿음에 대해 가르칠 때면 어떤 분들은 자신이 믿음에 대해 이미 알고 있다고 생각하고 가르침을 소홀히 하시는 분들이 있습니다. 하지만 아마도 알고 있다고 생각하는 것은 그저 일부분에 불과할 것입니다. 믿음에 대해서는 조심하지 않으면 치우쳐서 도로 왼쪽의 도랑에 빠지거나 또는 오른쪽 도랑에 빠질 수 있습니다. 하나님은 우리에게 삶의 문제들을 극복하고 승리하는 삶을 살 수 있는 가르침을 주셨습니다. 이 책에서 말하고 있는 것은 어떤 공식이 아니라 믿음과 고백에 대한 원리들입니다.

혹 여러분들 중에 이 믿음의 말씀에 대한 사역을 시작하시려는 분이 계시다면, 미리 권면해 드리고 싶은 것이 있습니다. 여러분이 믿음과 고백을 가르칠 때 매우 조심스러운 태도를 가져야 합니다. 잠언이 지혜를 줍니다. "…*달콤한 입술은 학식을 더하게 하느니라*"(잠 16:21)

많은 젊은 사역자들이 믿음에 대한 가르침에 대해 잘 알고 또 좋은 가르침의 기술을 알고 있었습니다. 그러나 그들의 오만한 태도로 인해 가르침을 받는 사람은 그들에게서 떠나버렸고 더 이상 그들의 가르침을 들으려고 하지 않게 되었습니다.

그들이 가르치는 내용에는 잘못된 것이 없습니다. 다만, 그들의 가르치는 *태도가 문제였습니다*. 독단적인 태도로 가르치면 사람들이 여러분에게 등을 돌리게 되니 조심하십시오.

가르침을 받는 사람들의 현재 수준에서 가르치기 시작해서 보다 높은 수준의 믿음을 개발하도록 해야 합니다.

그들이 더 발전하게 되면 나중에는 좀 더 강한 것들도 가르칠 수 있게 될 것입니다. 사람들을 그들의 수준에서 가르치는 것을 먼저 배우십시오.

아무리 엄청난 것을 가르친다고 해도 그들이 그것을 받지 못하면 당신은 실패한 것입니다.

1
복음은 하나님의 능력입니다

내가 그리스도의 복음을 부끄러워하지 아니하노니 이는 이 복음이 믿는 모든 자를 구원에 이르게 하시는 하나님의 권능이기 때문이라 먼저는 유대인에게요 또한 그리스인에게로다

– 롬 1:16

바울이 복음을 부끄러워하지 않는다고 말했을 때, 복음이란 '좋은 소식'을 의미합니다.

바울은 좋은 소식을 부끄러워하지 않는다고 말했지만, 나는 좋은 소식을 부끄러워하는 사람들을 보았습니다. 그들이 좋은 소식을 부끄러워한 이유는 좋은 소식에 대해 가르치는 사람의 태도가 매우 교만했기 때문입니다. 그가 좋은 소식을 가르칠 때 보여준 태도는 사람들을 역겹게 했습니다.

어떤 사람들이 이렇게 말하는 것을 들었습니다. "믿음에 대한 가르침이라면 모두 들었기 때문에 이젠 더 이상 들을 필요가 없답니다."

그들의 말이 사실이라면, 그들은 하나님의 말씀을 다 들은 것입니다. 하나님의 말씀은 모두 믿음에 대한 가르침이기 때문입니다. 하나님 말씀의 핵심은 믿음이므로 만일 어느 누군가가 하나님의 말씀을 가르치려고 한다면 결국 믿음에 대해 가르쳐야 할 것입니다.

그러므로 믿음에 대해서 더는 듣고 싶지 않다고 했지만, 그들은 말씀을 듣고 싶지 않다는 것이 아니라 단지 믿음의 말씀을 가르치는 사람들의 태도에 대해 싫증을 내고 있는 것입니다.

만일 여러분이 사람들을 돕고자 한다면 그들의 믿음의 수준에서부터 시작해야 합니다. 그리고 그 가르침은 반드시 사랑의 마음으로 행해야 합니다.

번영에 대해서도 마찬가지입니다. 번영을 가르칠 때는 사랑으로 가르쳐야 합니다. 제가 아는 어떤 분들은 자신들의 가르침과는 전혀 다른 방법으로 가르치더군요.

여러분 스스로를 점검해보십시오

가르치는 직분에 있는 사람들은 자신이 가르치는 내용을 스스로 들어보아 자기의 가르침이 다른 사람에게 어떻게 전달될 지를 살피는 것이 도움이 될 수 있습니다. 이렇게 우리 자신을 점검해보는 것이 필요한 이유는 우리의 의도와는 달리 우리의 가르침이 잘못 전달되어 청중들이 오해하는 일이 종종 일어나기 때문입니다.

바울은 이렇게 말했습니다. "나는 좋은 소식을 부끄러워하지 않습니다. 왜냐하면 이것이 하나님의 능력이기 때문입니다." 좋은 소식은 하나님의 능력입니다. 그것은 복음을 말하는 것입니다. 그리고 복음은 믿음이며, 번영이며, 치유를 말합니다. 이 모든 것은 구원 안에 포함되어 있습니다.

바울은 이 말을 통해 하나님의 능력은 하나님의 말씀 안에 있다는 것을 말하고자 한 것입니다. 하나님께서는 능력의 말씀으로 만물을 붙드십니다.

복음은 좋은 소식이며, 구원에 이르게 하는 하나님의 능력이 됩니다. 구원에는, 죄에서 해방, 보존하심, 치유하심, 건강한 삶이 모두 포함되어 있습니다.

만일 우리가 하나님의 구원을 전파할 때 하나님의 말씀이 가르치는 방법대로, 그리고 바른 태도로 가르친다면, 사람들은 우리가 가르치는 구원을 믿게 될 것입니다. 성경을 가지고 사람들의 머리를 때리려는 방식으로 전파하지 마십시오. 그렇게 하면 하나님의 말씀은 그저 세상의 수많은 종교적인 가르침 중 하나 정도로 여겨질 것입니다. 우리 모두 복음을 듣기 전에는 그들과 하나도 다를 바가 없었습니다.

가르칠 때는 내용이 성경적이어야 할 뿐 아니라 태도도 올발라야 합니다

사람들이 좋아하지 않는 방식으로 그들을 가르친다면 성경적으로는 옳은 내용을 가르친다고 해도 잘못을 저지르고 있는 것입니다.

"…달콤한 입술은 학식을 더하게 하느니라"(잠 16:21) 복음, 즉 좋은 소식은 하나님의 능력입니다. 그러나 사람들은 종종 좋은 소식을 나쁜 소식으로 바꾸어버립니다.

사람들은 성경에 기록된 가장 훌륭한 치유의 메시지를 택해서 그것을 나쁜 소식으로 바꾸어 버립니다. 예를 들어 육체의 가시를 없애달라고 기도하는 사도 바울에게 예수님께서 뭐라고 대답하셨는지 살펴봅시다. 예수님은 이렇게 말씀하셨습니다. "…내 은혜가 네게 족하도다…"(고후 12:9)

말씀을 옳게 분별하기

어떤 분이 이렇게 말하는 것을 들었습니다. "하나님께서는 바울을 치유해주시지 않으셨다네." 그러나 예수님은 이렇게 말씀하셨습니다. "바울아 내 은혜가 너에게 족하다."

여기서 "은혜"는 하나님께서 무엇을 해주시려는 마음입니다. 이 성경 말씀은 치유와 구원에 관한 가장 강력한 말씀 중 하나입니다. 여기서 "가시"는 질병을 말하는 것이 아닙니다. 바울은 그것을 사탄의 사자라고 말했습니다.

여러 계시를 받은 것이 지극히 크므로 너무 자만하지 않게 하시려고 내 육체에 가시 곧 사탄의 사자를 주셨으니 이는 나를 쳐서 너무 자만하지 않게 하려 하심이라 이것이 내게서 떠나가게 하기 위하여 내가 세 번 주께 간구하였더니 나에게 이르시기를 내 은혜가 네게 족하도다 이는 내 능력이 약한 데서 온전하여짐이라 하신지라 그러므로 도리어 크게 기뻐함으로 나의 여러 약한 것들에 대하여 자랑하리니 이는 그리스도의 능력이 내게 머물게 하려 함이라 그러므로 내가 그리스도를 위하여 약한 것들과 능욕과 궁핍과 박해와 곤고를 기뻐하노니 이는 내가 약한 그때에 강함이라(고후 12:7-10)

주님께서 하시는 말씀은 바로 이것입니다. "네가 필요한 것을 나의 은혜로부터 가져가라." 주님께서는 바울이 주님의 뜻을 잘 이해하지 못했기 때문에 세 번이나 말씀하셔야 했습니다. 하나님께서는 직접 가시를 제거하려고 하지 않으셨습니다. 가시를 제거하는 것은 바울의 몫입니다. 바울 자신이 하나님의 은혜에 의지해서 행동해야 했습니다. 바울은 자신이 직접 사탄에게 스스로 대항해야 했고 그렇게 했습니다. 사도행전 마지막 부분을 보면 그 결과로 바울이 어떻게 되었는지 알 수 있습니다.

> 바울이 온 이태를 자기 셋집에 유하며 자기에게 오는 사람을 다 영접하고 담대히 하나님 나라를 전파하며 주 예수 그리스도께 관한 것을 가르치되 금하는 사람이 없었더라(행 28:30,31)

복음은 하나님의 능력입니다. 좋은 소식입니다. 그런데 이 좋은 소식을 나쁜 소식으로 바꾸어버리는 사람들이 있습니다. 어떤 분들은 번영에 관한 가르침에 대해 매우 부정적인 태도를 가지고 있습니다.

하지만, 번영은 사람이 생각해 낸 것이 아니라 성경의 원리들 중 하나입니다. 성경을 잘 살펴보시면 곳곳에 우리가 번영하기를 원하신다는 말씀이 가득합니다. 우리가 얻은 구원에는 번영이 포함되어 있습니다.

구원이란 말의 헬라어는 "sozo"인데, 헬라어 "sozo"에는 "구하여 냄, 보호함, 치료함, 강건케 함" 같은 의미가 포함되어 있습니다. "sozo"라는 단어는 한마디로 말해서 영과 혼과 육의 완전한 번영을 의미하는 단어라고 저는 믿습니다.

이 단어의 의미를 기억하면서 히브리서 11장 1절 말씀을 보십시오

믿음은 실상이며, 소망은 목표를 확정합니다

믿음은 바라는 것들의 실상이요 보지 못하는 것들의 증거니

바울은 **믿음은**(Now faith Is)…이라고 말합니다. 여기 영어성경에서 사용된 Now는 '현재'라는 뜻으로 쓰이지 않았지만, (Now라는 영어 단어는 현재시제를 나타내기도 하지만 단순히 말을 바꾸기 위한 조사로서 "그런데"라는 의미로도 사용됩니다. 역자 주) '현재'라는 뜻으로 사용해봅시다. "믿음(faith)"이란 단어 양쪽의 "Now"와 "Is"라는 단어를 모두 현재시제로 생각해봅시다.

믿음은 바라는 것들의 실상이란 말씀에서 '믿음'은 현재의 믿음입니다. 바라는 것들의 실상도 현재시제에 대한 것입니다.

다른 말로 하면, 만일 믿음이 현재와 관련된 것이 아니라면 그것은 믿음이 아니라는 말입니다. 믿음이 현재시제가 아니라면 그 믿음은 '바라는 것의 실상'이라고 말할 수 없습니다.

소망은 언제나 미래의 것을 말합니다.

많은 분들이 이 점을 잘 이해하지 못합니다. 소망과 믿음을 혼동하고 있습니다. 그들은 이렇게 말합니다. "하나님께서 언젠가는 이 일을 행하시리란 것을 저도 믿고 있답니다."

아닙니다. 하나님께서는 이미 그 일을 다 이루셨습니다. 여러분에게 건강을 주시기 위해 필요한 모든 일을 이미 마치셨습니다. 여러분에게 넉넉한 재정을 공급하시기 위해 필요한 모든 일을 다 끝내셨고, 이 세상 끝날에 마귀를 멸하기 위해 필요한 일을 이미 모두 이루셨습니다.

하나님께서는 이 모든 약속들을 이미 다 주셨습니다. 성경은 하나

님의 뜻이고, 하나님의 뜻은 성경에 기록되어 있습니다. 특히 신약성경은 최종적인 하나님의 뜻이며 예수님이 우리에게 하신 약속입니다. 그 약속에 대해서는 언제든지 '내가 그렇게 할 것이다' 라고 말씀하셨습니다. 좀 더 정확히 말씀드리면, 성경의 약속은 하나님께서 언젠가 우리를 위해 무언가를 하시겠다는 약속이 아니라, ***그분이 다 이루어 놓으신 것을 우리가 받기만 하면 된다는 약속입니다.***

하나님은 세상을 자신이 원하는 대로 만드실 수 있었습니다. 그분은 세상을 이렇게 만드셨을 수도 있었습니다. "우리가 이 세상을 만들되 사람들이 느끼는 대로 이루어지도록 만들자. 사람들이 아침에 일어나서 어떻게 느끼든지 그 느낌대로 세상이 이루어지도록 만들자." 하지만 하나님은 그렇게 하시지 않으셨습니다.

믿음의 법

믿음도 법입니다. 하나님의 법이지요. 사도 바울이 로마서에서 이것에 대해 말하고 있습니다.

> 그런즉 자랑할 데가 어디뇨 있을 수가 없느니라 무슨 법으로냐 행위로냐 아니라 오직 믿음의 법으로니라(롬 3:27)

바울은 예수님을 믿음으로 영접하는 것을 말하면서 믿음으로 얻는 것에 대해 말하고 있습니다. 우리가 자랑할 것이 없다고 말합니다. 우리의 죄가 사라진 것에 대해 우리가 자랑할 수 없다고 말합니다. 우리가 그것을 우리 노력으로 얻은 것이 아니라 다만 믿음을 통해 선물로 받은 것이기 때문입니다.

"그런즉 자랑할 데가 어디뇨?" 있을 수 없다고 말합니다. 무슨 법으로냐? 행위로냐? 오직 믿음의 법으로입니다.

구약시대의 법은 행위의 법이었습니다. 그러나 지금 새로운 언약 아래서는 믿음의 법이 역사합니다. 그러므로 우리는 믿음이 신약의 법이라고 말할 수 있습니다.

율법 아래서는 그들의 행위가 그들을 의롭게 만들었습니다. 그러나 신약에서는 선행이 아닌 믿음으로 의를 얻습니다. 의(Righteousness)는 믿음의 법칙을 따라오게 되는 것입니다.

> 그런즉 우리가 믿음으로 말미암아 율법을 폐하느뇨 그럴 수 없느니라 도리어 율법을 굳게 세우느니라 (롬 3:31)

바울이 굳게 세운다고 말하고 있는 것이 무슨 법일까요. 믿음으로 얻는 의의 법입니다. 이것은 바울이 로마서 8장에서 말하고 있는 하나님의 법과 같은 것이라고 믿습니다.

> 육신의 생각은 사망이요 영의 생각은 생명과 평안이니라 육신의 생각은 하나님과 원수가 되나니 이는 하나님의 법에 굴복치 아니할뿐 아니라 할 수도 없음이라 (롬 8:6-7)

육신의 생각은 하나님의 법에는 아무 쓸모가 없습니다. 이 말씀이 말하는 '하나님의 법'은 '믿음의 법'을 말하는 것이라고 확신합니다. 이것은 중력의 법칙과도 같습니다. 중력의 법칙은 지금도 작용됩니다. 우리가 중력의 법칙을 믿든 믿지 않든 중력의 법칙은 작용합니다. 항상 작용합니다. 하나님께서 만드신 또 다른 법칙인 믿음의 법칙도 예외 없이 항상 작용합니다.

그런데 어떤 사람들에겐 이 믿음의 법칙이 작용하지 않습니다.

중력의 법칙은 우리의 의지에 상관없이 적용되지만, 믿음의 법칙은 우리의 의지에 따라 적용됩니다. 하나님께서는 어떻게 해야 믿음의 법칙이 우리가 원하는 대로 적용되도록 할 수 있는지를 가르쳐 주셨습니다. 하나님이 가르쳐주신 대로 한다면 믿음의 법칙은 언제든지 역사할 것이며, 우리가 하나님의 방법대로 하지 않는다면 믿음의 법은 역사하지 않을 것입니다.

마음으로 믿는 믿음

로마서 8장 7절을 보십시오. 육신의 생각은 하나님과 원수가 됩니다. 이는 하나님의 법에 굴복하지 아니할 뿐 아니라 할 수도 없습니다. 육신의 생각은 하나님의 믿음의 법칙을 통해 무엇을 이루어낼 수 없습니다.

믿음은 우리의 심령을 통해서 역사합니다. 믿음은 영적인 힘임을 이해해야 합니다. 믿음은 사람의 마음에서 역사하는 것이며, 우리의 머리를 통해 역사하는 것이 아닙니다. 우리는 머리로 하나님의 말씀이 옳다고 동의할 수 있습니다. 어떤 사람들은 이런 지적 동의를 믿음이라고 착각합니다. 그러나 지적 동의는 믿음이 아닙니다.

머리에서의 '지적 동의(Mental assent)'는 "예, 저도 그 말씀이 틀림없이 성경에 기록되어 있다는 것을 압니다"라고 말합니다. 그러나 그들은 믿고 있는 것이 아닙니다. 단지 머리로 그렇게 하는 것은 진정으로 믿는 것이 아닙니다. 지적으로 동의하는 사람도 이렇게 말할 수 있습니다. "예, 성경에 기록되어 있으니 그것은 진리입니다."

그러나 당신의 삶에서도 그것이 진리인가요?

"글쎄요, 제 삶에서 적용된다고 말할 수는 없겠네요."

이렇게 말하는 사람은 아직 심령으로 믿는 믿음을 가졌다고 볼 수 없습니다.

하나님의 믿음을 가진 사람이라면 실제로 그가 믿는 것이 그의 삶에서 나타날 것입니다. 이렇게 되려면 영(마음)으로 믿어야 합니다.

머리로 믿는 믿음은 역사하지 않습니다

많은 사람들이 어려움을 겪는 부분은 그들이 단지 머리로만 믿으려고 하기 때문입니다. 자기들이 해야 할 일은 그저 고백하는 것이라고 생각합니다. 그들은 이렇게 말합니다. "하나님께서 마가복음 11장 23절 말씀을 통해 '내가 말하면 말하는 것을 가질 수 있다'고 하셨으니, 이제 내가 원하는 것을 부지런히 말해야겠군."

여기 한 예가 있습니다. 어떤 사람이 그의 친구에게 이렇게 말합니다. "이보게, 그 믿음의 고백에 대한 가르침은 실제 효력이 없다네."

"그래? 어째서 그렇게 생각하나?

"글쎄, 내가 하루에 삼백 번씩 '나는 차를 가졌다'고 고백을 했는데도, 실제로 차를 가질 수 없었지 뭔가."

이 사람이 행한 것은 *말씀을 그저 공식처럼 적용한 것*에 불과하다는 것을 아시겠습니까? 이 사람은 믿음의 고백이 마치 마법과도 같은 공식이라고 생각한 것입니다. 자신이 그것을 말하면 자동차가 자신의 차고에 자동적으로 나타나게 될 것이라고 생각한 것이지요.

믿음의 고백은 그렇게 역사하지 않습니다. 그렇게 하는 것은 믿음에 대한 성경적인 가르침에 따른 것이 아닙니다. 그는 단지 어떤 공식에 따라 행동했을 뿐입니다. 그는 성경의 원리를 전혀 이해하지 못한 것입니다. 믿음은 반드시 역사합니다. 그러나 믿음은 단기간에 따라 할 수 있는 그런 것이 아니며 발전시켜야 합니다.

사람들이 제대로 이해하지 못하는 것이 있습니다. 성경에 어떤 구절이 존재한다는 것을 믿는 것만으로 그것이 자신의 삶에 이루어지는 것이 아닙니다. 그 성경 구절에 대한 우리의 믿음을 발전시켜야 합니다. 다시 한번 강조하고 싶습니다. 성경에서 어떤 말씀을 찾는 것만으로 그 말씀을 믿을 준비가 다 된 것이 아닙니다. 더 나아가 "나는 그 말씀을 믿습니다"라고 고백한다고 해도, 그것만으로 그 말씀이 우리 삶에 이루어지는 것이 아닙니다.

"…**믿음은 바라는 것들의 실상이요**…" 여러분은 하나님의 약속이 자신의 삶에서 이루어지기를 소망하실 것입니다. 우리 모두는 병이 낫는 것과 재정적인 번영과 영적 은사들과 같은 하나님의 말씀이 약속하신 것들이 자신의 삶에 이루어지기를 소망합니다.

그러나 소망하기만 해서는 하나님의 약속이 우리 삶에 그대로 이루어지지 않습니다. 물론 소망은 필요합니다. 소망은 우리가 믿는 것들이 우리 삶에 나타나도록 하는데 결정적인 역할을 하기 때문입니다.

사람들은 병이 낫기를 소망하며 기도받으려고 나아옵니다. 그러나 그들이 가진 소망이 그들을 치료할 수는 없습니다. 치유받는 것이 소망 안에 있는 것이 아니니까요. 그래도 소망이 없이는 치유받을 수 없습니다.

많은 사람들이 소망을 잃어버려서 그들이 바라는 것이 실제가 되지 못합니다. 그들은 너무 쉽게 절망합니다.

여러분 자신을 발전시키십시오
그렇게 하는 데는 시간이 필요합니다

저는 30년 이상 비행기 조종을 한 파일럿입니다. 그렇지만 이 비행기 조종은 어느 날 아침에 일어나 "나는 비행기가 날 수 있다는 것을 믿습니다. 그리고 나는 비행기 조종을 할 수 있다고 생각합니다"라고 말함으로써 할 수 있게 된 것은 아닙니다.

비행기를 조종하기 위해서 먼저 배워야 했습니다. 어느 날 아침에 일어나서 "그래 나는 비행기가 하늘을 난다는 것을 믿는다. 나는 비행기를 조종할 수 있다는 것을 믿는다"라고 말함으로 그렇게 된 것이 아닙니다.

비행기 조종에 필요한 여러 가지를 배우고, 또 많은 시행착오를 거쳐 비행기 조종을 할 수 있게 된 것입니다. 실수도 여러 번 했지만, 그때마다 지도해주는 분이 도와주었고, 그에게서 어떻게 하면 되고 어떻게 하면 안 되는지를 배웠습니다.

여러분이 어떤 분이든지 예외 없이, 믿음에 대해서는 이처럼 훈련하고 배우는 시간이 필요합니다. 여러분의 믿음의 수준이 높든지 낮든지 그곳에서부터 배우고 훈련하기를 시작하십시오.

믿음을 배우기 위해서는 오랜 시간이 필요합니다. 그 시간동안 어떻게 하면 믿음이 역사하는지 또 어떻게 하면 역사하지 않는지를 배우게 될 것입니다.

믿음이 역사하지 않도록 막는 것은 무엇이고, 믿음이 속히 역사하도록 하는 것은 무엇인지를 알게 될 것입니다.

믿음은 어떻게 오는가

믿음을 더 빨리 성장시키는 몇 가지 요령이 있습니다. 이것을 적절하게 사용한다면 여러분 안에 있는 영적인 힘은 좀 더 신속하게 자라나게 될 것입니다. 예를 들어 이런 것입니다. *"여러분이 하나님의 말씀을 입으로 말한다면 여러분의 믿음은 좀 더 빨리 자랄 것입니다."*

바울의 말을 기억하십시오.

"…믿음은 들음에서 나며 들음은 하나님의 말씀으로 말미암느니라" (롬 10:17)

성령님께서 바울을 통해 하나님의 말씀을 믿는 믿음에 대해 말씀하신 것인데, 믿음은 하나님의 말씀을 들음에서 온다는 것이지요. 하나님의 말씀을 들으려면 그 말씀이 말해져야 한다는 것은 당연하지요. 말하지 않으면 어떻게 들을 수 있겠습니까.

제가 확신하기로 사도 바울은 우리들 각자가 하나님의 말씀을 스스로 소리 내어 말하고 듣는 것에 관하여 말하고 있는 것입니다. 다른 사람이 말하는 것을 들을 때보다 스스로 말씀을 말할 때 믿음은 더욱 빨리 성장합니다. 이것이 하나님께서 계획하신 방법입니다.

히브리서 11장 1절을 보십시오. 믿음은 보이지 않는 것들의 증거라고 말합니다. 우리는 보이는 것들을 믿을 수 있다고 생각해왔습니다만, 하나님의 말씀은 그것과 정반대입니다.

믿음은 폭풍 너머의 것을 보는 것입니다

'보면 믿게 된다' 라는 말이 있습니다. 저는 이 속담이 진실이 아니라고 생각합니다. 성경은 '믿으면 보게 된다' 고 말하고 있으니까요.

어떤 분은 "그렇게 하는 것은 맹신이 아닌가요?"라고 말할지도 모릅니다.

그렇지 않습니다. 참된 믿음은 눈을 감고 믿는 것이 아닙니다. 믿음은 언제나 결과를 알고, 결과를 미리 바라보고 믿는 것입니다. 믿음은 폭풍이 다가올 때 폭풍을 꿰뚫고 그 뒤쪽을 바라볼 수 있도록 해서 그 결과를 미리 알도록 해줍니다. *믿음은 현재 상태를 말하는 것이 아니라 현재의 상태가 지나 간 후에 있을 결과를 말하는 것입니다.*

믿음은 비행기에 달린 레이더와 같습니다. 폭풍이 불고 있는 곳을 비행할 때 레이더를 켜두면 마치 TV를 보는 것처럼 레이더 화면을 통해 폭풍의 모습을 볼 수 있습니다. 앞에 있는 폭풍의 위치를 파악해서 피할 수 있도록 해줍니다. 레이더는 폭풍을 꿰뚫어 보기 때문에 만일 폭풍을 뚫고 지나가려면 몇 마일을 더 비행해야 하는지를 알려주거나 또는 우회하려면 어느 방향으로 얼마나 비행해야 하는지를 알려줍니다. 우회해서 비행하기엔 너무 넓은 지역에 폭풍이 불고 있었을 때 레이더의 도움을 얻어 폭풍을 뚫고 비행한 경험이 있습니다. 비행기 앞에서 몰아치는 폭풍은 정말 견고한 진과 같았지만, 내 비행기의 레이더는 폭풍을 뚫고 보는 기능이 있었기 때문에 폭풍우가 내리치는 지역을 피해서 비행할 수 있었습니다. 폭풍 때문에 비행기 유리창을 통해서는 아무것도 볼 수 없었지만, 레이더를 통해 폭풍 너머를 볼 수 있었습니다.

믿음을 가지면 결과를 알게 됩니다

믿음이 바로 (레이더 처럼) 그렇게 해주는 것이므로 믿음은 맹목적인 것이 아닙니다. 믿음은 결과에 대해 알고 결과를 미리 바라봅니다. 어떤 사람들이 말하는 맹목적인 믿음은 진실한 의미에서의 믿음이 아니며 그것은 추측일 뿐입니다. 이런 추측은 정말 맹목적이지요. 사람들이 믿음이라고 생각하는 것과 참된 믿음은 전혀 다릅니다. 사람들이 믿음이라고 생각하는 것은 참된 믿음이 아니며 심지어 그저 어리석은 것에 불과할 수도 있습니다. 그들은 하나님의 말씀을 믿기 때문에 어떤 일이 일어날 것이라고 생각하는 것이 아니라 단지 다른 사람에게 그 일이 일어났으므로 자기에게도 일어날 것이라고 생각하지요.

다른 사람이 그렇게 했으니 나도 그렇게 하는 것이 믿음이라고 생각하고 행동하는 사람이 있습니다. "그래 아무개 형제가 자신의 차를 필요한 사람에 주었더니 새 차를 얻게 되더군. 나도 내 차를 필요로 하는 다른 사람에게 주어야지."

예, 좋은 일입니다만, 당신은 아마 열 달 동안 차 없이 걸어 다녀야 할지도 모르겠습니다.

우리는 믿음의 근거를 다른 사람의 경험에 두어서는 안 됩니다. 다른 사람의 믿음에 근거해서 행동해서는 안 됩니다.

다른 사람의 행동이 아니라
하나님의 말씀을 따라 행동하십시오

여러분 스스로가 하나님께 들어야 합니다. 여러분도 아시다시피,

하나님께서 어떤 형제에게 이렇게 저렇게 하라고 하실 수 있습니다. 그러나 그렇다고 해서 우리 자신도 그렇게 하라고 하신 것은 아니지요. 이 점을 잘 생각해보시면 왜 많은 사람들이 믿음에서 실패하는지 알 수 있을 것입니다. 실패하는 사람들의 행동은 전혀 믿음의 행동이 아닙니다. 그들은 단지 다른 사람들이 그렇게 했기 때문에, 또는 어떤 사람들이 축복을 누린다고 해서 그것을 그대로 행한 것입니다. 우리가 직접 하나님의 말씀에 따라 어떤 일을 한다면 실패하지 않을 것입니다.

하나님께서 어떤 일에 대해서 여러분에게 말씀을 주시고, 여러분의 영이 감동을 받아 어떤 일을 한다면 반드시 역사할 것입니다. 믿음은 하나님의 말씀으로부터 옵니다. 그리고 믿음은 언제나 믿음의 결과를 미리 바라봅니다. 레이더가 폭풍이 몰아치는 구름 뒤쪽의 모습을 보여주듯 믿음도 그렇습니다. 믿는 자는 그 믿음의 열매를 미리 볼 수 있습니다. 믿는다는 것은 믿음의 눈으로 바라보는 것을 말합니다.

"…믿음은 어떤 사물의 실상입니다…" 어떤 사람은 사물 즉 물질(things)에 대해 이야기하면 신경을 곤두세우며 말합니다. "물질을 얻는 것에 대한 가르침이 성경적인가요." 하지만 하나님은 물질에 대해 참 많은 가르침을 주셨습니다. 특히 하나님께서 우리에게 물질을 주셨다는 가르침이 많습니다.

> 그의 신기한 능력으로 생명과 경건에 속한 모든 것(things)을 우리에게 주셨으니 이는 자기의 영광과 덕으로써 우리를 부르신 자를 앎으로 말미암음이라(벧후 1:3)

처음부터 끝까지 자세히 가르쳐야 합니다

여러분에게서 믿음에 대한 가르침을 받는 사람이 그토록 어리석으리라고 생각하지 않으시겠지만, 이런 사람도 있습니다. "흠, 성경에 하나님께서 우리에게 모든 것을 주셨다고 하셨으니 가게에 가서 내가 원하는 물건을 가져야겠군. 하나님이 모든 것을 우리에게 주셨다고 하셨으니 그렇게 해도 그것은 도둑질은 아니야. 바울은 '모든 것이 다 너희 것'이라고 말했지. 모든 것이 내 것이라고 하셨는데 물건을 가져가면서 돈을 낼 필요가 어디 있담."

그런 사람이 있을까 생각하실지도 모릅니다. 구태여 그런 것까지 가르칠 필요가 없다고 생각할 것입니다. 아니요, 이런 것도 가르쳐야 합니다. 사람들을 가르치는 사역을 하게 된다면 이렇게 행동하는 사람들을 다루어야 할 때가 있을 것입니다.

우리는 우리가 가르치는 사람이 '적어도 이 정도는 알겠지'라고 단정할 때가 많습니다. 그러나 그 어떤 것도 미리 단정하지 말고 모든 것을 자세히 가르쳐야 합니다. 여러 가지 방법으로 가르쳐서 그들이 확실히 이해하도록 도와야 합니다. 여러분이 가르치고자 하는 것이 있다면 그것에 대한 모든 것을 반복해서 가르쳐야 합니다. 알 것이라고 단정해버리고 그냥 넘어가는 것이 없도록 하십시오.

믿음은 사물의 실상이며 보이지 않는 것들의 증거입니다. 사물이 보이지 않을 때 우리는 믿음을 사용합니다. 간단한 예를 들어보지요. 투명 플라스틱이나 아크릴 같은 물질로 만들어진 강대상을 생각해봅시다. 강대상을 조립한 사람이 그 물질을 창조한 것은 아닙니다. 그것은 콩이나 석유 그리고 다른 물질들로 만들어졌습니다.

여하튼 강대상은 현실세계에 존재합니다. 우리 눈을 통해 볼 수 있습니다. 투명하기 때문에 때로는 눈에 잘 안 띌 수도 있지만, 현실세계에 존재합니다. 그러므로 그 강대상이 거기 있다는 것을 믿기 위해 믿음을 사용할 필요는 없습니다. 볼 수 있고, 손으로 만져지기도 합니다. 그것을 두드리면 소리도 납니다. 오감을 통해 그 강대상이 여기 있다는 것을 알 수 있습니다. 눈으로 볼 수 있는 것을 믿는데 왜 믿음을 사용하겠습니까. 강대상이 자연의 영역 안에 존재한다는 것을 저도 알고 여러분도 압니다. 눈으로 볼 수 있다면 그것이 거기에 있다는 것을 믿기 위해 믿음이 필요하지 않습니다.

하나님께서는 외상거래를 하지 않으십니다

아직 나타나지 않아 볼 수 없는 것들에 대해 우리는 믿음을 사용합니다. 어떤 사람은 "난 보이면 믿겠다"라고 말하기도 합니다. 그러나 하나님은 외상거래를 하지 않으십니다. 우리는 먼저 믿어야 합니다. 하나님께 무엇을 얻으려면 먼저 현금을 지불해야 합니다.

우리 육신의 눈으로 무언가를 보기 원하면 먼저 믿어야 합니다. 이것이 믿음의 역할입니다. 믿음은 부동산의 소유권을 증명하는 증서 같은 것입니다. 사물이 나타날 것을 믿는 믿음은 그 실제 사물과 같은 가치가 있습니다.

믿음은 하나님의 말씀이 약속한 것을 아직 육신의 눈으로 볼 수 없을 때에 영으로 보는 것을 말합니다.

> 그러므로 내가 너희에게 말하노니 무엇이든지 기도하고 구하는 것은 받은 줄로 믿으라 그리하면 너희에게 그대로 되리라(막 11:24)

위 말씀에서 '그대로' 라는 말이 무슨 뜻입니까? '그대로' 라는 것은 '기도한 대로' 라는 뜻이지요. 무엇을 기도했습니까? 받을 것이라고 믿은 그것입니다.

여러분이 기도할 때 하나님의 말씀을 사용한다면 여러분의 믿음은 성장할 것입니다. 하지만 마귀의 말을 사용해서 기도하거나 여러분이 얼마나 딱한 처지인지만을 말한다면 여러분의 믿음은 떨어지고 두려움이 나타날 뿐입니다.

믿음의 법칙에 따른 기도를 하려면, 우리가 구한 것을 자연적인 영역에서 우리의 눈으로 볼 수 있기 전에 우리가 구한 것을 이미 받았다고 믿어야 합니다.

우리가 원하는 것의 이미지를 영으로 볼 수 있는 가장 좋은 방법은 우리 *자신의 말로 고백하는 것*입니다. 믿음으로 고백해야 하며, 하나님께서 약속하신 것을 우리 입으로 말해야 합니다. 하나님께서는 *그의 신기한 능력으로 생명과 경건에 속한 모든 것을 우리에게 주셨습니다*(벧후 1:3).

기도응답은 우리가 구한 것을 하나님께서 주실 것인가 주지 않으실 것인가의 문제가 아닙니다. 종종 우리는 하나님의 약속에 대해 말하면서 "하나님께서 약속하셨으니 이제 행하실 거야" 라고 말합니다. 그러나 이런 식의 표현은 정확한 것이 아닙니다. 왜냐하면 하나님께서는 *이미 다 이루어 놓으셨으므로* 더 이상 무엇을 하실 것이 없기 때문입니다.

원하는 것이 자연세계에 나타나도록 하려면 그것의 실상을 먼저 얻어야 합니다.

하나님께서는 하나님의 말씀에 내재된 믿음의 능력과 창조의 능력을 이미 우리에게 주셨습니다. 하나님의 말씀은 믿음으로 가득 차 있습니다. 하나님의 약속의 말씀 안에는 여러분과 또한 이 지구상의 모든 사람의 삶에 하나님의 약속하신 것들이 나타나도록 할 수 있는 충분한 믿음이 있습니다.

그래서 바울은 복음은 하나님의 능력이 된다고 말한 것입니다. 이것은 좋은 소식이며 하나님의 능력입니다. 여러분이 하나님의 말씀을 정확히 알기만 하면 믿음을 얻게 될 것입니다.

믿음은 보지 못하는 것의 증거가 됩니다. 믿음은 약속하신 것이 나타날 때까지 그것을 대표합니다.

약속하신 것이 나타나면 믿음은 더 이상 필요하지 않습니다. 구한 것의 실체를 우리의 자연 세계에서 이미 가지고 있으니까요. 그러나 나타나기 전까지는 우리가 구한 것을 이미 가졌다는 증거는 오직 믿음뿐입니다.

우리는 하나님이 가지신 바로 그런 종류의 믿음에 대해서 말하고 있습니다. 그것은 하나님의 말씀만을 믿는 바로 그런 믿음을 말합니다. 하나님의 약속만을 믿는 바로 그런 믿음이지요.

어떤 사람은 이렇게 말합니다. "그런데, 하나님께서 우리가 고백하고 있는 것을 우리가 가지는 것을 반대하시면 어쩌지요?"

믿음은 하나님의 약속을 믿는 것입니다

제가 말하고 있는 이 믿음은 하나님께서 약속하신 것만을 믿는 것입니다. 하나님께서 우리에게 주시기로 약속하신 것이나 *이미 주신 것들을 믿는 것이 잘못될 수 있을까요?*

저는 우리가 하나님께서 우리를 위해 준비하신 것을 취하지 않는 것이야말로 하나님의 마음을 아프게 하는 일이라고 믿습니다. 하나님께서는 그분이 우리를 위해 준비해놓으신 것을 우리가 취할 수 있는 길을 예비하셨는데 그것이 바로 믿음입니다. 하나님의 은혜 안에 들어갈 수 있는 유일한 방법은 믿음이라고 한 바울의 말이 바로 이것을 말하는 것입니다(엡 2:8,9). 믿음으로 말미암지 않고는 구원을 얻을 방법이 없습니다.

> 너희가 그 은혜를 인하여 믿음으로 말미암아 구원을 얻었나니 이것이 너희에게서 난 것이 아니요 하나님의 선물이라 행위에서 난 것이 아니니 이는 누구든지 자랑치 못하게 함이니라(엡 2:8,9)

어떤 것들은 오직 믿음의 문을 통해서만 얻을 수 있습니다. 구원이 그것들 중 하나입니다. 여러분은 하나님의 말씀을 믿지 않았다면 거듭날 수 없었을 것입니다.

믿음은 구원의 실상입니다. "하나님께서 이미 우리에게 이 모든 것을 주신 것이 사실이라면 도대체 그것들은 다 어디에 있다는 말입니까. 왜 내 눈엔 보이지 않지요?"

믿음은 하나님의 말씀을 실제가 되게 합니다.

> 믿음으로 모든 세계가 하나님의 말씀으로 지어진 줄을 우리가 아나니 보이는 것은 나타난 것으로 말미암아 된 것이 아니니라(히 11:3)

이 세상은 하나님의 말씀으로 지어졌습니다. 우리는 위의 히브리서 말씀을 이렇게 이야기할 수 있겠습니다. "이 세상은 하나님의 말씀에 의하여 믿음으로 말미암아 지어졌다." 이것이 하나님이 이 세상을 만드신 방법입니다. 하나님께서 말씀하신 그분의 말씀으로 지어진 것입니다. 말씀 없이 지어진 것은 아무것도 없습니다. 모든 것이 말씀으로 말미암은 것이지요.

태초에 말씀이 계시니라 이 말씀이 하나님과 함께 계셨으니 이 말씀은 곧 하나님이시니라 그가 태초에 하나님과 함께 계셨고 만물이 그로 말미암아 지은바 되었으니 지은 것이 하나도 그가 없이는 된 것이 없느니라(요 1:1-3)

3절 말씀의 "그가 없이는"에서 "그"는 누구를 말합니까? 말씀을 말합니다. 위의 말씀을 자세히 보면 말씀 없이는 아무것도 지어진 것이 없다고 말합니다. 이 세상에 아무것도 없었을 때 말씀으로 만물이 만들어지기 시작했다고 말합니다. 이 말씀이 하나님과 함께 계셨는데, 이 말씀이 하나님이시라고 말합니다. 이 말씀은 지금도 여전히 우리가 처한 모든 상황에서 하나님이 되십니다.

만일 여러분이 어떤 어려운 상황에 처했을 때 그 상황을 극복하기 위해서 하나님의 말씀을 인용하여 사용한다면 사람들은 언젠가 여러분들에게 이렇게 말할 것입니다. "당신은 마치 하나님처럼 행동하는군요." 어떤 사람들은 여러분을 매우 싫어할지도 모릅니다. 어떤 상황에서 하나님께서 하셨을 것처럼 행동하는 사람을 싫어하는 사람들이 있습니다. "저는 하나님처럼 되려는 것이 아닙니다. 다만, 하나님께서 행동하셨을 것처럼 행동하려는 것입니다."

상황이 아무리 어렵더라도 그런 상황에서 하나님이 어떻게 말씀하실지를 안다면 여러분도 똑같이 그렇게 말씀하십시오. 상황을 무시하라는 이야기가 아니라 그 상황을 인정하되 그 상황에 대해서 무엇을 하라는 이야기를 하고 있는 것입니다. 이것에 대해서는 후에 좀 더 자세히 말씀드리겠습니다.

여러분이 아시다시피 믿음은 보지 못하는 것들의 증거입니다. 하나님께서는 결코 세상을 눈에 보이는 대로 보지 않으시며 오직 믿음의 눈으로만 보십니다. 태초에 하나님께서 천지를 창조하셨습니다. 우리는 하나님께서 이 세상이 창조되기 전에 세상에 흑암만이 가득한 것을 보시면서 "빛이 있으라"고 말씀하셔서 그 결과로 이루어진 이 세상을 보고있습니다.

하나님의 말씀은 믿음이 생겨나게 합니다

하나님께서 흑암을 보셨지만 "빛"을 말씀하셨습니다. *하나님께서는 원하시는 것을 말씀하신 것입니다.* 하나님께서는 그분의 뜻을 말씀을 통해 표현하셨습니다. 하나님의 말씀에는 힘이 있는데 영적인 힘입니다.

하나님께서는 말씀으로 세상의 틀을 짜셨습니다. 집을 지을 재료가 없다면 당연히 집을 지을 수 없겠지요. 하나님께서 건축자재로 선택하신 것은 말씀입니다. 믿음으로 가득한 말씀이 바로 하나님의 건축자재입니다.

하나님께서 하신 가장 중요한 것이 바로 이것입니다. 하나님께서는 그분의 말씀 안에 믿음을 가득 채우셨습니다. 그분의 말씀을 마치 그릇처럼 사용하셔서 그 그릇 안에 믿음을 가득 채우신 것이지요. 영적인 힘을 담으시고 그것을 흑암이 가득했던 이 세상으로 가져오셔서 "빛이 있으라"고 말씀하신 것입니다.

　세상을 창조하신 하나님의 믿음은 바로 이런 식으로 역사하게 된 것입니다. 세상을 이렇게 변화시키신 것이지요. 한 번만 이렇게 하신 것이 아닙니다. 성경을 읽어보신다면 하나님께서 창세기부터 계시록까지 이런 방법으로 동일하게 일하셨다는 것을 알게 되실 것입니다.

　하나님께서는 어떤 일을 행하시기 전에 행하실 일을 먼저 말씀하셨습니다. 간단한 것 같지만, 매우 중요한 것입니다. 여러분 스스로도 한 번 생각해 보십시오. 여러분조차도 어떤 일을 행하기 전에 먼저 그것에 대해 말을 하는 경우가 많을 것입니다. 아마도 일을 시작하기 전에 서너 번 이상 그것에 대한 이야기를 하게 될 것입니다. 우리도 하나님의 형상을 따라 만들어졌으므로 하나님처럼 행동하는 것입니다. 믿음은 하나님의 말씀을 우리 마음에 품는 능력입니다. *믿음은 말씀이 우리의 영 안으로, 즉 마음 안으로 들어오게 하며, 우리의 영적인 힘은 우리가 처한 환경보다 더 큽니다.* 우리는 하나님의 말씀으로부터 오는 그 믿음을 취하고, 그 믿음으로 우리의 말을 가득 채울 수 있습니다. 믿음으로 채워진 말들은 우리가 처한 상황과 삶의 환경들로 옮겨져서 그 환경을 변화시킬 수 있습니다.

　이것이 복음이며 하나님의 능력입니다. 복음은 좋은 소식입니다. 복음은 우리를 구원과 보호하심과 치유 그리고 온전케 하는 하나님의 능력입니다. 지금까지 하나님의 믿음을 사용하는 것, 우리가 승리의 삶을 살 수 있게 해주는 하나님의 말씀 안에 있는 능력을 사용하는 것에 대해 이야기했습니다.

우리는 하나님의 뜻에 반하여 어떤 것을 가지려고 애를 쓰는 것이 아닙니다. 우리는 하나님께서 말씀에서 약속하신 것을 하나님의 방법으로 얻으려는 것입니다. 이 하나님의 방법은 다름 아닌 "믿음"입니다.

2
죽고 사는 것이 혀에 달려 있습니다: 말의 능력

대부분의 사람들은 말이 가진 능력에 대해 잘 모릅니다. 여러분의 입에서 나오는 말이 여러분 삶의 방향을 정하는 기초가 된다는 것을 아시나요?

우리의 말이 우리의 덫이 될 수 있습니다. 말은 무엇인가를 실어 보냅니다. 말은 **믿음**을 실어 보내기도 하고, **두려움**을 실어 보내기도 합니다. 그러므로 당신이 무엇인가를 말할 때, 그 말은 곧 능력입니다.

빛을 창조하시는 역사가 기록된 창세기 1장을 먼저 봅시다.

> 태초에 하나님이 천지를 창조하시니라 땅이 혼돈하고 공허하며 흑암이 깊음 위에 있고 하나님의 신은 수면에 운행하시니라 하나님이 가라사대 빛이 있으라 하시매 빛이 있었고(창 1:1-3)

하나님의 영이 수면 위를 운행하셨다고 말씀합니다. 그곳엔 물이 있었고, 흑암이 있었으며, 하나님의 영이 계셨지만 하나님께서 말씀하시기 전엔 아무런 일도 일어나지 않았습니다. 하나님께서 "빛이 있으라"고 하신 뒤에 비로소 빛이 생겨난 것입니다.

하나님의 말씀엔 창조의 능력이 있습니다. 오늘날 대부분의 사람들은 말이 얼마나 중요한지 알지 못합니다. 여러분은 사람들이 "막대기나 돌은 나의 뼈를 부러뜨릴 수 있지만 말은 결코 나를 상하게 하지 못한다"라고 말하는 것을 들어보셨을 것입니다. 이 말은 전혀 사실이 아닙니다. 말이 우리를 죽일 수 있습니다. 말이 가진 힘을 모르면 우리는 말 때문에 망하게 될 것입니다.

> 정직한 자의 성실은 자기를 인도하거니와 사특한 자의 패역은 자기를 망케 하느니라(잠 11:3)

여기서 '패역'의 의미는 사실과 다른 왜곡된 말을 한다는 뜻입니다. 잠언은 패역 즉 왜곡되고 거짓된 말 또는 우리가 실제로 사실이라고 믿는 것과 일치하지 않는 말이 가져오는 좋지 않은 영향력에 대해 많은 가르침을 줍니다.

많은 사람들이 패역을 행합니다. 그들은 스스로 무엇을 행하고 있는지 알지 못하는 중에 그렇게 행합니다. 왜곡된 말을 하지 않도록 입을 길들여야 합니다.

또한 말하려는 것과는 상반되는 말을 하는 경우도 있습니다. 아주 작은 치와와 종류의 개를 보면서 "어머나 엄청나네"라고 말할 때가 있지요.

그렇게 말하는 것이 바로 패역한 말입니다. 왜곡되거나 반대로 말하는 것이지요. 생각한 것과는 전혀 다른 말을 하기도 합니다.

하나님께서 그의 형상을 따라 인간을 창조하셨습니다. 하나님의 말씀은 바로 그분의 뜻입니다. 하나님의 피조물인 인간들의 말은 하나님을 향한 인간들의 뜻입니다. 일어나기를 원치 않으며 우리의 뜻이 아닌 것을 말해서는 안 됩니다.

죽고 사는 것이 혀의 권세에 달려있습니다

"어떤 일을 알지 못한다고 해서 손해를 입지는 않는다"라는 속담이 있지만, 어떤 것을 알지 못함으로 인해 우리가 죽을 수도 있습니다.

> 죽고 사는 것이 혀의 권세에 달렸나니 혀를 쓰기 좋아하는 자는 그 열매를 먹으리라(잠 18:21)

우리는 어떻게 우리의 말이 하나님의 말씀과 일치되도록 하는지에 대해 이야기 하고 있습니다. 우리 마음에 들어온 하나님의 말씀이 혀에 의해 제 모습을 갖추게 되고, 그것이 우리 입을 통해 말로 나타날 때 그 말은 하나님의 능력을 나타내도록 역사합니다. 하나님의 말씀이 우리의 영 안에 품어지고 또 그 말씀이 혀에 의해 모습을 갖추게 되는 것입니다. 우리의 혀는 음절을 나누어 말로 표현하도록 하는 역할을 하지요.

하나님의 말씀을 영으로 품고 혀로 음절을 형성하여 말로 나타날 때 그 말에 의해 능력이 나타나는 것입니다. 그것으로 충분합니다. 하나님의 말씀이 능력으로 나타나도록 하기 위해 하나님이 정하신 방법이 바로 이것입니다.

하나님의 말씀이 아닌 다른 말도 우리 마음에 품고 또 입으로 말할 수 있습니다. 만일 우리 입으로 말하는 언어가 마귀의 것이라면 우리는 마귀의 능력을 풀어놓는 셈입니다. 정말 그렇습니다.

많은 사람들이 믿음의 고백에 대해 왜 그렇게 많은 가르침이 있는지 이해하지 못했습니다. 심지어 어떤 분들은 믿음과 고백에 대한 우리의 이런 가르침을 비판하기도 합니다.

사실 제가 말하려는 것은 아주 간단한 성경의 진리입니다. *하나님의 말씀이 어떻게 역사하는지*에 대해서만 가르치고 싶습니다.

하나님께서 정하신 원리

하나님의 원리는 고백과 믿음의 원리와 관련이 있습니다. 성경은 믿음은 들음에서 나며 들음은 하나님의 말씀으로 말미암는다고 말합니다.

그것이 우리가 믿음을 얻는 유일한 방법이라고 말하고 있는 것은 아닙니다.

하나님의 말씀에 대한 믿음은 하나님의 말씀을 들을 때 생겨납니다. 마귀를 믿는 믿음도 같은 방식으로 옵니다. *우리가 마귀의 말을 듣게 되면 마귀를 믿는 믿음이 생깁니다.*

어떤 것이 어느 한 가지에 대해서 진리이면 다른 것에 대해서도 진리입니다.

하나님의 말씀을 들으면 하나님과 하나님의 말씀에 대한 믿음이 생겨납니다. 이 영적인 힘은 우리가 하나님의 말씀을 고백할 때 우리 입을 통해 나오게 됩니다. 하나님의 능력이 풀어놓아지게 되는 것입니다. 그래서 바울이 이렇게 말했을 것이라고 생각합니다.

내게 능력 주시는 자 안에서 내가 모든 것을 할 수 있느니라(빌 4:13)

바울은 자신이 마음에 품었던 말씀을 입으로 말함으로써 풀어놓아 지는 하나님의 말씀의 능력을 잘 이해하고 있었습니다. 제가 이 원리를 처음 접했을 때 저는 이 원리가 진리라는 것을 알았습니다. 성경에 기록된 것이니까요. 그래서 다른 사람들에게 가르칠 때 늘 이것을 말했습니다. "하나님의 말씀을 영으로 품고 혀로 음절을 형성하여 말로 나타날 때 그 말에 의해 능력이 나타나는 것이다."

그러나 그때는 왜 이것이 진실인지는 알 수 없었지만, 그 뒤로 제가 수십 년을 살면서 이것이 진리임을 입증할 수 있게 되었습니다.

하나님의 방법은 왜 역사하게 되는가

어떻게 하나님의 능력이 나타나는지를 이해하게 되면 여러분의 태도가 달라질 것입니다. 하나님의 말씀을 입으로 말할 때 어떻게 창조의 능력이 나타나게 될까요? 여호수아에게 주신 하나님의 가르침에 이것이 잘 표현되어 있습니다.

> 이 율법책을 네 입에서 떠나지 말게 하며 주야로 그것을 묵상하여 그 가운데 기록한 대로 다 지켜 행하라 그리하면 네 길이 평탄하게 될 것이라 네가 형통하리라(수 1:8)

형통한 삶을 원하시나요? 성공적인 삶을 살게 하는 비밀의 열쇠를 알기 원하시나요? 하나님께서 여호수아에게 주신 가르침이 그 대답입니다. 하나님의 말씀을 여러분의 입에 담으십시오.

이 원리가 중요한 이유를 말씀드리지요. 사람이 자신의 입으로 말할 때 그의 말을 여러 사람이 듣고 있다고 해도 그 말에 의해 가장 큰 영향을 받는 사람은 그 사람 자신이므로, 자신의 말은 자신에게 가장 중요합니다.

어떤 사람이 다른 사람을 저주한다면 비록 하나님의 이름으로 저주를 한다고 해도 저주를 받는 사람은 해를 받지 않습니다. 저주를 하는 사람이 해를 입게 될 뿐입니다. 자기 자신에게 저주를 퍼부은 꼴이지요.

들을 귀

여러분은 자신의 목소리를 녹음한 것을 처음 들어보았을 때 이렇게 말했을 것입니다. "이게 누구 목소리지? 나는 아니야. 아니야, 내 목소리가 아니야."

바로 그 소리가 다른 사람들이 듣는 우리의 목소리입니다. 우리가 내는 소리가 바로 그 소리입니다.

하나님께서는 우리에게 두 개의 귀를 주셨습니다. 머리에 귀가 두 개 달려 있다는 말을 하려는 것이 아닙니다. 외이(outer ear)와 내이(inner ear)를 말하는 것입니다. 내이는 머리뼈와 연결된 뼈로 만들어져 있는데, 이는 여러분의 목소리를 직접 여러분의 영에 전달합니다. 즉 마음속에 전달하는 것이지요. 이런 이유로 여러분 자신의 목소리는 다른 사람의 말과 달리 여러분에게 매우 중요한 영향을 미치게 되는 것입니다.

최근의 의학 연구에 따르면 언어를 관장하는 사람의 두뇌는 사람의 몸의 여러 신경들과 연결되어 있다고 합니다. 우리 자신의 말이 우리의 건강에 영향을 미칠 수 있다는 작은 증거가 됩니다. 우리의 말이 우리의 삶에 어떤 식으로든 영향을 미친다는 것은 머리로 이해하기는 쉽지 않습니다.

하지만 예수님은 이천 년 전 이 땅에 계실 때 이것을 잘 알고 계셨으므로 이런 가르침을 주셨습니다. 만일 사람이 어떤 것이든 말하는 것을 받을 줄 마음으로 믿고 의심하지 않으면 말한 것이 그에게 그대로 될 것이라고 하신 것입니다(막 9:23, 막 11:23,24).

지금까지 말에 관해 말씀드린 것을 종합해서 요약해보겠습니다. 태초에 *어둠만이 존재했을 때* 하나님께서는 "빛이 있으라"고 말씀하셨습니다. 어둠을 보시면서도 "빛"을 말씀하셨습니다.

이렇게 하는 것이 하나님의 방법입니다. 사람의 방법과는 다르지요. 하지만 우리도 하나님처럼 따라할 수 있습니다. 자신의 생각과 다른 모습을 보았을 때, 하나님께서 하신 것은 원하는 것을 말하는 것이었습니다. 우리 중 누군가가 그런 상황에 놓였었다면 아마도 이렇게 말했을 것입니다. "온통 어둠뿐이군. 어둠이 점점 더 심해지는 것 같아."

하나님께서는 이런 우리들보다 지혜로우셨습니다. "빛이 있으라"고 말씀하셨고 그대로 되었습니다. 하나님께서는 도무지 거짓말하실 수 없는 분이란 것을 의심해본 분도 계실 것입니다.

어째서 하나님은 거짓말을 하실 수 없는 분인지 의심해본 적이 있으신가요? 하나님께서는 말씀하실 때 말씀하시는 모든 것이 말씀대로 이루어지도록 충분한 믿음을 같이 풀어놓으십니다.

예수님이 큰 믿음을 가지신 이유

그렇다면 예수님께서는 어떻게 그렇게 큰 믿음을 가지실 수 있었을까요? 예수님께서는 하나님의 말씀을 듣고 그것만을 말씀하셨으므로 믿음을 가지실 수 있었습니다. 믿음은 들음에서 나기 때문입니다.

> 사람이 내 말을 듣고 지키지 아니할지라도 내가 저를 심판하지 아니하노라 내가 온 것은 세상을 심판하려 함이 아니요 세상을 구원하려 함이로라 나를 저버리고 내 말을 받지 아니하는 자를 심판할 이가 있으니 곧 나의 한 그 말이 마지막 날에 저를 심판하리라 내가 내 자의로 말한 것이 아니요 나를 보내신 아버지께서 나의 말할 것과 이를 것을 친히 명령하여 주셨으니 나는 그의 명령이 영생인 줄 아노라 그러므로 나의 이르는 것은 내 아버지께서 내게 말씀하신 그대로 이르노라 하시니라 (요 12:47-50)

예수님께서는 아버지 하나님의 말씀만을 말씀하셨습니다. 그렇게 하셨을 때 믿음이 오도록 한 것입니다. 하나님의 말씀 안에 있는 믿음은 우리가 하나님의 말씀을 말할 때 우리 영 안으로 들어옵니다.

성경은 믿음은 읽음으로 온다고 말하고 있지 않습니다. 들을 때 온다고 말합니다. 그런데 무엇인가를 들으려면 말해져야만 합니다.

우리는 다른 사람이 말하는 대로가 아니라 우리 자신이 말하는 대로 되므로 자신의 입으로 말하여진 것을 듣는 것이 중요합니다. 물론 여러분은 제가 하는 이야기를 잘 들어도 믿음이 생길 것입니다. 그러나 자신의 입으로 말한 것을 들을 때, 보다 신속하게 믿음이 생깁니다. 하나님께서는 이런 이유로 여호수아에게 "주야로 내 말을 네 입에 두라"고 하신 것입니다. 즉 "내가 말한 것을 항상 말하라"고 하신 것이지요.

사탄이 광야에서 예수님을 시험할 때, 예수님께서는 "말씀하시되…"(마 4:4,7,10)라고 하시면서 오직 하나님의 말씀으로 시험들을 이기셨습니다. 이렇게 하는 것이 하나님이 가지신 그런 믿음으로 자라나는 방법입니다.

왜곡된 언어습관은 믿음을 저해합니다

우리는 종종 잘못된 언어를 사용함으로 믿음을 아무 소용없게 만들어 버리는 경우가 많습니다. 의도하지도 않았던 말들을 습관적으로 내뱉습니다. 작은 개를 보고도 "와 엄청나지 않니?"라고 말하거나 영하의 날씨인데도 "엄청나게 더운 날씨 아니니?"라고 말합니다. 하나님은 항상 모든 말씀 속에 믿음을 담아서 말씀하시지만 우리는 이런 잘못된 언어습관으로 인해 자신의 말에 대한 믿음을 잃어버립니다.

하나님의 말씀을 통해 믿음을 얻게 되었다면, 하나님의 말씀 속에 믿음이 들어 있는 것이 틀림없지요. 통 안에 물이 담겨 있지 않으면 물을 쓸 수 없는 것처럼 하나님의 말씀 안에 믿음이 없다면 그 말씀을 통해 믿음을 얻을 수 없지요. 그러나 하나님의 말씀 속에는 믿음이 가득 차 있습니다.

여러분이 하나님의 말씀을 말할 때에 하나님의 말씀 속에 담긴 믿음이 당신의 영 안으로 들어가는 것입니다. 녹음기를 통해서 자신의 목소리를 처음 들었던 때를 기억하시지요? 아마도 "내 목소리일리가 없어!"라고 말했을 것입니다. 하지만, 바로 그 소리가 여러분의 목소리입니다.

녹음기 소리를 들었을 때 그 소리가 자신의 목소리가 아닌 것처럼 생각되는 이유는 그때까지 자신의 목소리를 내이를 통해서만 들어왔기 때문입니다.

우리들의 목소리는 내이(inner ear)를 통해 우리들의 영 안으로 직접 들어가는 것입니다. 우리 목소리는 이런 식으로 전달됩니다.

우리 마음에 하나님의 말씀을 새겨야 합니다

하나님께서 우리에게 두 종류의 귀를 만들어 한 종류는 외부의 소리를, 또 한 종류는 내부의 소리를 듣도록 하신 이유는 무엇일까요? 우리 내부에 자신의 목소리를 들어야 할 어떤 곳이 있기 때문이라고 믿습니다. 그곳은 우리의 영이며, 성경이 말하는 '우리의 마음'이 바로 그곳이라고 믿습니다. 잠언을 기록한 저자는 그것을 이렇게 표현했습니다.

> 인자와 진리로 네게서 떠나지 않게 하고 그것을 네 목에 매며 네 마음판에 새기라(잠 3:3)

어떻게 하면 인자와 진리를 마음판에 새길 수 있을까요? 다윗은 계시를 통해 알게 된 그 방법을 시편을 통해 이렇게 말합니다. **"…내 혀는 필객의 붓과 같도다"**(시 45:1).

다음 두 말씀을 연결해서 생각해 봅시다. 하나님께서 여호수아에게 이렇게 말씀하셨습니다. "이 율법책을 네 입에서 떠나지 말게 하며 주야로 그것을 묵상하여 그 가운데 기록한 대로 다 지켜 행하라. 그리하면 네 길이 평탄하게 될 것이라. 네가 형통하리라."

하나님께서 이스라엘 자손들에게 이렇게 말씀하셨습니다. "네가 네 하나님 여호와의 말씀을 삼가 듣고 내가 오늘날 네게 명하는 그 모든 명령을 지켜 행하면 네 하나님 여호와께서 너를 세계 모든 민족 위에 뛰어나게 하실 것이라 네가 네 하나님 여호와의 말씀을 순종하면 이 모든 복이 네게 임하며 네게 미치리니"(신 28:1-2). '삼가 듣는다'는 말은 부지런히 듣고 선포한다는 의미를 가지고 있습니다. 다른 말로 하면, 그들은 어떻게 하나님의 말씀을 말해야 하는지에 대해 가르침을 받았던 것입니다.

"믿음은 들음에서 나며 들음은 하나님의 말씀으로 말미암느니라" (롬 10:7)라는 말씀을 기억해보십시오. 믿음의 영적인 힘(이 힘은 바라는 것들의 실상이며 보이지 않는 것들의 증거가 되도록 하는 것입니다)은 하나님의 말씀을 들을 때 생깁니다. 하나님의 말씀이 여러분의 귀에 들리도록 하려면 그것이 말해져야 합니다.

하나님의 말씀이 자신의 음성으로 말해진다면 믿음의 힘은 보다 더 빨리 그리고 깊이 전달될 것입니다. 그렇게 할 때 자신의 음성이 내이를 통해 직접 자신의 영에게 전달되게 됩니다. 이렇게 하는 것이 바로 마음판에 새기는 방법입니다. 여러분의 입으로 하나님의 말씀을 소리 내어 말하면 되는 것입니다.

우리는 꽤 오랫동안 이런 중요한 진리를 잃어버린 채 지내왔습니다. 바울은 이것을 알았습니다. 신약의 성도들과 구약의 성도들도 이것을 알고 있었습니다. 그런데 어쩐 일인지 우리들은 이것을 잃어버렸습니다. 우리의 영에 너무나 중요한 영향을 미치는 하나님의 말씀 안에 담긴 능력을 과소평가 해버린 것입니다. 야고보서는 이것에 대해 이렇게 말하고 있습니다.

누구든지 스스로 경건하다 생각하며 자기 혀를 재갈 먹이지 아니하고 자기 마음을 속이면 이 사람의 경건은 헛것이라(약 1:26)

이 말씀의 의미는 우리가 혀를 재갈 먹이지 않으면 우리가 믿는 것이 아무 소용이 없다는 것이지요. 그의 혀가 그의 마음을 속이기 때문입니다.

마음은 속을 수 있습니다

혀가 마음을 속인다는 말은 무슨 뜻일까요? 혀가 하는 말은 자신의 내이를 통해 바로 마음에 전달된다고 말씀드렸습니다. 마음은 혀가 하는 말을 듣게 되면 그 말이 우리의 진심이라고 판단합니다. 그러므로 우리가 하는 말이 진심이 아니라고 해도 일단 혀를 통해 만들어지면 마음은 그 말을 진심이라고 판단하고 그 말을 행할 준비를 하게 되므로 결국 혀는 이런 식으로 마음을 속이게 되는 결과를 가져오는 것이지요.

마가복음 4장에 나오는 씨 뿌리는 자의 비유야말로 이 점을 우리에게 가장 잘 가르쳐주고 있습니다. 예수님께서는 씨 뿌리는 농부의 예를 들어 말씀을 뿌리는 것에 대해 설명하셨습니다. 여기서 이 비유를 자세히 설명하지는 않겠습니다만, 예수님께서 씨 뿌리는 자의 비유를 말씀하실 때, 말씀을 뿌리는 것에 관해 말씀하신 몇 가지를 말씀드리겠습니다.

뿌리는 자는 말씀을 뿌리는 것이라(막 4:14)

뿌리는 자가 뿌린 것이 무엇이었습니까? 말씀입니다. 입으로 말하여진 말이 씨입니다. 특별히 예수님께서 이 비유를 통해 말씀하신 것은 하나님 말씀입니다. 하나님께서 여호수아에게 "주야로 이 율법책을 네 입에서 떠나지 말게 하며"라고 말씀하신 이유도 이 때문입니다.

하나님의 말씀 – 썩지 않는 씨

하나님의 말씀은 썩지 않는 씨이므로, 일상적으로 하는 말도 이와 비슷합니다. 우리가 하는 모든 말은 잠재적인 능력이 있습니다. 다만, 그것이 자라서 열매를 맺는지의 여부는 우리가 그것을 어떻게 사용하느냐에 달려 있습니다.

하나님의 말씀은 썩지 않는 씨입니다. 제가 30년간 농장을 경영하는 동안 썩지 않는 씨를 가져본 적이 없습니다. 하지만 영적인 법칙에 따르면 우리는 썩지 않는 씨를 갖게 될 것입니다. 하나님의 말씀을 입에 두고 계속 말한다면, 썩지 않는 하나님의 말씀은 열매를 맺게 될 것입니다. 이 씨는 언제나 열매를 맺는 씨이니까요.

그렇다고 우리들이 원하는 추수를 아무 때나 거둘 수 있는 것은 아닙니다. 하나님의 말씀 즉 씨앗에는 문제가 없으므로 언제나 열매를 맺지만, *우리 자신이 그 씨가 열매 맺는 일을 방해하거나*, 혹은 씨가 열매를 맺지 못하도록 하는 원인이 될 수도 있습니다. 우리가 문제가 되지 않는다면 씨앗은 반드시 열매를 맺을 것입니다. 이것이 야고보가 "누구든지 스스로 경건하다 생각하며 자기 혀를 재갈 물리지 아니하고 자기 마음을 속이면 이 사람의 경건은 헛것이라"라고 말한 이유입니다. 다른 말로 하면, 자기 마음을 속이면 그가 믿는 것은 아무런 열매를 맺지 못할 것이라는 말입니다. 그의 혀가 그의 마음을 속일 수 있습니다. 만일 우리 마음이 속임을 받게 되면, 마음은 그것이 진심이라고 믿고 그 방향으로 나아가게 되는 것입니다.

하나님의 나라와 씨앗

제가 여러분에게 말씀을 보여드리겠습니다. 아마도 당신은 제가 무슨 근거로 이런 이야기를 하는지 의아해 하실 것입니다. 마가복음 4장을 보십시오. 씨 뿌리는 자의 비유에서 씨 뿌리는 자는 하나님의 말씀을 뿌리는 것이라고 하신 예수님의 가르침을 기억하실 것입니다. 14절에서, 말씀은 사람의 마음에 뿌려지고 있습니다. 마가복음 4장 26-28절을 보십시오.

> 또 이르시되 하나님의 나라는 사람이 씨를 땅에 뿌림과 같으니 그가 밤낮 자고 깨고 하는 중에 씨가 나서 자라되 어떻게 그리 되는지를 알지 못하느니라 땅이 스스로 열매를 맺되 처음에는 싹이요 다음에는 이삭이요 그 다음에는 이삭에 충실한 곡식이라 (막 4:26-28)

하나님의 나라는 마치 씨를 뿌리는 것과 같습니다. 예수님께서는 누가복음 17장 21절에서 "…**하나님의 나라는 너희 안에 있느니라**"고 하셨습니다. 하나님의 말씀은 하나님의 나라 안에서 역사하는 매우 강력한 영적인 힘입니다. 하나님의 나라는 우리 마음 안에 있습니다.

우리 마음 안에 있는 하나님의 나라는 장차 새 예루살렘에 서게 될 그 하나님의 나라에 비해 조금도 미약하지 않습니다. 사실 같은 하나님의 나라에 속한 것이지요. 우리 안에 임한 하나님의 나라는 장차 임할 하나님의 나라가 우리 영 안에 나타난 것입니다. 우리 영 안에 임한 이 하나님의 나라가 이 세상의 삶 속에서 필요한 것들을 나타나게 할 수 있습니다. 우리의 영을 통해 이루어지는 것입니다. 예수님께서 씨 뿌리는 자의 비유를 통해 말씀하시는 것이 바로 이것입니다. 하나님의 나라는 씨를 땅에 뿌림과 같습니다. 여기서 씨 뿌리는 자는 각자를 말합니다. 다시 말씀드리면, 씨 뿌리는 것은 우리 각자가 할 일입니다.

> 그가 밤낮 자고 깨고 하는 중에 씨가 나서 자라되 어떻게 그리 되는지를 알지 못하느니라(막 4:27)

주의해 보십시오. 그는 자고 다시 일어납니다. 자고 일어날 정도의 믿음을 갖는 것은 어려운 일이 아닙니다.

그러나 이 구절이 단지 말씀을 고백하고 더 이상 일을 하지 않게 될 것이라는 의미는 아닙니다. 자신의 직장에서 믿음으로 살지 않는다면 곧 굶게 될 것입니다. 믿음은 게으른 것과는 다릅니다.

씨를 뿌리며 자고 깨고 하는 사람은 자기 일을 부지런히 한다는 것을 말합니다. 씨는 나서 자라게 됩니다. 어떻게 그렇게 되는지는 몰라도 그렇게 됩니다. 다만, 그렇게 될 것을 믿고 행하면 되는 것입니다.

하나님 나라의 공급 방법

우리 안에 하나님의 왕국이 있으며 예수님은 그 왕국 안에 계십니다. 빌립보서 4장 19절 말씀을 보십시오.

나의 하나님이 그리스도 예수 안에서(by Christ Jesus) 영광 가운데 그 풍성한 대로 너희 모든 쓸 것을 채우시리라(빌 4:19)

우리의 필요를 어떻게 채우신다고요. 예수 그리스도를 통하여 채우신다고 말씀합니다. 예수 그리스도는 어떤 분이십니까? 하나님의 기름부음을 받은 말씀이신 분입니다. 예수님께서는 하나님의 말씀을 통하여 약속을 이루실 것입니다. 하나님의 말씀은 어떻게 그 일을 합니까. 하나님의 영 안에서 역사하심으로 그렇게 하시는데, 그것은 마치 음식물이 사람의 몸 안에 들어가서 몸을 움직이게 하는 것과 비슷합니다. 우리가 음식물을 섭취하면 그 음식물이 몸 안에서 분해되면서 힘을 낼 수 있게 합니다. 사람의 영 안으로 들어간 하나님의 말씀도 비슷한 일을 합니다. 하나님의 말씀이 사람의 영 안으로 들어가면 그 안에서 믿음이라고 불리는 힘을 내도록 합니다. 하나님의 말씀으로 인해 생기는 영적인 힘이지요. 사도 바울은 이에 대해 좀 더 설명합니다.

입에 있고, 마음에 있습니다

로마서 10장 6절에서 8절을 보십시오.

믿음으로 말미암는 의는 이같이 말하되 네 마음에 누가 하늘에 올라가겠느냐 하지 말라 하니 올라가겠느냐 함은 그리스도를 모셔 내리려는 것이요 혹 누가 음부에 내려가겠느냐 하지 말라 하니 내려가겠느냐 함은 그리스도를 죽은 자 가운데서 모셔 올리려는 것이라 그러면 무엇을 말하느뇨 말씀이 네게 가까와 네 입에 있으며 네 마음에 있다 하였으니 곧 우리가 전파하는 믿음의 말씀이라(롬 10:6-8)

바울은 6절에서 우리가 말하지 않아야 할 것에 대해 먼저 말하고 난 뒤에, 이어서 8절에서 말해야 할 것에 대해 이야기합니다. 특히 8절에서 믿음으로 말미암는 의가 말하는 것이 무엇인지를 이야기하고 있습니다. "말씀이 네게 가까와 네 입에 있으며 네 마음에 있다"

주목해서 봐야 할 것은 하나님의 말씀은 먼저 입에 있으며, 그 다음에 그 말씀이 마음에 있다고 말하고 있는 것입니다. 이것은 잠언 3장 3절의 말씀과 일치합니다. **"네 마음판에 새기라"**(잠 3:3). 다윗은 또 어떻게 말했습니까. **"내 혀는 필객의 붓과 같도다"**(시 45:1). 마지막으로 예수님의 말씀을 봅시다. **"선한 사람은 그 쌓은 선에서 선한 것을 내고 악한 사람은 그 쌓은 악에서 악한 것을 내느니라"**(마 12:35).

하나님의 나라는 사람이 땅에 씨를 뿌리는 것과 같습니다. 사도 바울은 말씀이 입에 먼저 있게 되면 그 뒤에 마음에 심어진다고 말합니다.

제가 녹음기를 통해 듣는 자신의 목소리 비유를 말한 이유는 이것 때문입니다. 이제 이해하셨을 것입니다. 말씀이 우리 입을 통해 말하여지면 그 말씀은 내이(inner ear)를 통해 우리 영(마음)에 심어지는데 하나님의 말씀의 씨를 마음에 뿌리는 것이 바로 이처럼 하는 것입니다. 말씀을 말함으로 그렇게 되는 것이지요.

씨앗 뿌리기

하나님의 말씀을 말하는 것은 여러가지 작용을 합니다. 하나님의 말씀을 말하는 것은 씨를 뿌리는 것이지만 그뿐만이 아닙니다. **"…그러므로 믿음은 들음에서 나며 들음은 그리스도의 말씀으로 말미암았느니라"**(롬 10:17).

하나님의 말씀을 더욱 많이 말할수록 더욱 믿을 수 있게됩니다. 하나님의 말씀을 잘 믿게 될수록 더욱 많이 말하게 되고요.

기록한 바 내가 믿는 고로 말하였다 한 것같이 우리가 같은 믿음의 마음을 가졌으니 우리도 믿는 고로 또한 말하노라(고후 4:13)

사도 바울은 구약 말씀인 시편 116편 10절 말씀, 즉 **"내가 믿는 고로 말하리라"**를 인용해서 이렇게 말합니다. **"우리도 믿는 고로 또한 말하노라"**(고후 4:13).

다시 말해서 우리들은 믿는 것을 말합니다. 만일 우리가 어떤 것을 믿는다면 그것을 말하는 것입니다. 그리고 그것을 말한다면 그것을 믿게 될 것입니다. 그리고 그것을 믿게 되면 더욱 담대하게 그것을 말할 것입니다. 말씀의 씨를 뿌려 수확하는 것도 하나님께서 만드신 방법이지만, 이렇게 말과 믿음이 선순환의 고리를 통해 생산을 해내는 것도 하나님께서 만드신 방법입니다.

이 선순환의 과정은 이렇게 진행됩니다. 말씀이 먼저 입에 있은 후에 마음에 있게됩니다. 마음에 말씀이 가득 채워지면 그것은 입에 담깁니다. 마음에 가득한 것을 입으로 말하는 것이지요. 이런 이유 때문에 어떤 사람이든 그가 말하는 것을 들어보면 그 사람의 영적인 수준이 어느 정도인지를 판단할 수 있게 됩니다. 누구든지 자신의 마음에 가득 담긴 것이 입으로 나오게 되어 있습니다. 몇분만 같이 이야기를 나눠보시면 마음에 가득 담긴 것을 입으로 말하는 것을 들을 수 있을 것입니다.

자신이 말해놓고도 그것을 후회하기도 합니다. 제 농장에서 일하던 어떤 사람은 거친 말을 하고 나서 자기 손으로 입을 때리면서 "어이

쿠, 이런 방정맞은 입을 보게나"라고 말하며 자신의 말을 후회하는 것을 보았습니다. 그 사람은 원치 않는 말을 한 것이지요. 비록 원하지 않아도 사람들은 자기 마음에 담긴 것을 말하게 되어 있습니다.

마음에 담긴 것이 입으로 나오므로 만일 우리 마음이 의심이나 불신앙, 두려움으로 가득 차 있으면 결국 그것이 입밖으로 나오게 됩니다. 그러나 믿음이 가득하면 믿음의 말을 하게 되지요.

예수님께서 하나님의 나라는 사람이 땅에 씨를 뿌리는 것과 같다고 하셨습니다. 확실히 알아야 할 것은 하나님께서 우리를 위해 씨를 뿌려주시지는 않는다는 것입니다. 또한 성경에 말씀이 있다고 해도 그리고 우리가 그것을 우연히 읽게 된다고 해도 그것만으로 그 말씀이 우리 삶에 이루어지는 것은 아닙니다.

우리 입에 말씀을 두어 그것을 자신의 입으로 말하게되면 그 말씀은 귀를 통해 듣게 되고 영에 전달됩니다. 이렇게 하는 것이 씨를 뿌리는 것입니다.

이 세상에서도 봄에 씨를 뿌리지 않으면 가을이 되어도 아무런 수확을 거둘 수 없다는 것이 우리 모두가 경험으로 알고 있는 상식입니다.

씨앗을 뿌리는 일을 하나님께 맡기지 마십시오

이렇게 말하는 사람들도 보았습니다. "난 말일세. 하나님께 이 문제를 맡기려고 하네. 하나님의 뜻이라면 내게 그대로 이루어질거야." 정말 우리가 이렇게 하고 싶어하는 것인지 우리 일상생활의 비유를 통해 확인해봅시다.

제가 제 농장을 경영하면서 이렇게 말한다고 가정해봅시다. "난 내 농장일을 하나님께 맡기려고 하네. 나 스스로는 아무것도 심지 않을걸 세. 가을에 이 땅에서 무엇을 수확하든 그것이 나를 향하여 주시는 하나님의 뜻이야." 제가 이렇게 한다면 무엇이라도 수확할 것이 있을까요? 제가 단언컨대 가을에 저는 이런저런 잡초를 수확할 수 있겠지요. 그러나 먹거나 팔 수 있는 것은 한 가지도 수확할 수 없을 것입니다.

왜냐고요? 이 땅은 지금 저주아래 놓여 있다는 것을 알아야 합니다. 억지로라도 땅이 좋은 것들을 생산해내도록 해야 합니다. 좋은 씨를 심어야 합니다. 예수님께서 하나님의 나라가 사람이 땅에 씨를 뿌리는 것과 같으며 그 씨는 사람이 밤낮 자고 깨고 하는 중에 자란다고 말씀하셨습니다. 그 씨는 싹이나서 자랄 것입니다. 농부는 어떻게 해서 그렇게 되는지 모르지만, 이 땅은 씨의 열매를 맺도록 설계되어 있습니다.

땅은 열매를 맺습니다. 예수님께서 하신 말씀 아닙니까? 마가복음 4장에서 씨가 사람의 마음에 심겨진다고 말씀하셨습니다.

마음(heart)이라는 말을 들으면, 어떤 분은 자신의 가슴에 손을 얹더군요. 예수님께서 말씀하신 마음은 피를 온 몸에 공급하는 육신의 심장을 말하는 것이 아닙니다. 예수님께서 말씀하시려는 마음은 영(spirit)인 마음, 또는 우리의 중심을 말씀하신 것입니다. 누군가가 여러분을 깜짝 놀라게 했을 때, 우리는 '가슴이 철렁했다'는 말을 합니다. 가슴이 철렁하는 느낌을 우리 몸의 어느 부분이 느꼈다는 것일까요? 우리 배꼽 근처의 어디 깊은 곳이지요. 그곳에 우리 영이 있습니다. 비위가 상한다는 말이 있습니다. 그 비위가 있는 어딘가에 영이 있습니다.

그 마음 즉 영 안에서 모든 좋은 것이 생산됩니다. 하나님의 나라가 그곳에 존재합니다. 하나님 나라가 우리 안에 거하는 것이지요. 그곳이 성령의 인격체이신 예수그리스도께서 거하시는 곳입니다. 우리 안에 거하는 이 하나님의 나라 안에 우리가 심어놓은 것이 생산되는 것입니다.

이곳에 좋은 씨를 심을 수도 있고, 나쁜 씨를 심을 수도 있습니다. 하나님의 말씀을 심을 수도 있고 사탄의 말을 심을 수도 있는 것입니다.

원치않는 씨가 뿌려질 수 있습니다.

하나님의 말씀을 제대로 이해하지 못해서 잘못된 생각을 해서 이렇게 말하곤 합니다. "하나님은 내가 뭘 원하는지 아시니까." 우리는 이런식으로 불신과 의심을 말하곤 합니다. "내 삶은 제대로 된 적이 한 번도 없어. 하는 일마다 다 안된다니까."

이렇게 말하는 분도 있습니다. "내가 자네라면 그렇게 말하지 않겠네."

"난 눈에 보이는 대로만 말할걸세."

이런 분들도 사실은 씨를 뿌리고 있는 것입니다.

또 어떤 분은 이렇게 말씀하더군요. "난 성경을 계속 공부해왔는데 내용을 잘 이해할 수 없었지. 내게 전혀 유익이 되지 않더군."

그들이 20년이상 그런 말을 해왔던 것 같습니다. 어떻게 되었냐고요. 그들의 영이 그들의 말을 들었습니다. 그들의 내이(inner ear)가 그들의 말을 영에게 전달했으니까요. 이렇게 전달했을 것입니다. "이 사람이 자신의 말로 전혀 이해할 수 없다고 선포하고 있으니 계시의 지식에 대해 문을 닫아라."

언어를 통제하는 뇌의 어느 부분은 몸의 모든 다른 신경과 연결되어 있습니다. 우리들이 "요즘 감기가 유행이라는군. 나는 몸이 약하니 어느 누구보다 먼저 감기에 걸릴거야"라고 말하면 그 말은 몸의 모든 기관에 영향을 미치게 됩니다.

씨를 뿌렸으니 반드시 그렇게 될 것입니다. "난 언제나 감기에 걸린단 말이야"라고 말했을 때 그 사람의 영이 말소리를 듣고 이렇게 명령합니다. "몸의 방어기능은 활동을 중지해라. 그가 감기의 씨 뿌렸구나."

하나님께서는 우리 몸이 그렇게 기능하도록 만드셨습니다. 그러나 하나님께서는 긍정적인 방향의 비유를 통해 이것이 역사한다는 것을 가르치셨습니다. 예수님께서는 하나님의 나라는 사람이 땅에 씨를 뿌리는 것과 같다고 말씀하셨습니다. 예수님의 이 비유를 이젠 이해하시겠지요?

마음은 정원과도 같습니다

우리의 마음은 정원과도 같습니다. 하나님께서 우리가 이 세상에서 살아가는 동안 필요로 하는 것은 무엇이든 거둘 수 있도록 허락하신 땅과 같은 것이지요. 아담은 에덴땅에 하나님께서 주신 정원을 가지고 있었습니다. 우리가 에덴동산이라고 말하는 바로 그곳입니다. 아담은 그곳에서 필요한 것을 얻을 수 있었습니다. 그런데 아담은 그만 그 동산을 사탄에게 팔아넘겼고 사탄은 그 땅의 하나님이 되었지요. 하지만 예수님이 오셔서 이 정원을 되찾아 저희에게 돌려주셨습니다. 하나님께서 우리 안에 두신 거듭난 영이 바로 그 정원입니다. 이 정원을 통해 우리가 이 땅에 사는동안 필요한 모든 것을 공급받을 수 있습니다.

우리의 영은 우리가 필요한 것을 얻을 수 있도록 인도해 줄 수 있습니다.

그렇게 할 수 있는 지혜가 있습니다. 우리 영은 하나님의 영과 연결되어 있으며 하나님의 영은 하나님의 모든 것을 알고 있습니다. 사도바울이 고린도전서 2장에서 이것에 대해 말하고 있습니다.

> 사람의 사정을 사람의 속에 있는 영 외에는 누가 알리요 이와 같이 하나님의 사정도 하나님의 영 외에는 아무도 알지 못하느니라 우리가 세상의 영을 받지 아니하고 오직 하나님께로 온 영을 받았으니 이는 우리로 하여금 하나님께서 우리에게 은혜로 주신 것들을 알게 하려 하심이라(고전 2:11,12)

우리는 우리의 사정을 잘 알지 못하지만, 우리 영은 우리의 모든 사정을 잘안다고 말씀합니다. 나의 영은 나의 속사정을 속속들이 알고 있습니다. 내 영이 나를 잘 알고 있는 것처럼 성령께서는 하나님을 잘 알지요. 그러므로 우리의 영과 하나님의 영이 협력할 수 있도록 한다면 우리들은 모든 지식의 원천에 접근할 수 있게 됩니다.

우리의 영은 하나님의 지혜에 이르는 길을 찾습니다. 그렇게 해서 우리가 고백하는 하나님의 말씀이 실제로 우리 삶에 열매 맺도록 우리를 인도합니다. 그때가 언제인지는 모르지만 반드시 나타나게 될 것입니다.

그러나 늘 "뭘해야 할지를 알았던 적이 없어. 나는 언제나 어리석은 결정을 하지"라고 말한다면, 그의 영은 그를 어리석은 결정을 하도록 인도할 것이고, 종국엔 이렇게 말하며 하나님을 원망합니다. "틀림없이 하나님은 내가 성공하는 것을 원하지 않는 거야."

아닙니다. 하나님께서는 어느 누구라도 실패하는 것을 원치 않으십니다. 단지 그가 스스로 자신의 밭에 잘못된 씨를 뿌렸습니다. "**사람이 미련하므로 자기 길을 굽게 하고 마음으로 여호와를 원망하느니라**"(잠 19:3).

하나님의 나라는 마치 사람이 땅에 씨를 뿌리는 것과 같습니다. 하나님의 말씀은 썩지 않는 씨입니다. 하나님의 말씀을 말하고, 확정하여 선포하는 것이 하나님의 말씀의 씨를 심는 방법입니다. 반드시 그 씨의 열매를 거두는 날이 올 것입니다.

씨를 뿌리지 않으면 추수할 것도 없습니다

하나님의 나라는 땅에 씨를 뿌리는 것과 같습니다. 그리고 그 씨앗은 자라납니다. 땅은 열매를 맺습니다. 우리 마음이 바로 그 땅입니다. 예수님께서 그것이 그렇게 되도록 해두셨습니다. 열매를 맺게 될 것입니다. 우리는 단지 말씀을 입으로 고백할 정도의 지혜만 있으면 됩니다. 씨를 뿌려둔 후엔 잠을 자고 또 아침에 일어나시면 됩니다. 일상의 생활로 돌아가라는 이야기입니다. 즉 염려하거나 조바심을 내거나 짜증내지 않는 것입니다. 반면에 하던 직업을 그만두어서도 안됩니다.

오늘날의 많은 사람들이 그들의 말의 위력에 대해 잘 모르고 있습

니다. 제가 말씀이 이 세상에서 가장 강력한 것임을 말해야 하는 것
도 바로 이 때문입니다.

> 태초에 말씀이 계시니라 이 말씀이 하나님과 함께 계셨으니 이 말씀은
> 곧 하나님이시니라 만물이 그로 말미암아 지은바 되었으니 지은 것이
> 하나도 그가 없이는 된 것이 없느니라(요 1:1,3)

이 세상의 모든 것은 말씀으로 지어졌다고 말씀합니다. 이전에 모든 것이 말씀으로 지어진 것처럼 지금도 말씀으로 지어진다고 확신합니다. 모든 권세는 하나님의 말씀에서 비롯됩니다. 하나님께서는 우리에게 사탄을 제어할 권세를 주셨습니다. 말씀 없이 이루어지는 것은 없습니다.

"글로 적을 수도 있지 않느냐"고 말할지도 모릅니다. 그러나 중요한 것은 말입니다. 그러므로 우리가 하는 말에 좀 더 주의를 기울여야 합니다. 우리 입에 파숫군을 세울 필요가 있습니다. **"여호와여 내 입 앞에 파숫군을 세우시고 내 입술의 문을 지키소서"**(시 141:3).

"말에 그토록 주의를 해야 하다니요. 마치 또 하나의 굴레를 쓴 것 같군요"라고 말할지도 모르겠습니다. 그러나 한 번이라도 말의 능력을 체험하기만 하면 기꺼이 그 굴레를 쓰려고 할 것입니다. 그것을 굴레라고 한다면 참으로 위대한 굴레일 것입니다. 하나님께서는 말의 능력에 대해 자세히 알려주셨습니다. 성경을 자세히 읽어보시면 말씀은 내가 선포한다고 해도 하나님께서 말씀하시는 것처럼 능력을 발할 것이라는 것을 알게될 것입니다.

가르침대로 행하여 말씀을 고백한다면 머지않아 하나님께서 우리

가 가질 수 있다고 말씀하신 것이 우리의 것이 되었음을 알게될 것입니다. *"너희는 도를 행하는 자가 되고 듣기만 하여 자신을 속이는 자가 되지 말라"* (약 1:22).

하나님의 말씀은 좋은 소식입니다. 복음입니다. 하나님의 능력입니다.

3
심을 때와 거둘 때

창세기 1장에는 세상을 창조하는 법칙이 나타나 있습니다. 우리가 이것을 제대로 이해한다면 하나님의 방법을 이해할 수 있게 될 것입니다. 심고 거두는 법칙은 하나님의 방법입니다.

> 하나님이 이르시되 땅은 풀과 씨 맺는 채소와 각기 종류대로 씨 가진 열매 맺는 과목을 내라 하시니 그대로 되어 땅이 풀과 각기 종류대로 씨 맺는 채소와 각기 종류대로 씨 가진 열매 맺는 나무를 내니 하나님의 보시기에 좋았더라(창 1:11,12)

홍수 후에 하나님께서 노아에게 하신 말씀을 살펴봅시다. 하나님께서는 이 땅과 관련된 약속을 주셨습니다.

> 노아가 … 번제로 단에 드렸더니 여호와께서 그 향기를 흠향하시고 그 중심에 이르시되 내가 다시는 사람으로 인하여 땅을 저주하지 아니하리니… 땅이 있을 동안에는 심음과 거둠과 추위와 더위와 여름과 겨울과 낮과 밤이 쉬지 아니하리라(창 8:20-22)

이것은 하나님께서 지구를 위해 선택하신 방법입니다. 지구가 존재하는 동안에는 이 방법대로 움직일 것입니다.

심고 거두는 것은 하나님의 방법입니다. 창세기의 법칙은 변하지 않는 법칙입니다. 이 세상의 모든 동식물들은 자기 안에 간직된 씨를 통해 자기와 같은 종류의 것을 만들어냅니다.

분쟁의 씨앗도 그 분쟁 안에 있습니다. 만일 여러분이 누군가와 갈등이 생긴다면 그 갈등은 더욱 큰 갈등을 낳게 될 가능성이 많습니다. 그러나 누군가를 사랑한다면 사랑을 추수하게 될 것입니다. 세상의 모든 것은 그 안에 씨를 갖고 있는 것입니다.

이것이 하나님의 심고 거두는 법칙입니다. 그런데 어떤 분들은 이렇게 말합니다. "나는 당신들이 왜 하나님의 약속을 고백하는지 압니다. 당신들은 어떤 목적을 위해 하나님의 말씀을 이용하는 것이지요?"

예, 그렇습니다. 바로 그렇게 역사하는 것입니다! 그래서 하나님께서는 우리에게 말씀을 보내주신 것입니다.

하나님의 나라는 이런 식으로 역사합니다. 사람이 땅에 씨를 뿌림과 같습니다. 예수님께서 하나님 나라에 대해 하신 말씀을 봅시다.

> 또 이르시되 하나님의 나라는 사람이 씨를 땅에 뿌림과 같으니 저가 밤낮 자고 깨고 하는 중에 씨가 나서 자라되 어떻게 그리 되는지를 알지 못하느니라 땅이 스스로 열매를 맺되 열매가 익으면 곧 낫을 대나니 이는 추수 때가 이르렀음이니라 (막 4:26-29)

이것은 우리도 할 수 있는 일입니다. 예수님께서는 바로 우리가 씨를 뿌려야 한다고 말씀하십니다. 우리가 하나님의 말씀을 입으로 말하면 그것은 마치 씨와 같아서 마음, 즉 사람의 영으로 들어가서 자라고 마침내 열매를 맺게 되는 것입니다. 하나님의 나라는 사람이 땅에 씨를 뿌리는 것과 같습니다. 마가복음 4장 15절은 사람의 심령(heart)은 씨가 자라는 흙이요 땅이라고 말합니다.

예수님께서 **"땅이**(사람의 심령, heart) **스스로 열매를 맺되 처음에는 싹이요 다음에는 이삭이요 그 다음에는 이삭에 충실한 곡식이라"**(막 4:28)라고 말씀하신 것을 주의하여 보십시오. 때때로 사람들은 추수 때가 이르기 전에 포기해 버립니다. 여러분도 그런 경험이 있으실 것입니다. 열매가 되기 위해 한창 자라고 있는데 그만 포기해 버리는 것이지요.

마가복음 11장 23절에서 예수님께서 믿음의 법칙을 가르쳐 주셨습니다. "내가 진실로 너희에게 이르노니 누구든지 이 산더러 들리어 바다에 던지우라 하며 그 말하는 것이 이룰 줄 믿고 마음에 의심치 아니하면 그대로 되리라"(막 11:23). 이런 믿음이 하나님이 가지신 믿음이며 이 믿음을 가질 때 심고 거두는 법칙이 역사합니다.

씨앗을 심는 것은 꼭 필요한 일입니다

때때로 사람들은 자신들이 말을 했기 때문에 곧 그렇게 될 것이라고 생각합니다. *무엇을 말하는 것은 무엇을 심는다는 것입니다.* 그러나 단지 고백을 하기만 하면 열매가 맺히는 것이 아닙니다. 많은 분들이 마가복음 11장 23절을 붙잡고 들판으로 달려 나가서 농사를 망쳐 버리기 때문에 저는 여러분이 이 점을 확실히 알게 되기를 원합니다.

여기서 말씀 드리고 싶은 것은 단지 말하기 때문에 열매를 거두는 것은 아닐지라도 말하는 것은 열매를 거두기 위해 반드시 필요하다는 것입니다. 좀 더 쉽게 말씀드리면 씨를 심는다고 반드시 열매를 거두는 것은 아니지만, 심지 않고서는 아무런 열매도 거둘 수 없습니다.

하나님의 말씀을 고백하고 하나님께서 말씀하신 것을 말하도록 사람들을 가르치는 것 때문에 우리는 비판을 받았습니다. 어떤 사람은 "하나님의 말씀을 고백하는 것은 너무 기계적이야"라고 말합니다.

하지만 추수를 하려면 씨를 심어야 한다는 것을 말하고 있습니다. 하나님의 말씀에 능력이 있다는 말은 씨앗에 능력이 있다는 말입니다. 농부가 심은 바로 그것이 나타나도록 하는 것은 바로 그 씨앗에 있는 생명 때문입니다. 하나님의 말씀에는 생명이 있습니다. 그 생명은 하나님께서 숨을 불어넣으신 그 생명입니다.

하나님의 말씀은 썩지 않는 씨입니다. 하나님의 말씀 말고 다른 어떤 것을 심을 수 있겠습니까? 하나님의 약속들은 추수를 위한 씨앗들입니다.

하나님께서 행동하시듯이 행동하십시오

사람들이 이런 말을 하는 것을 들었습니다. "하나님 말씀을 고백하고 하나님의 약속을 반복해서 말하는 사람들은 마치 자기가 하나님인 줄로 생각하는 것 같아." 예 그렇습니다. 우리가 하려는 것이 바로 그것입니다. 어떤 상황에서든 그 상황에서 '하나님이라면 어떻게 하셨을까'를 생각하고 그대로 행하십시오. 창세기 1장 3절에서 하나님께서 하신 행동을 기억하신다면 우리가 처한 나쁜 상황에서 어떻게 행해야 할지 알 수 있습니다. 하나님께서는 어둠을 보시고 "빛이 있으라

(Light!)"라고 말씀하셨습니다. 무엇을 하신 것입니까? 하나님께서는 원하시는 것을 입으로 말씀하신 것입니다.

"하나님이시니까 그렇게 하실 수 있었겠지요." 맞습니다. 하나님이시므로 그렇게 하실 수 있습니다. 그러나 하나님은 또한 이렇게 말씀하셨습니다.

> 하나님이 이르시되 우리의 형상을 따라 우리의 모양대로 우리가 사람을 만들고 그로 바다의 고기와 공중의 새와 육축과 온 땅과 땅에 기는 모든 것을 다스리게 하자 하시고(창 1:26)

사람이 어떻게 그 모든 것을 다스리게 되었을까요? 여러분은 토끼가 양배추를 물고 도망갈 때 아담이 어떻게 뒤쫓아 갔는지는 이해할 수 있겠지만, 코끼리가 양배추를 짓밟을 때는 어떻게 했을지 알 수 있습니까?

하나님께서 아담에게 그것들을 정복하라고 하셨습니다. 아담은 하나님께서 하셨던 것과 동일한 방법을 사용해야 했습니다. 원치 않는 일이 일어나는 것을 보았을 때, 아담에게는 그렇게 되지 않도록 상황을 변화시킬 책임이 있었습니다. 하나님의 방법 – 믿음이 가득한 말을 사용함으로 상황을 바꿔야 했습니다.

> 그러므로 내가 너희에게 말하노니 무엇이든지 기도하고 구하는 것은 받은 줄로 믿으라 그리하면 너희에게 그대로 되리라(막 11:24)

이 말씀은 원치 않는 것을 구하지 말고 원하는 것을 구하라는 의미입니다. 구할 때에도 원하는 것을 말하라는 것입니다.

하나님께서 말씀하신 것을 심으십시오

우리는 현재의 사실대로 말해야 한다고 배웠습니다. 그러나 성경은 그렇게 하라고 가르치지 않습니다. 성경의 방법은 하나님의 말씀이 그 상황에 대해 말하고 있는 것을 말하는 것입니다. 우리가 원하는 것이 하나님의 말씀과 일치한다면 원하는 대로 말하십시오. 우리 삶에서 필요한 것이 있거나 어려움에 부딪힐 때 풍성한 공급과 평화를 말하십시오. 그렇게 말하는 것이 씨를 심는 것입니다. 성경을 펼쳐 약속을 찾고 그 씨앗을 심으십시오. 그것은 곧 수확할 열매를 위한 씨를 심는 것입니다.

문제는 바로 사람들이 몇 마디 말을 하고, 몇 개의 씨를 심고 나서는 내버려두고 떠나는 데 있습니다. 씨를 조금만 뿌린 것입니다. 씨앗을 심기만 하면 항상 수확을 거두는 것은 아니지요. 씨앗을 심은 뒤에는 보살펴야 합니다. 이것들이 나타나기까지는 시간이 걸립니다.

단지 고백을 하기만 하면 수확을 거두게 되는 것이 아닙니다. 하지만 수확을 거두기 위해 고백은 빠져서는 안 되는 요소입니다. 농부가 씨를 심었다고 반드시 열매를 거두는 것은 아닙니다. 그러나 씨를 심는 일은 수확하는 데 꼭 필요한 과정입니다. *씨를 심지 않으면 수확은 있을 수 없습니다.*

창세기의 법칙에 따르면 모든 것은 자기와 같은 종류의 열매를 맺습니다. 우리가 지침서인 하나님의 말씀을 따르지 않는다면 우리가 승리의 삶을 살도록 계획하신 법칙이 우리에게 오히려 반대로 작용할 수도 있습니다.

씨앗을 살펴야 합니다

하나님께서는 우리를 구속하시려고 말씀을 주신 것이 아닙니다. 그런데 저는 사람들이 "믿음의 고백에 구속되어 아무것도 못하겠어. 말을 조심해야 한다니 그것에 신경 쓰느라고 아무 말도 못할 지경이지"라고 말하는 것을 들었습니다.

우리가 무슨 말을 하는지를 스스로 살펴본다면 여러분은 그 말이 정말로 역사하는 것을 아시게 될 것입니다. 우리가 계속 고백하고 말하는 것들이 우리 삶에 문제를 일으키는 것의 원인입니다.

사람들이 저를 찾아와서 자신의 문제를 상담할 때 저는 종종 이렇게 물어봅니다. "이 상황과 관련해서 얼마나 오랫동안 그런 부정적인 말을 해 왔습니까?" 20년 넘게 그런 부정적인 말을 해 온 분도 있었습니다. 그들의 주된 문제는 바로 코 아래 3센티미터, 즉 그들의 입에 있습니다. 20년 넘게 부정적인 말을 해왔던 것이 문제였습니다.

누가복음 17장 5절에서 제자들이 예수님께 **"믿음을 더하소서"**라고 말합니다. "믿음을 좀 더 달라고" 요청하고 있는 것이지요. 믿음을 더해 달라는 요청은 잘못된 것이 아닙니다. 요청대로 믿음을 한 바구니 가득 채워서 주시면 얼마나 좋겠습니까?

6절에서 예수님의 대답을 살펴보십시오. **"만일 너희에게 씨와 같은 믿음이 있다면 이렇게 말했을 것이다…"** 흠정역은 이렇게 번역하고 있습니다. "만일 너희에게 겨자씨와 같은 믿음이 있다면 너희들이 이렇게 말하지 않겠니(might)…" 그리고 또 다른 번역본(NASB, Wuest, Noffatt 역)은 이렇게 말합니다. "너희에게 믿음이 있기만 하면 이렇게 말하였을(would)것이다. 이 번역은 흠정역 보다 강력한 표현을 사용하고 있습니다.

> 주께서 이르시되 너희에게 겨자씨 한 알만한 믿음이 있었더라면 이 뽕나무더러 뿌리가 뽑혀 바다에 심기어라 하였을 것이요 그것이 너희에게 순종하였으리라(눅 17:6)

문제가 우리의 말에 복종합니다

예수님은 그 뽕나무가 하나님의 명령에 따를 것이라거나 성령님의 지시에 따를 것이라고 하지 않으시고, 우리의 명령에 순종할 것이라고 하셨습니다.

제자들은 자신들에게 믿음이 필요하다고 생각했습니다. 그러나 예수님께서는 그들에게 이렇게 말씀하셨습니다. "얘들아, 너희에게 필요한 것은 믿음이 아니란다. 너희는 믿음이 씨앗처럼 역사한다는 것을 이해해야 한다. 너희가 씨앗을 심지 않으면 아무것도 나지 않을 것이다."(제가 의역한 것입니다.)

믿음은 구해서 얻는 것이 아니라 하나님의 말씀을 들음으로 얻는 것이지요(롬 10:17).

씨앗을 심기

씨앗을 심지 않으면 거둘 수 없습니다. 만일 여러분에게 밀이 한 알 밖에 없다면 그것만으로는 비스켓을 만들 수도 없고 심지어 밀이 조금만 사용되는 그레이비 소스조차도 만들 수 없습니다. 그러나 아주

지혜로워서 그것을 땅에 심고 거두는 것을 반복한다면 결국엔 그 한 알의 밀에서 거두게 될 곡식으로 이 세상을 먹일 수도 있을 것입니다. 이렇게 간단한 것입니다. 심으면 수확하게 될 것입니다.

예수님은 제자들에게 이렇게 말씀하시는 것입니다. "만일 너희가 기꺼이 심을 믿음이 있다면…" 제자들은 기꺼이 심을 믿음이 없다는 것입니다. '씨앗 같은 믿음'이 없다는 것이지요. 믿음이 있다고 해도 심지도 못하고 사용하지도 못하는 경우가 많습니다.

여러분은 "네 맞습니다. 나는 성경의 앞표지부터 뒤표지까지 모두 진리임을 믿습니다"라고 말할 수 있습니다.

또 어떤 사람은 **"나의 하나님이 그리스도 예수 안에서 영광 가운데 풍성한대로 너희 모든 쓸 것을 채우시리라"**라는 빌립보서 4장 19절 말씀을 말하거나, **"주라 그리하면 너희에게 줄 것이니 곧 후히 되어 누르고 흔들어 넘치도록 하여 너희에게 안겨주리라"**라는 누가복음 6장 38절 말씀을 말할 수 있습니다.

그가 "저는 이 말씀들이 성경에 있다는 것을 알고 있어요"라고 말합니다.

"그 말씀들처럼 당신의 삶은 언제나 채워지며 하나님께서 갚아주시는 삶을 살고 계신가요?"

"아니요. 그렇지 않습니다."

"왜 그렇습니까?"

"그 말씀이 제 삶에 이루어지는 것은 하나님의 뜻이 아닌가 봅니다."

하나님의 말씀은 하나님의 뜻입니다. 하나님의 뜻인 것은 틀림없지만 하나님의 뜻이라고 해도 그것이 우리 삶에 저절로 이루어지지는 않습니다. **"저가 채찍에 맞음으로 너희가 나음을 입었도다"**(벧전

2:24)라는 말씀이 있어도 우리가 병에서 저절로 치유받는 것이 아니며, **"너희가 무엇을 하든지 형통하리라"**(시 1:3)라는 말씀이 있어도 우리가 저절로 형통하게 되지는 않습니다.

말씀은 반드시 우리 안에 있어야 합니다. 성경은 하나님의 말씀으로 가득하지만, 성경을 들고 병원에 가서 어떤 환자 위에 얹어 놓는다고 해서 그 환자가 낫게 되는 것은 아닙니다. 그러나 그 말씀을 환자에게 심어준다면 말씀은 역사하여서 곧 그가 낫게 될 것입니다. 말씀은 심령속에 심겨지면 열매를 맺게 됩니다.

믿음은 말합니다

예수님께서 제자들에게 이렇게 말씀하셨습니다. "너희가 씨앗 한 알만한 믿음만 있었더라면 너희는 이 뽕나무에게…라고 **말하였을 (would say)** 것이요." 제가 확신하기론 예수님과 제자들은 길을 따라 걷고 있었는데, 뽕나무 한 그루가 길 한복판에서 자라고 있었을 것입니다. 그 뽕나무는 많은 사람들의 통행에 방해가 되었겠지요.

예수님께서 이렇게 말씀하셨습니다. "얘들아, 너희에게 씨앗과 같은 믿음이 있다면 이 움직일 수 없는 나무에게 "뿌리채 뽑혀서 바다에 심겨져라고 말했을 것이고 나무는 그 말에 순종하였을 것이다." 또한 이렇게도 말할 수 있을 것입니다. "만일 너희에게 씨앗과 같은 믿음이 있으면, 그 뽕나무는 믿음으로 가득 찬 너희의 말에 순종했을 것이다."

예수님께서는 여기서 두 개의 믿음의 비밀을 말씀하십니다. *믿음은 씨앗과 같아서 씨앗처럼 역사하고, 믿음의 씨앗을 심는 방법은 입으로 고백하는 것이다.*

어떤 분이 이런 말을 하는 것을 보았습니다. "난 아무리 그래도 나무나 산이나 물건에게 말하지는 않을 것 같네요."

당신은 아마도 이런 물건들이 옮겨지는 것도 보지 못할 것입니다. 예수님께서 **"이 산더러 들리어 바다에 빠지라고 명하면…"**(막 11:23)이라고 말씀하셨을 때 에베레스트 산을 바다로 옮기는 것을 말씀하지 않으셨던 것과 마찬가지로 예수님께서는 여기서도 나무들의 뿌리를 뽑는 것에 관해 말씀하고 계신 것이 아닙니다.

주님은 여러분의 삶 가운데 여러분이 당면하고 있는 환경과 여러분이 어떻게 해야 할지 모르는 상황 같은 문제들에 대해서 말씀하고 계신 것입니다. 예수님께서는 그 문제들을 향해서 "뽑혀라. 바다에 빠져라. 사라져라"라고 명하라고 가르치시는 것입니다. 그런 문제들이 어떤 방법으로 해결되어야 할지에 대해서만 말하십시오.

말로 다스리기

아담도 이런 방법으로 에덴동산의 모든 것을 다스릴 수 있었습니다. 하나님께서 아담에게 바다의 물고기와 공중의 새와 땅에 기는 모든 것을 다스리라고 하셨지요.

아담이 모든 기는 것을 다스릴 권세가 있다는 것을 알게 된 것은 기쁜 소식이었습니다.

그런데 아담은 어떻게 코끼리를 다스렸을까요? 믿음으로 다스렸을 것입니다. 육체적인 힘으로 다스렸을 가능성은 별로 없고, 믿음과 말의 힘으로 다스렸을 것입니다. 하나님께서 하셨던 방법이지요. 아담은 하나님의 형상을 따라 창조된 피조물이었음을 기억하십시오.

우리 혀가 마음을 속입니다

누구든지 스스로 경건하다 생각하며 자기 혀를 재갈 물리지 아니하고
자기 마음을 속이면 이 사람의 경건은 헛 것이라(약 1:26)

야고보는 경건해 보이는 사람일지라도 말에 조심하지 않는 사람은 그의 경건이 아무것도 아니라는 이야기를 하고 있습니다. 많은 사람들이 경건해 보이기는 하지만 그들의 입에 재갈을 물리지 않습니다. 그들은 믿음을 허물고 마음을 속이는 온갖 종류의 말을 합니다.

처음 하나님을 만났을 때에는 그들의 믿음이 충만했을 것입니다. 그러나 세상의 미디어를 자주 접하고 그것을 통해 듣는 말을 똑같이 따라하고 믿음으로써 우리에게서 모든 것을 도적질하기 원하는 사탄의 소리에 귀를 기울이게 된 것입니다. 그들은 번영을 믿기보다, 경기 침체를 믿습니다. 세상의 소리를 듣게 되면서 그가 처음 하나님을 만났을 때 가졌던 믿음은 점차 사라져 버렸습니다. 믿음은 들음에서 나기 때문입니다. 두려움도 같은 방법으로 옵니다.

우리가 기도할지라도 우리의 일상적인 말이 기도와 일치하지 않으면 우리의 기도는 아무 소용이 없게 됩니다.

영적인 법칙은 역사합니다

누군가가 이런 말을 했습니다. "어떤 상황에서는 할 수 있다고 말하는 자나 할 수 없다고 말하는 자나 모두 옳다."

하나님의 말씀의 능력과 믿음의 법칙이 어떻게 일하는지 배우십시오. 우리는 이 세상의 법칙에 대해서는 잘 알고 있습니다. 세상에는

중력의 법칙이 있습니다. 이 세상에는 자신에게는 중력의 법칙이 적용되지 않는다고 말하는 어리석은 사람도 있습니다만, 빌딩에 올라가 뛰어내려 보시면 그렇지 않다는 것을 곧 알게 될 것입니다.

중력의 법칙은 날이 덥거나 춥거나 바람이 불거나 잠잠하거나 비가 오거나 맑거나 낮이거나 밤이거나 상관없이 언제나 작용합니다. 하나님께서 그렇게 만들어 놓으셨으니까요.

하나님의 말씀은 영적인 법칙입니다. 하나님의 말씀은 우리의 상황에 바르게 적용하면 역사합니다. 그러나 때때로 우리는 스스로 우리의 규칙을 만들어 놓고 우리가 뜻하지도 않는 말을 해 놓고 "내가 말하긴 했지만 실제 내 마음은 그게 아니었어. 내가 곧 파산하고 말거라고 말하긴 했지만, 하나님은 내 본심을 아실거야"라고 말합니다.

그렇게 하는 것은 마치 우리가 부모님께 전화를 드리기 위해 전화기를 들고 버튼을 세 개나 네 개 정도만 누르고 기다리면서 "전화 회사에서는 내가 부모님께 전화 걸려는 것을 알고 있을 거야"라고 말하는 것과 다를 바 없습니다. 우리는 결코 부모님과 통화할 수 없을 것입니다. 우리는 전화 회사의 사용법을 따르지 않았습니다.

통제되지 않은 능력은 파괴할 것입니다

우리는 하나님의 법칙을 지켜야 한다는 것을 깨달아야 합니다. 하나님은 자신의 법(laws)에 대한 규칙(rules)과 규정(regulations)이 있습니다. 우리가 영적인 법을 적용할 때는 우리는 하나님의 법을 따라야만 합니다.

통제된 능력과 통제되지 않은 능력

우리는 전기의 힘과 사용법에 대해서 모두 잘 알고 있으므로 이 법칙을 어기지만 않는다면 안전하게 전기를 사용할 수 있습니다.

전기로 난방도 하고 요리도 하고 세탁도 합니다. 우리는 "전기가 있으니 얼마나 좋은가!"라고 말합니다. 이렇게 우리에게 유익을 가져다주는 전기이지만, 제대로 통제하지 못하면 우리를 해치게 될 수도 있습니다.

잠언에 이렇게 기록되어 있습니다. **"죽고 사는 것이 혀의 권세에 달렸나니"**(잠 18:21). "막대기나 돌은 나의 뼈를 부러뜨릴 수 있을지 모르지만 말은 결코 나를 해하지 않을 것이다"라는 속담이 있습니다. 하지만 이 속담은 전혀 사실이 아닙니다. 말은 믿음을 가져올 수 있지만 두려움을 가져올 수도 있으므로 우리를 파괴할 수 있습니다. 믿음은 우리를 세우지만, 두려움은 우리를 파괴합니다.

매거나 푸는 것

영의 세계는 하나님의 말씀으로 다스릴 수 있습니다. 예수님께서 베드로에게 이 진리를 알려주셨습니다.

> 내가 천국 열쇠를 네게 주리니 네가 땅에서 무엇이든지 매면 하늘에서도 매일 것이요 네가 땅에서 무엇이든지 풀면 하늘에서도 풀리리라 하시고(마 16:19)

우리는 말로 어떤 것을 묶거나 풉니다. 종종 자신이 솔직한 태도로 말하는 것이라고 생각하지만, 그런 말이 사탄을 활동하도록 해서 자신의 재정적인 문제를 공격하도록 하는 경우가 많습니다. 이런 말이 그런 것입니다. "좋은 일자리를 얻기만 하면 곧 해고를 당하니, 난 안정된 삶을 얻지 못할 것 같아." 이런 말을 하는 것은 그 말대로 행하도록 사탄을 풀어주는 결과를 가져오는 것입니다. 원수는 우리 말의 권세를 근거로 해서 역사합니다.

말씀은 이렇게 말합니다.

네가 하는 일마다 다 잘 될 것이다(시 1:3).
너를 치려는 무기는 아무 소용이 없을 것이다(사 54:17).
주라 그리하면 줄 것이니 후히 되어 누르고 흔들어 넘치도록 하여 너희에게 안겨주리라(눅 6:38).
네가 하나님께 은혜를 입고 사람들로부터 칭송을 받으리라(행 2:47).

하나님 말씀은 우리가 이런 삶을 살게 될 것이라고 말합니다. 그러나 우리는 이런 하나님의 말씀과는 반대되는 말을 하곤 합니다. "내가 하는 일은 하나같이 안 되는 군. 번번이 내 눈 앞에서 일이 틀어져 버리네." 우리는 우리 입에서 나오는 말의 능력을 잘 알지 못했기 때문에 이렇게 말했습니다.

부정적인 말이 우리 영에 어떤 영향을 미치는지 아시는지요? 그런 말이 다른 사람들에게는 별 영향을 주지 못하지만 자신에게는 영향을 끼칩니다. 입으로 한 말은 여러분의 영에 풀어놓아지기 때문에 강력한 힘이 있습니다.

우리는 하나님의 말씀을 말하게 될 때 하나님의 능력을 풀어놓게 됩니다. 우리 입으로 고백된 하나님의 말씀은 우리 영에 '믿음'이라고 불리는 힘을 만들어 냅니다. 마음에 가득한 것이 입을 통해 나오게 될 뿐 아니라, 입을 통해 말하여진 것은 다시 우리 마음을 가득 채우게 되지요. 발전기가 전기를 생산해내듯이 하나님의 말씀을 말함으로써 믿음이라는 영적인 힘을 생산해냅니다.

히브리서 11장은 이 믿음이 바라는 것들의 실상이라고 말합니다. 그것은 **보지 못하는 것들의 증거**입니다. 그러므로 믿음은 바라는 것들의 증거가 됩니다. 그런데 그 믿음은 하나님의 말씀으로부터 옵니다. 믿음은 우리가 바라는 것들의 실상이며 그것들의 증거입니다.

농부에게 있어서 바라는 것들의 실상은 무엇입니까? 농부가 봄에 가진 것이라고는 오직 씨뿐입니다. 그러나 그 씨는 가을에 농부에게 큰 수확을 가져다 줄 것입니다. 씨 안에 다 들어있습니다. 재생산 할 수 있는 능력이 그 씨 안에 있습니다.

씨는 똑같은 것을 심겨진 것보다 몇 배나 많이 생산하게 될 것입니다.

하나님의 말씀, 그분의 약속들은 이처럼 능력이 있습니다.

1974년에 달라스에서 받은 하나님의 계시를 여러분과 나누고 싶습니다. 주님은 이렇게 말씀하셨습니다.

"내 말에 담긴 능력은 예전과 조금도 다름이 없단다. 내가 그 말을 처음 했을 때 있던 강력한 능력을 지금도 내 말은 그대로 가지고 있단다. 내 말은 여전히 능력을 가지고 있지만 내 백성들은 내 말을 잃어버렸지. 내 백성이 내가 그들에게 알려준 말을 하지 않고 오히려 세상의 말을 말하고 있구나. 원수의 말을 하고 있단다."

"너희가 내 말을 할 때 내 말의 창조적인 능력이 풀려나는 것과 마찬가지로, 그 말을 하는 사람에게 해를 끼치고 억압하려고 하는 원수의 말에도 똑같은 능력이 있다."

하나님의 말씀에 창조적 능력이 있다는 것은 어느 정도 우리에게 알려져 있습니다. 그러나 하나님의 말씀에 능력이 있는 것처럼 사탄의 말에도 그의 말을 하는 사람을 억압하고 괴롭히는 악한 능력이 있다는 것을 생각해본 적은 없으실 것입니다.

믿음은 들음으로써 옵니다

지금 우리는 하나님의 말씀을 고백함으로 우리 안에 믿음이라고 불리는 능력을 풀어놓을 수 있다는 것에 대해 이야기하고 있습니다. 그것은 바라는 것들의 실상이며 보지 못하는 것들의 증거입니다. 그런데 이 진리는 반대로도 역사합니다. 하나님의 말씀의 고백이 믿음을 풀어놓듯이 사탄의 말에도 역시 영적인 힘이 있습니다. 그것은 두려움입니다.

믿음은 하나님의 말씀을 들음으로 생깁니다. 사탄을 신뢰하는 믿음도 사탄의 말을 들을 때 생겨납니다. 사탄을 신뢰하는 믿음이란 다름 아니라 두려움을 말합니다.

달리 말하면, 믿음은 바라는 것들의 실상이며 보이지 않는 것들의 증거입니다(히 11:1). 내가 바라는(hope for) 것은 내가 원하는(desire) 것이기 때문에 믿음은 내가 원하는 것의 실상입니다. 믿음은 하나님의 말씀을 들음으로 오는 것입니다.

저는 하나님의 약속에 대해서 듣고 그 약속이 제 삶 가운데 이루어지기를 구합니다. 그러면 저는 하나님의 약속을 고백함으로써 믿음이라는 영적인 힘을 제 안에 풀어놓게 됩니다. 이 믿음은 제가 구하는 것들의 실상입니다. 하나님과 그의 말씀을 믿는 믿음은 하나님의 말씀을 들음으로써 오는 것입니다.

두려움도 들음으로써 옵니다

두려움은 사탄의 말을 고백할 때 생겨납니다. 그러므로 하나님의 말씀을 고백하면 믿음이 생겨나고 사탄의 말을 고백하면 두려움이 생겨나는 것이지요. 믿음이 바라는 것들의 실상인 것처럼 두려움은 바라지 않는 것들의 실상입니다.

그러므로 사탄을 대적하듯이 두려움을 대적해야 합니다. 욥의 고백을 이해하실 수 있으실 것입니다. "나의 두려워하는 그것이 내게 임하고 나의 무서워하는 그것이 내 몸에 미쳤구나"(욥 3:25).

사업을 하거나 전임사역을 하다보면 반드시 두려움과 마주칠 때가 옵니다. 사탄은 두려움을 무기로 삼기 때문입니다.

어떻게 두려움을 극복할 수 있을까요? 하나님의 말씀을 고백함으로 극복할 수 있습니다. 예수님이 좋은 본을 보이셨습니다. 돌로 떡덩이가 되게 하라는 사탄에게 이렇게 말씀하셨습니다.

> 기록되었으되, 사람이 떡으로만 살 것이 아니요 하나님의 입으로부터 나오는 모든 말씀으로 살 것이라(마 4:4)

우리가 하나님의 입으로부터 나오는 모든 말씀으로 산다면, 사탄의 입에서 나오는 모든 말로 인해 죽을 수도 있다는 것도 사실일 것입니다. *하나님의 말씀은 생명을 주는 믿음을 생산하지만, 사탄의 말은 죽음을 가져오는 두려움을 생산합니다.* 하나님의 말씀과 반대되는 것을 말하게 될 때 두려움이 생산되고 있다는 것을 알아야 합니다.

우리 중 많은 분들이 사탄의 말을 하고 있다는 것을 인식하지 못하고 있습니다. *하나님의 말씀과 반대되는 말을 하는 것이 바로 사탄의 말을 하는 것입니다.*

우리가 인식하든 못하든 하나님의 말과 사탄의 말은 각각의 힘의 원천입니다. 우리가 하나님의 말과 반대되는 이야기를 할 때 우리 입을 통해서 영적인 힘이 흘러나오게 되며, 그 힘은 우리의 영(심령)에 흘러들어 갈 것입니다.

> 내 명령을 지켜서 살며 내 법을 네 눈동자처럼 지키라 이것을 네 손가락에 매며 이것을 네 마음판에 새기라(잠 7:2,3)

> 내 마음에서 좋은 말이 넘쳐 왕에 대하여 지은 것을 말하리니 내 혀는 필객의 붓과 같도다(시 45:1)

바로 이렇게 역사하기 때문에, 당신은 당신의 펜을 바르게 사용하도록 하십시오.

사탄의 말에 동의하지 마십시오

우리가 사탄의 말을 하면 우리 마음판에 사탄의 말을 기록하게 됩니다. 우리 중 누구든지 두려움에 사로잡히게 되는 이유는 텔레비전을 통해 보고 듣는 것을 모두 믿어버리기 때문입니다. 예수님께서 마지막 때에 있게 될 징조를 말씀하시면서 이것에 대해 말씀하셨습니다.

> 사람들이 세상에 임할 일을 생각하고 무서워하므로 기절하리니 (hearts failing) 이는 하늘의 권능들이 흔들리겠음이라(눅 21:26)

예수님께서는 사람들이 이 세상에서 벌어진 어떤 일로 인하여 무서워 기절하는 것이라고 말씀하지 않으셨습니다. *장차 임할 일을 생각하고 무서워하기 때문에 그렇게 될 것이라고* 하셨습니다. 다시 말해서 미래에 대해 염려하고 두려워할 것이라는 것입니다.

여기서 기절(failing of heart)이란 것은 심장마비를 말하는 것은 아니라고 생각합니다. 예수님께서 한 번도 심장에 관해 말씀하신 적이 없기 때문입니다. 예수님께서는 인간의 영적인 부분 즉 인간의 영에 관해서 말씀하고 있는 것입니다. 예수님은 하나님의 나라가 거하는 당신 안에 있는 "땅(soil)"에 관해 말씀하고 있습니다.

예수님께서는 사람의 심령에 세워진 하나님의 나라가 두려움으로 인해 제대로 기능하지 못하게 된다는 것을 말씀하시는 것이지요.

우리는 같은 믿음을 가진 동료 그리스도인들과 함께 있을 때는 믿음을 유지하기가 쉽습니다. 그러나 실제적으로 사소한 일상의 문제와 부딪치게 되는 세상에 나가면 당신은 *마귀를 대적하듯이 두려움을 대적해야만 하게 될 것입니다*. 어떻게 대적할 수 있을까요? 어떤 상황과 환경에서도 하나님의 말씀을 고백함으로 그렇게 할 수 있습니다. 지옥의 모든 것이 우리 위로 쏟아져 내리는 것 같을 때에도 하나님께서 말씀하신 것을 말하십시오. 그렇게 하면 믿음이 생겨납니다.

생명의 말씀

하나님의 모든 말씀 안에는 생명이 있습니다. 사실, 예수님께서도 그렇게 말씀하셨습니다.

내가 너희에게 이른 말이 영이요 생명이라(요 6:63)

다른 말로 하면, 하나님의 모든 말씀에는 영적 생명이 있습니다. 이것이 진리이기 때문에, 사탄의 말에는 영적 사망이 있습니다. 우리의 말은 우리의 영에 영향을 줍니다. 우리는 하나님께 동의함으로써 우리 영에 생명의 말을 말할 수 있습니다. 또한 *사탄에게 동의함으로써 우리 영에 사망의 말을 말할 수도 있습니다.*

잠언은 이것에 대해 이렇게 말합니다.

사람의 심령은 그 병을 능히 이기려니와 심령이 상하면 그것을 누가 일으키겠느냐(잠 18:14)

사람의 영은 병을 이깁니다. 어떤 번역본은 이렇게 번역했습니다. "사람의 영은 병을 떠나보내거나 또는 병이 떠나지 않게 잡고 있으려니와" 둘 중의 한 가지 일이 일어날 것입니다. 사람의 영, 즉 사람의 심령은 그 사람이 무엇을 말하느냐에 따라 병을 잡고 있을 수도 있고, 떠나보낼 수도 있습니다.

우리가 무엇이든 땅에서 매면 하늘에서도 매일 것이요 땅에서 풀면 하늘에서도 풀릴 것입니다. 묶고 푸는 힘은 여기 이 땅에 있습니다.

믿음으로 충만한 심령은 묶고 푸는 일을 담당합니다. 우리의 말은 믿음의 말이거나 두려움의 말입니다. 믿음의 말을 하면 우리가 처한 상황에서 전능하신 하나님께서 일하시도록 하는 것이지만, 두려움의 말을 하면 사탄으로 하여금 일하도록 만드는 것입니다.

말은 너무도 중요합니다. 이 세상의 자연법칙을 배워 적용하는 것처럼 영적인 법칙도 배워 적용할 수 있습니다. 우리의 말은 우리가 뿌리는 씨와 같습니다. 뿌린 만큼 열매를 거두게 되는 것이지요.

씨는 뿌리기 전에 잘 살펴야 합니다

스스로 자신의 말을 잘 살펴야 합니다. 우리 중 어떤 사람들은 잘못된 기도를 합니다.

사탄의 말을 사용해서 기도하므로 자신을 옥죄었던 때가 있지 않으신가요? 이것은 참 부끄러운 상황입니다. 제가 언젠가 이렇게 기도했었습니다. "주님, 제 기도를 응답하지 않으시네요. 제 상황이 점점 더 악화되고 있습니다."

그러자 성령님께서 제게 "누가 그러더냐?"라고 말씀하셨습니다.

성령님께서 하신 질문을 잠시 생각한 후에 "그런 말을 한 것은 틀림없이 사탄이네요. 성경 어디에서도 하나님께서 그런 말씀을 하신 적이 없으시니까요"라고 대답했습니다.

그러자 성령님께서 제게 이렇게 말씀하셨습니다. "그래 난 그런 말을 한 적이 없단다. 네가 지금이라도 사탄의 말로 기도하는 것을 멈추었으면 참 좋겠구나."

종종 우리는 기도 중에 답을 말하기보다 어려움을 말하기에 바쁩니다. 어려움을 말하게 되면 그 어려움이 사실인 것 같은 믿음이 생겨버립니다. 믿음은 들음으로 말미암으니까요.

문제점을 기도함으로써 그 기도가 우리의 믿음을 파괴할 수 있습니다.

만일 여러분이 이렇게 기도한다고 해 봅시다. "주님, 지금 제 남편 존은 실직했고 다른 수입원들도 모두 막혔습니다. 저는 자동차 할부금도 낼 수 없게 되었고, 연말이 기한이기 때문에 그때가 되면 집도 빼앗길 것이 분명합니다. 주님, 아무래도 존은 다시 일자리를 얻지 못할 것 같습니다…"

남편이 새 직장을 얻지 못하고 생활에 필요한 것들이 공급되지 못할 것이란 믿음을 가지고 한 그런 기도를 다 마치고 일어나면, 당신은 기도를 했다는 사실에 대해서 아주 경건한 느낌을 가지게 될 것입니다. 그러나 그런 기도가 한 일은 마귀에게 문을 열어준 것입니다.

이러한 상황에서 해답은 무엇일까요? 답은 간단합니다. 하나님의 말씀에서 답을 찾아내고, 그 답을 기도하십시오.

해답을 기도하십시오

"아버지, 아버지의 말씀은 제가 기도할 때 무엇이든지 제가 원하는 것을 받을 줄로 믿으면 제가 그것을 받게 될 것이라고 말씀하셨습니다. 그러므로 예수님의 이름으로 저는 존이 더 좋은 직장을 갖게 될 것을 기도합니다. 저는 영광 가운데 아버지의 풍성함을 따라 저의 필요가 채워지게 될 것을 기도합니다. 아버지 감사합니다. 저는 기도할 때 받은 것을 믿고 감사합니다. 응답해 주셔서 감사합니다. 저는 이 집의 할부금을 다 지불하게 될 것이고, 10,000달러의 선교헌금을 할 수 있게 될 것으로 인해 아버지를 찬양하며 기뻐합니다."

이런 기도를 함으로써 가정의 모든 필요를 채우실 것이라는 하나님의 약속을 믿는 믿음을 얻게 됩니다. 믿음을 달라고 기도했기 때문이 아니라 하나님의 약속을 인용해서 기도했기 때문에 믿음을 갖게 되는 것입니다. 믿음은 하나님의 말씀을 들음으로 옵니다.

하나님을 믿는 믿음은 하나님의 말씀을 들음으로 말미암습니다. 반면에 마귀의 말을 듣게 되면 마귀를 믿는 믿음이 생겨나지요.

그러므로 우리 입에서 나오는 말을 잘 제어해야 합니다. 하나님께서는 사람을 만드실 때 하나님의 수준에서 믿음을 사용할 수 있는 능력을 주셨습니다. **예수께서 이르시되 할 수 있거든이 무슨 말이냐 믿는 자에게는 능치 못할 일이 없느니라 하시니**(막 9:23). 하나님은 모든 것을 하실 수 있습니다. 그러므로 이것을 믿고 말하십시오. 하나님의 전능하심을 믿는 믿음을 풀어놓으십시오. 하나님의 믿음에 이르도록 자신을 개발하십시오.

하나님은 말씀을 높이셨습니다

예수님의 이름에는 능력이 있습니다. 그러나 하나님은 그분의 말씀을 예수님의 이름위에 높이셨습니다. 하나님의 말씀은 우리 삶에 그토록 중요합니다.

우리는 입술에 파수꾼을 세워야 합니다. 하나님의 말씀과 일치하는 말만 하기로 결심해야 합니다. 그렇다고 언제나 성경 말씀을 그대로 인용해야 한다는 말은 아닙니다. 그럴 필요는 없습니다. 다만, 하나님의 말씀에 일치하는 것만을 말하십시오.

예수님께서는 아버지에게서 들은 것만 말했다고 말씀하셨습니다 (요 8:26).

여러분도 이렇게 하신다면, 여러분이 처한 상황에서 변화가 생기는 것을 보게 되실 것입니다. "나는 하나님의 지혜를 가지고 있다. 나는 하나님의 분별력을 가지고 있다. 나는 목자이신 하나님의 음성을 듣는다"라고 믿음으로 고백하기 시작하십시오.

그러면 여러분이 처한 상황에서 하나님의 음성을 듣게 되실 것이고 하나님의 지혜를 가지게 될 것입니다. 하나님의 말씀은 하나님께서 약속하신 것이 나타나도록 하기 때문에 여러분이 계속 말씀대로 믿음으로 고백하기만 한다면 여러분에게 그렇게 될 것입니다. 씨앗은 약속 자체 안에 있다는 것을 잊지 마십시오.

마귀가 한 말로 하나님께 기도하지 마십시오

주님께서 저에게 마귀가 한 말로 기도하는 것을 멈췄으면 좋겠다고 하셨을 때, 제가 했던 기도 내용은 재정적인 어려움에 대한 것이었습니다. 그때 하나님께서는 제가 계속 그런 식으로 기도하면 상황은 조금도 나아지지 않을 것이라고 말씀하셨습니다.

제가 이렇게 말했습니다. "주님 그러면 어떻게 할까요? 제가 주님께 말씀드린 문제들은 모두 사실이거든요."

주님께서 말씀하셨습니다. "성경을 가져와서 너의 재정적인 문제에 대해 내가 뭐라고 말하였는지를 찾아보아라. 그리고 너의 재정적인 문제에 관하여 내가 말한 것을 너의 입으로 고백하여라." 그렇게 고백하던 어느 날, 저는 고백을 멈추고 주님께 여쭈어보았습니다. "주님, 저는 주님께서 시키시는 대로 고백을 하고 있습니다. 그런데 어쩐지 제가 거짓을 말하고 있는 것처럼 생각되네요."

주님께서 말씀하셨습니다. "아들아, 네가 나의 말을 한다면 어찌 그것이 거짓일 수 있겠느냐." 우리가 처한 상황에 대한 하나님의 말씀을 고백하면서 어떻게 거짓말을 할 수 있겠습니까?

또 한 번은 기도하다가 주님께 이렇게 여쭈어보았습니다. "주님, 주님께서는 우리가 목자이신 주님의 음성을 듣게 될 것이라고 하셨는데, 어쩐지 저는 주님의 음성을 듣지 못하는 것 같아요."

저는 하나님의 음성을 듣지 못한다고 말하고 있었던 것이지요. 우리는 하나님의 음성을 육신의 귀로 듣고 싶어 합니다. 하나님께서는 이에 대해 이렇게 말씀하셨습니다. "내 양은 내 음성을 듣는다고 말했던 하나님의 말씀으로 돌아가 보아라. 너는 선한 목자의 음성을 들으며, 너는 그의 음성을 알며, 낯선 사람의 음성은 따르지 않을 것이라고 고백해라. 네 안에 거하는 진리의 영이 네게 모든 것을 가르치며, 너를 모든 진리로 인도한다고 고백해라. 어떤 상황에서든지 완전한 지식을 가지고 있다고 고백해라. 이것을 반복하고 반복해서 매일의 고백이 되도록 해라."

"만일 네가 그렇게 하면, *머지않아 그 고백이 내 음성을 정확히 들을 수 있는 데까지 너를 인도할 것이다.*"

물론 하룻밤 사이에 그렇게 되지는 않았습니다. 고백을 계속하는 것은 제 마음을 새롭게 하는 과정이었지요.

당신의 영을 정확한 주파수에 맞추십시오

이렇게 말하는 분이 많습니다. "하나님께서 뭐라고 말씀하시는지 모르겠어. 난 하나님의 음성을 한 번도 들은 적이 없다니까."

이런 말을 하는 사람들 중 어떤 사람들은 마귀가 그들에게 한 말을 재빨리 당신에게 말하는 것입니다. 잠깐 생각해 보십시오. 어째서 그들은 마귀의 음성은 들으면서 하나님의 음성은 듣지 못하는 것일까요?

어떤 그리스도인들은 돌아다니며 이렇게 말합니다. "사탄이 내게 이렇게 말했지…"

그러면서 그들은 이렇게 말합니다. "하나님께서 말씀하시는 것을 도무지 들을 수가 없어." 그들은 *마귀와 대화하느라 바쁜 것이지요*. 그들은 주파수를 맞추고 "나는 낯선 사람의 음성을 듣지 않습니다. 나는 선한 목자의 음성을 듣습니다."

여덟 달이나 열 달 동안 이렇게 고백한다면 선한 목자의 음성을 훨씬 더 잘 듣게 될 것입니다.

우리는 확실한 근거도 없이 추측하기도 하고 또 잘못된 가르침을 받아왔습니다. 우리가 이런 것들을 고백할 때, *우리 삶 가운데 하나님의 약속이 하나둘씩 나타나는 것을 보게 될 것입니다*. 시간이 흐르면 이렇게 우리 삶 가운데 모든 부분에서 하나님의 약속이 나타날 것입니다.

듣기만 하는 자가 되지 말고 행하는 자가 되십시오

그러나 당신은 행해야만 합니다. "그래 나도 성경에 그런 말씀이 있다는 것을 알아. 나에게도 그 말씀대로 이루어지겠지"라고 말만 해서는 안 됩니다.

하나님의 나라는 사람이 땅에 씨를 뿌리는 것과 같습니다. 우리는 반드시 씨를 뿌려야 합니다. 씨를 뿌리면 반드시 추수하게 됩니다. 추수하게 될 것이라는 것은 정해진 것입니다. 하나님의 약속이니까요. 씨를 뿌리면 심고 거두는 법칙에 따라 수확하게 됩니다. 이 법칙은 땅이 존재하는 한 계속 유지될 것입니다. 이것이 하나님의 방법이며, 이것은 당신을 위해서도 역사할 것입니다.

선택은 우리에게 달려 있습니다. 고백하기로 결단해야 합니다. 혹 만족할만한 수확이 없었다면 우리가 뿌린 씨를 점검해 보아야 합니다. 썩지 않을 하나님의 말씀의 씨를 뿌렸다면 그 열매는 지금 맺혀지고 있습니다. 포기하지 마십시오. 하나님과 함께 한다면 반드시 거두게 될 것입니다.

4
하나님의 말씀에는 믿음으로 얻게 될 복의 이미지가 담겨 있습니다

같은 말이라도 그것이 입을 통해 고백될 때 강력해집니다. 말에는 영적인 힘이 실려 있기 때문입니다. 예수님께서 이것에 대해 이렇게 말씀하셨습니다.

> 살리는 것은 영이니 육은 무익하니라 내가 너희에게 이른 말이 영이요 생명이라 (요 6:63)

제가 생각하기엔 우리들은 종종 "내가 너희에게 이른 말에 생명이 있다"고 하신 하나님의 말씀을 제대로 이해하지 못하는 것 같습니다.
이 말씀이 말하고 있는 그대로 하나님의 말씀은 생명이므로 하나님의 말씀과 일치하도록 말하는 것이 중요합니다. 고백(confession)이라는 것은 하나님의 말씀과 일치하는 말을 한다는 것을 말합니다. 우리가 고백이란 말을 하면 많은 분들은 우리가 '죄를 고백하는 것'에 대해 말하고 있다고 생각합니다. 물론 우리가 죄를 지으면 하나님께 그 죄를 고백(confession)하고 용서를 구해야 합니다. 그러나 제가 여기서 말씀드리는 고백은 하나님의 말씀과 일치하는 말을 한다는 것을 의미합니다.

말에는 영적인 힘이 있습니다. 말을 통해 두려움을 전달하기도 하고 믿음을 전달하기도 합니다. 우리가 하는 말에는 우리의 모습이 담깁니다. 하나님의 말씀에는 하나님의 모습이 담겨 있습니다. 사탄의 말에도 사탄의 이미지가 담겨 있습니다.

다른 사람에게 내 차가 어떤 차인지를 알려주기 원한다면, 그 사람에게 차에 대해 자세히 묘사해야 할 것입니다. 저의 말 한마디 한마디를 통해 차에 대한 이미지가 선명해질 것입니다. 내 차에 대해서 저는 눈으로 보듯 잘 알고 있기 때문에 직접 보지 않아도 차를 구석구석 자세하게 설명할 수 있지요. 제 말을 듣는 분은 차를 직접 보지 않았지만, 마치 본 것처럼 차에 대해 알게 될 것입니다. 제 말을 통해 듣는 분에게 차에 대한 이미지를 전달한 것이지요.

말은 강력한 힘이 있어서 두려움의 이미지도 또는 믿음의 이미지도 전달할 수 있습니다.

바울의 이 말을 기억해 보십시오.

> 그러므로 믿음은 들음에서 나며 들음은 그리스도의 말씀으로 말미암 았느니라 (롬10:17)

이 말씀은 진리중 하나입니다. 이 말씀만이 유일한 진리인 것은 아닙니다. 사도 바울이 이 말을 했을 때 그는 하나님과 하나님 말씀에 대한 믿음을 이야기하고 있었습니다. 하나님의 말씀을 듣는 것 - 그것이 하나님의 말씀을 믿는 믿음이 생기는 방법이라는 것을 이야기한 것입니다. 그러나 이와 반대의 경우 즉 이 진리와 대조되는 것은 하나님을 믿는 믿음이 하나님의 말씀을 통해 생겨나듯 사탄의 말을 통해 사탄에 대한 믿음도 생겨난다는 것입니다. 믿음과 대조되는 것은 두려움입니다. 두려움은 마귀에 대한 믿음을 말합니다. 사도 바울은 표면상으로는 좋은 의미의 믿음을 말하고 있고 그것은 두말할 나위 없이 진리이지만, 바울의 말속에는 그 반대의 경우 즉 마귀의 말을 들음으로써 생기는 마귀에 대한 믿음 즉 두려움이 생긴다는 것도 담겨 있는 것이지요. 여러분이 제 말을 들으면 저에 대한 믿음을 가지게 된다는 것을 생각해 보신다면 이것이 진리임을 아실 것입니다.

같은 믿음의 영

믿음은 들음에서 납니다. 제 말을 듣든지, 일기예보를 듣든지 마귀의 말을 듣든지 상관없습니다. 믿음은 들음에서 납니다. 말이 전달될 때에는 그 말에 상응하는 영이 함께 전달됩니다.

사도 바울이 이런 말을 했습니다. **"우리가 같은 믿음의 영을 가졌으니…"**(고후 4:13) 말을 할 때 위의 말씀에서 언급한 믿음의 영이 함께 전달됩니다. 그러므로 예수님께서도 *"살리는 것은 영이니 육은 무익하니라 내가 너희에게 이른 말이 영이요 생명이라"*고 말씀하신 것입니다. 예수님은 그분의 말씀을 통해 그분 안에 있는 믿음과 생명의 영을 함께 전달한 것입니다.

사도 바울의 말은 로마서 8장 2절을 통해 계속됩니다.

이는 그리스도 예수 안에 있는 생명의 성령의 법이 죄와 사망의 법에서 너를 해방하였음이라(롬 8:2)

예수님 안에 있던 생명의 영이 어떻게 사도 바울에게(헬라어 원본은 '위 본문의 '너를' 이 '나를' 로 되어 있음. 역자 주) 들어갈 수 있었을까요? 하나님의 말씀을 통해 전달된 것입니다.

이런 이유로 예수님께서 제자들에게 **"너희가 듣는 것에 주의하라"** (막 4:24) 라는 교훈을 주신 것입니다.

이것은 매우 중요합니다. 우리가 듣는 것에 대해 세심한 주의가 필요합니다. 가르침이 잘못된 것이라는 것을 알고 있으면서도 계속 그 가르침을 받아서는 안 됩니다. 가르치는 말과 함께 상응하는 영이 전달되기 때문입니다. 그러므로 가르침이 잘못된 것이라는 것을 안다고 해도 결국 그 가르침은 듣는 우리에게 영향을 미치게 마련입니다.

어떤 분에게서 이런 말을 들었습니다. "하지만, 우리가 소만큼도 현명할 수 없다는 말인가요. 소들은 건초를 먹고 나서 건초에 섞여 있는 줄기는 뱉어내지 않습니까." 그럴듯한 이야기이고 어느 정도는 진리입니다. 그러나 이런 일도 있었습니다. 우리 농장에 말이 한마리 있었는데, 어느 날 이 말이 아무것도 먹으려 하지 않았습니다. 결국 우리는 수의사를 불렀는데 그는 말의 입을 벌리고 입 속으로 팔을 넣어 식도 깊은 곳에 걸려있는 나무조각을 꺼냈습니다. 그 말은 식도에 걸린 나무조각 때문에 아무것도 먹지 못했던 것입니다. 만일 그 나무조각을 찾아 꺼내주지 않았더라면 그 말은 죽고 말았을 것입니다.

어떤 사람들은 이 말처럼 행동합니다. 그들은 어떻게 해야 자기 목에 걸린 나무조각을 뱉어낼 수 있는지를 모릅니다. 그들이 잘못된 것을 듣게 될 때 그 잘못된 가르침의 영이 그들에게 들어갑니다. 그러므로 계속해서 잘못된 가르침을 듣는다면, 그 잘못된 가르침의 영을 받게 될 것입니다. 무엇을 듣는가 스스로 삼가야 합니다.

"*믿음은 하나님의 말씀을 이해하는 능력입니다.*"

믿음에 대한 영적인 해석입니다. 여기서 말하는 능력은 하나님의 말씀을 계속 들으면 점점 증가합니다. 하나님의 말씀을 처음 들을 때는 제대로 이해하기가 쉽지 않습니다.

자신이 출석하는 교회의 교단에 따라서는 치유는 사도시대 이후로는 사라졌다고 배우셨던 분도 있을 것입니다. 성령세례와 방언은 이 시대에는 불필요한 것이라고 배우신 분도 있을 것입니다. 이런 가르침을 받게되면 그것을 사실로 받아들이게 될 것입니다. 방언이나 치유, 성령세례는 지금 이 시대를 사는 우리를 위한 것입니다만, 우리도 이런 것에 대해 처음 듣게되면 그것이 지금도 역사하는 가를 믿어야 할지 믿지 말아야 할지를 놓고 오랫동안 고민해야 할 것입니다. *하나님의 말씀을 이해하려면 반드시 먼저 믿어야 합니다. 믿음은 진리를 거두는 씨앗과도 같으니까요.* 그러나 일단 하나님의 말씀을 이해하면 머지않아 반드시 그 열매를 수확하게 되지요.

하나님의 말씀을 듣는 자

누가복음 1장에는 하나님의 말씀을 들었으나 그것을 받지 못했던 사람에 대한 좋은 예가 나옵니다. 스가랴와 그의 아내 엘리사벳은 오랫동안 아이를 갖고 싶어 기도를 계속해 왔지만 아이를 갖지 못했습니다. 엘리사벳이 불임증이었기 때문입니다. 그때 그들 앞에 천사가 나타났습니다.

> 사가랴가 보고 놀라며 무서워하니 천사가 일러 가로되 사가랴여 무서워 말라 너의 간구함이 들린지라 네 아내 엘리사벳이 네게 아들을 낳아 주리니 그 이름을 요한이라 하라 너도 기뻐하고 즐거워할 것이요 많은 사람도 그의 남을 기뻐하리니 이는 저가 주 앞에 큰 자가 되며… 사가랴가 천사에게 이르되 내가 이것을 어떻게 알리요 내가 늙고 아내도 나이 많으니이다(눅 1:12-15,18)

이 말씀을 이해하기 쉽도록 풀어보겠습니다. 사가랴가 천사에게 묻습니다. "당신이 말한 것이 사실인지 제가 어떻게 믿겠습니까. 사실이라면 믿을 수 있는 징조를 보여주십시오."

그는 징조 없이는 천사가 전해주는 하나님의 말씀을 받아들이려 하지 않았습니다.

조건부 약속과 무조건적인 약속

하나님의 약속에는 두 가지가 있습니다. 조건부 약속이 있고 무조건적인 약속이 있습니다. 하나님께서는 우리에게 주신 약속을 꼭 지키실 것입니다. 이스라엘 백성들과 아브라함에게 하신 몇몇 약속들은 무조건적인 약속들이지만, 신약에서 하신 대부분의 약속들은 조건부 약속입니다. 약속을 정하신 하나님께서는 약속이 이루어지도록 하는 원리들도 마련해두셨습니다.

사가랴가 천사에게 묻자 천사는 이렇게 대답합니다.

> 천사가 대답하여 이르되 나는 하나님 앞에 서 있는 가브리엘이라 이 좋은 소식을 전하여 네게 말하라고 보내심을 받았노라 보라 이 일이 되는 날까지 네가 말 못하는 자가 되어 능히 말을 못하리니 이는 네가 내 말을 믿지 아니함이거니와 때가 이르면 내 말이 이루어지리라 하더라(눅 1:19,20)

하나님께서는 사가랴가 계속 말을 하면 하나님의 약속이 이루어지지 않을 것을 아셨습니다. 결국 사가랴에게 특별한 조치를 취하셔야 했습니다. 천사가 전해준 하나님의 약속은 반드시 이루어져야 할 무조건적인 약속이기 때문입니다. 가브리엘 천사는 하나님의 말씀을 이렇게 전합니다. **"…때가 이르면 내 말이 이루어지리라."** 이 말씀은 그대로 이루어졌고 아무도 그 약속의 성취를 막을 수 없었습니다.

하나님께서 선포하신 약속이 이루어질 때까지 하나님께서는 사가랴의 입을 닫으셨습니다. 사가랴가 믿음 없는 말을 하지 못하도록 확실히 막기 위해 벙어리가 되도록 하신 것이지요.

반면에, 우리가 하나님의 약속대로 하지 않으면 이루어지지 않는 것들이 있습니다. 이것을 이해하지 못해서 잘못된 생각을 가지고 있는 사람들이 많습니다. "무엇이든 하나님의 뜻이라면 이루어질 것이고 뜻이 아니면 이루어지지 않을거야."

물론 어떤 일들은 우리가 믿건 안 믿건 상관없이 이루어집니다. 예수님은 다시 오십니다. 어떤 사람들이 그것을 믿지 않는다고 해도 예수님의 재림을 막을 수 없습니다. 우리들의 불신앙이 예수님의 재림을 변경시킬 수 없습니다. 그러나 믿지 않으면 일어나지 않는 약속들도 있습니다. 하나님의 어떤 약속들, 예를 들어 우리의 필요를 채우시겠다는 하나님의 약속은 우리가 불신앙의 말을 계속한다면 이루어지지 않을 것입니다. 우리 스스로가 상황을 좋게 또는 나쁘게 변화시키는 것입니다.

사가랴의 예에서 얻는 또 하나의 교훈은 이것입니다. 하나님께서 약속하셨는데 사가랴가 그것을 받아들이지 못했지요. 그래서 하나님께서는 약속이 이루어질 때까지 사가랴가 말을 하지 못하도록 하셨습니다. 이처럼 우리가 말을 하지 못하는 상황이 도리어 우리에게 더 나은 결과를 가져오는 경우도 있습니다.

사가랴는 아이가 태어난 뒤에도 한동안 말을 하지 못했습니다. 친척들이 태어난 아이의 이름을 아버지의 이름과 같은 사가랴라고 지으려고 하자 엘리사벳은 아이의 이름은 '요한'으로 하겠다고 합니다. 그러나 그 이름이 마땅치 않다고 생각한 친척들은 남편인 사가랴의 의견을 묻습니다.

> 그의 아버지께 몸짓하여 무엇으로 이름을 지으려 하는가 물으니 그가 서판을 달라 하여 그 이름을 요한이라 쓰매 다 놀랍게 여기더라 이에 그 입이 곧 열리고 혀가 풀리며 말을 하여 하나님을 찬송하니(눅 1:62-64)

사가랴가 하나님의 약속에 동참하여 아이의 이름을 요한이라고 지으면서 모든 것이 하나님께서 말씀하신대로 이루어진 후에야 사가랴의 입이 열리고 혀가 풀려 말을 하게 된 것입니다.

마리아는 하나님의 말씀을 잉태했습니다

이와 대조되는 장면을 같은 누가복음 1장에서 살펴봅시다. 사가랴에게 나타났던 천사가 예수님의 어머니 마리아에게도 나타났습니다.

처녀가 그 말을 듣고 놀라 이런 인사가 어찌함인고 생각하매 천사가
일러 가로되 마리아여 무서워 말라 네가 하나님께 은혜를 얻었느니라
보라 네가 수태하여 아들을 낳으리니 그 이름을 예수라 하라 저가 큰
자가 되고 지극히 높으신 이의 아들이라 일컬을 것이요 주 하나님께서
그 조상 다윗의 위를 저에게 주시리니 (눅 1:29, 30-33)

마리아도 사가랴처럼 궁금한 것을 물었지만, 그녀는 불신앙을 선택하지 않았습니다. 그녀도 어떻게 천사의 말과 같은 일이 일어날 수 있는지 정말 이해하지 못했습니다.

마리아가 천사에게 말하되 나는 사내를 알지 못하니 어찌 이 일이 있
으리이까 천사가 대답하여 가로되 성령이 네게 임하시고 지극히 높으
신 이의 능력이 너를 덮으시리니 이러므로 나실 바 거룩한 자는 하나
님의 아들이라 일컬으리라 (눅 1:34-35)

천사의 말에 대한 그녀의 대답을 주의해서 보십시오. 그리고 그녀의 대답은 사가랴와 그것이 무엇이 다른지 비교해보십시오.

마리아가 가로되 주의 계집 종이오니 말씀대로 내게 이루어지이다 하
매 천사가 떠나가니라 (눅 1:38)

하나님께서는 모든 사람을 똑같이 대하시는 분이실텐데, 왜 마리아는 벙어리가 되도록 하지 않으셨을까요. 하나님께서는 사람을 차별하지 않으십니다. 사가랴는 벙어리가 되도록 하셨으면서 마리아는 그렇게 하지 않으신 이유가 무엇일까요? 하나님께서는 사가랴에게처럼 마리아에게도 가브리엘 천사장을 통해 하나님의 말씀을 전하셨습니다.

문제는 사가랴는 그 말씀을 이해할 믿음이 없었습니다. 그래서 하나님께서 사가랴가 더 이상 부정적인 말을 하지 못하도록 그의 입을 막으셨습니다.

그러나 마리아는 하나님의 말씀을 받았습니다. 그녀는 천사가 전해준 하나님의 말씀을 믿음으로 이해했습니다. 사가랴는 그렇게 하지 않았습니다. 천사가 마리아에게 이 모든 일이 성령에 의해 일어날 것임을 설명하자 마리아는 하나님의 말씀에 동의했습니다.

성령님은 성경의 원저자이십니다. 그 성령의 능력이 마리아를 덮었습니다. 하나님의 말씀 즉 "잉태하여 아이를 낳으리라"는 말씀이 마리아에게 임했습니다. 그 말씀은 상식적인 면에서나 과학적인 면에서나 전혀 합당하지 않은 말이었습니다. 어느 누가 그 말씀이 가능하다고 하겠습니까. 하지만 성경은 하나님께는 자신의 말씀을 이루시는 일에 능치 못함이 없다고 말씀하십니다. 하나님께서는 자신의 말씀이 이루어지도록 하기에 충분한 믿음을 말씀에 담아두셨습니다. 하나님의 말씀은 믿음으로 받기만 하면 이루어지는 것입니다.

마리아가 하나님의 말씀을 받았습니다. 마리아의 말을 쉽게 풀어쓰면 이렇습니다

"사람을 제대로 찾으신 것 같습니다. 제가 바로 하나님의 말씀을 믿는 사람입니다. 하나님의 말씀대로 내게 이루어지게 하소서."

믿음은 하나님께서 선포하신 말씀을 받아들이는 능력입니다. 마리아는 하나님의 말씀을 받아 자신의 마음의 태안에 담았습니다. 마음으로 믿었던 것인데, 그녀는 하나님께서 선포하신 것을 자신의 영의 태안에 담을 능력을 가졌던 것입니다.

말씀을 믿음으로 마음에 담으면 자연적인 영역에서 그 일이 가시적

으로 나타나게 되는데, 마리아에게는 육체적인 영역에서 그것이 나타난 것입니다.

이 모든 일은 하나님이 가지신 종류와 같은 믿음을 통해 일어났습니다. *"하나님께서는 그녀에게 말씀을 보내셨고 그녀가 말씀을 들었을 때 흘려 보내지 않고 거부하지 않고 품었으며, 그 말씀을 그녀의 영(마음)으로 받아들였고 그것을 말했습니다."*

누가복음 1장 38절에서 마리아는 *"말씀대로 내게 이루어지이다"*라고 말했습니다. 현대적인 말로 바꾸면 이런 의미가 됩니다. "하나님의 말씀은 이미 제 안에서 이루어졌나이다."

사가랴가 천사에게 했던 반응과 비교해보십시오. "당신이 말한 것이 사실인지 제가 어떻게 믿겠습니까. 사실이라면 믿을 수 있는 징조를 보여주십시오."

마리아는 징조를 구하지 않고 엘리사벳의 집으로 달려가 이렇게 선포합니다.

능하신 이가 큰 일을 내게 행하셨으니 그 이름이 거룩하시며(눅 1:49)

그녀는 어떻게 이것이 사실인 것을 알았습니까? 그녀에게도 하나님의 말씀외엔 아무런 육체적인 증거는 없었습니다. 그렇지만 그녀는 그 말씀을 받아들였습니다. 그녀의 믿음이 그녀로 하여금 하나님의 말씀을 영(마음) 안에 간직하도록 했던 것입니다.

영적 생명과 영적 사망

하나님의 말씀에는 영적 생명이 있습니다. 믿음의 능력이 있습니다. 그것은 영적인 힘인데 하나님께서 약속하신 것을 이루는 능력을 말합니다. 그러나 그 힘은 우리가 하나님의 말씀을 받아들일 때 비로소 힘을 발합니다. 사람의 마음 즉 영(spirit) 속으로 받아들일 때 그렇게 됩니다.

하나님의 말씀에는 영적 생명이 있습니다. 마리아는 그것을 받아들였습니다. 그녀는 말씀을 영(마음)으로 받아들이고 그것을 말했습니다. 그리고 그녀의 몸에서 그것이 가시적으로 나타난 것입니다.

말씀이 육신이 되어

마리아가 처녀의 몸으로 어떻게 아이를 낳게 되었는지를 이해할 수 있는 관건이 바로 이것입니다. 하나님께서 그 말씀을 하셨습니다. 그리고 말씀의 이미지를 천사를 통해 마리아에게 전달하셨습니다. 그녀는 말씀을 통해 전해진 이미지를 받아들였고, 즉시 하나님으로부터 받은 말씀을 자신의 입으로 말하기 시작하였습니다. "주의 계집종이오니 말씀대로 이루어지이다." 마리아가 그렇게 말하자 천사가 떠났는데 그 이유는 그녀의 말로 그녀는 하나님과 뜻을 합했기 때문입니다.

마리아의 태중에서 시작된 씨앗은 단지 하나님의 말씀뿐이었습니다. 하나님의 말씀의 씨앗에 대해서 알지 못하는 사람들은 혼란스러워하고 불가능한 일이라고 말합니다. 그들은 자연적인 생물학의 관점에서만 이것을 보기 때문에 이해할 수 없습니다. 그러나 이 일은 생물학적인 일이기도 하지만 동시에 영적인 법칙하에 이루어진 것입니다. 마리아는 하나님의 말씀을 잉태했던 것입니다.

여전히 사람들은 이해하기 어려울 것입니다. 이것에 대한 베드로의 말이 우리가 조금 더 잘 이해할 수 있게 도와줍니다.

> 너희가 거듭난 것이 썩어질 씨로 된 것이 아니요 썩지 아니할 씨로 된 것이니 하나님의 살아 있고 항상 있는 말씀으로 되었느니라(벧전 1:23)

하나님의 말씀은 살아있고 썩지 않을 씨이며 그리고 항상 있는 것이라고 풀어줍니다.

창세기 3장에서 하나님은 사탄이 결국 패하게 될 것을 예언하셨지요.

> 내가 너로 여자와 원수가 되게 하고 너의 후손[1]도 여자의 후손과 원수가 되게 하리니 여자의 후손은 네 머리를 상하게 할 것이요 너는 그의 발꿈치를 상하게 할 것이니라 하시고 (창 3:15)

의학적 관점에서 보면 우리가 알기로 여성은 그 몸에 씨앗이 없습니다. 씨앗은 남성을 통해 들어가야 합니다. 일반적으로 아이를 낳기 위한 씨앗은 남성의 정자를 말합니다. 그런데 창세기 3장에서는 남성의 씨앗이 아닌 여성의 씨앗(her seed)을 예언하고 있습니다. 하나님께서 창세기에서 말씀하시는 여성의 씨앗은 무엇일까요? 그 씨앗이 바로 예수님임을 알 수 있습니다. 예수님은 또한 말씀이셨습니다(요 1:1-3) 예수님은 말씀이 육신이 되신 분이라고 말합니다(요 1:14). 썩지 않는 하나님의 말씀의 씨앗이 창세기 3장의 씨앗인 것이지요. 베드로가 말하고 있는 것도 바로 이 씨앗입니다(벧전 1:23).

---

[1] 우리말 성경에는 후손으로 번역되었지만 성경원어는 seed (씨앗)로 기록되어 있음.

마리아가 그녀의 영(마음)으로 말씀을 받았고, 그것이 육신이 되어 나타난 것입니다.

말씀이 육신이 되어 우리 가운데 거하시매 우리가 그 영광을 보니 아버지의 독생자의 영광이요 은혜와 진리가 충만하더라(요 1:14)

어떤 번역은 "말씀이 육신을 입었다"로 번역했습니다. 마리아가 하나님께 말씀 즉 씨를 받아 마음(영)에 품었기 때문에 그녀의 육신 안에서 자라고 결국 그 모습을 드러낸 것이지요.

신약에서 하나님께서 주신 약속(현대를 위한 약속)들은 지금 이 시대에도 누구든지 그것을 받고, 마음에 품으면 반드시 실제의 모습으로 나타나게 될 것입니다.

마리아가 하루아침에 그 열매를 맺게 된 것이 아니듯 과정이 필요합니다. 반드시 일정한 시간이 흘러야 하는 것이지요.

하나님의 말씀을 고백한다는 것은 시간이 필요한 과정입니다. 이 세상의 살아있는 것이 모두 그렇듯이 믿음 역시 그것이 세워지려면 시간이 필요합니다.

그러므로 생사를 좌우하는 순간에 아직 나의 믿음이 내 생명을 구할 정도로 세워지지 않았을 수도 있습니다. 그때 의사가 우리를 도울 수 있다면 의사의 도움을 받는 것을 꺼릴 필요는 전혀 없습니다. 하나님의 뜻은 언제든 우리가 죽지 않고 병에서 회복되는 것입니다. 약이 도움을 준다면 약을 복용하십시오. 먼저 나아야 합니다. 그리고 건강해지시면 말씀으로 돌아가 하나님의 말씀과 우리의 믿음으로 사탄의 다음 공격에 대비하면 되겠지요.

여하튼 제가 강조하고 싶은 것은 하나님의 말씀을 고백하는 것이 우리의 영을 세우는 과정이란 것입니다. 시간을 들여 쉬지 않고 고백해야 합니다. 그렇게 계속하면 일정한 시간이 흐른 후에 반드시 그 열매를 보게될 것입니다.

재정적인 상황에 대한 이미지

재정적인 분야에서도 우리는 하나님의 말씀을 품을 수 있습니다. 그 첫 발걸음은 하나님의 약속중 우리가 해야 할 일에 순종하는 것입니다. **"주라 그리하면 너희에게 안겨주리니…"** 주라고 하신 말씀에 순종하여 먼저 드린 후에 매일 이 말씀을 고백하십시오.

> 이제 사람들이 내게 후히 되어 누르고 흔들어 넘치도록 하여 가슴에 안겨줍니다. 나는 하나님과 사람에게 은혜를 입은 자입니다. 나는 많이 심었으므로 많이 거둘 것입니다. 하나님께서 내게 모든 은혜를 넘치게 하사 나는 모든 일에 항상 모든 것이 넉넉하여 모든 착한 일을 넘치게 합니다(눅 6:38, 고후 9:6,8).

이렇게 고백하는 것은 하나님께서 우리에게 주신 이미지를 우리 영으로 전달하는 과정입니다. 믿음이 생겨나도록 하는 작업을 하고 있는 것이지요. 하나님의 약속에 대한 생명의 영을 받아들이는 작업을 하고 있는 것입니다. 하나님의 약속은 성경에 기록된 그 자체로는 아무런 생명이 없고 그 열매를 맺을 수도 없지만, 그 약속을 우리가 고백할 때 우리 영안으로 들어오게 되는 것입니다. 하나님의 말씀에 담긴 영적인 생명이 우리 마음에 품어지면 그 말씀(약속)은 우리의 현실속에서 실제적으로 열매를 맺게 됩니다. 우리의 영으로 그 이미지를 이해하고 받아들이지 않으면 열매 맺는 일은 일어나지 않습니다.

성령에 대한 이미지

성령세례와 방언에 대한 하나님의 약속의 말씀도 다를 바 없습니다. 누구든지 이를 믿고 고백하면 그에게 임할 것입니다. 방언으로 기도하는 성도들의 영을 통해 성령님은 자신의 모습을 드러내십니다.

성령님은 믿음을 사용할 때 역사하십니다. 우리의 구원이나 하나님의 치유도 이렇게 이런 식으로 일어나게 되지요. *하나님의 모든 약속은 이런 식으로 열매를 맺습니다. 먼저 우리의 영에 심어져야 합니다.*

하나님께 받는 모든 것은 먼저 우리 마음으로부터 출발하는데 그 출발이 이루어지려면 믿음이 필요합니다.

영적인 태

이것을 영의 태 중에 말씀이 심어진 것이라고 말하는 분도 있습니다. 우리 영(마음)은 하나님께서 우리에게 주시는 것이 무엇이든 그것을 받아들이는 문입니다. 우리가 하나님께 무엇을 받으려면 먼저 하나님의 말씀을 받아야 합니다. 우리 마음에 말씀이 심어지면 그 안에 영적 생명을 갖게 됩니다.

그렇지만 하나님의 말씀을 한 번 듣는다거나 삼백번쯤 고백한다는 것만으로는 충분하지 않습니다. 믿음이 필요합니다. 우리가 고백하는 것이 곧 열매를 맺을 것임을 믿어야 합니다. 우리의 믿음이 자라서 우리가 고백하는 것이 반드시 이루어질 단계에 이를 때까지는 몇 주 또는 몇 달 정도 걸릴 것입니다.

이런 이야기를 들어보신 적이 없을 것입니다.

하나님의 말씀을 고백하기 시작하는 첫 단계는 아직 그저 믿음이 생기도록 하는 단계에 불과합니다. 이 단계에서는 아직 아무런 창조의 힘이 없습니다. 이런 말을 하시는 분이 있습니다. "삼일 동안이나 고백을 했는데 왜 아무런 일도 일어나지 않는지 모르겠어요."

하나님의 말씀을 고백하는 것은 그저 일시적인 신앙의 유행같은 것이 아니며, 성공을 가져오는 무슨 공식도 아닙니다. 우리의 필수적 생존 방식입니다. 우리는 하나님의 모든 말씀으로 살아가는 자들입니다.

우리가 하나님의 능력, 영적인 능력이 가득한 하나님의 말씀을 취하여 그것을 고백하면 말씀 안에 담긴 영적 생명이 우리 안에 들어올 것입니다. 우리의 목소리는 우리의 내이(inner ear)를 통해 직접 우리 마음(영)으로 전달됩니다. 그러므로 하나님의 말씀을 우리 입으로 소리내어 고백하는 것이 매우 중요합니다. 하나님의 말씀을 우리 입으로 계속 고백하면 우리 영에 그것이 전달됩니다. 이렇게 해서 하나님의 말씀이 우리 영 안에 풍성해지면 그 말씀은 다시 우리 입을 통해 말하여질 것이고, 우리 입을 통해 말하여진 하나님의 말씀은 다시 우리 영 안에서 더욱 강해지는 선순환이 이루어집니다 (마 12:34,35).

지금 하나님의 약속에 대해 이야기하고 있습니다. 신약의 모든 약속은 이런 식으로 취할 수 있습니다. 하나님의 약속 그 자체는 마치 씨앗과 같으므로 반드시 마음에 심어져야 합니다. 그렇게 되면 현실 세계에서 눈에 보이는 열매를 맺습니다.

하나님을 믿는 것은 우리가 해야 할 선택

믿음은 하나님의 말씀을 우리의 영안으로 품어들이는 능력이지만, 항상 믿고 싶은 마음이 생기는 것은 아닙니다. 믿기로 결단하는 자세가 필요합니다.

아침에 일어났을 때 하나님을 믿는 마음으로 충만한 때가 있었습니까? 거의 매일 아침 이런 생각을 하실 것입니다. "하나님, 도무지 그것이 가능할 것 같지 않네요. 물론 하나님께서 그것을 말씀하셨다는 것은 압니다만, 제가 처한 이런 상황에서 그것이 그렇게 될까요? 도무지 믿을 수가 없어요."

만일 믿음을 갖기 원한다면, 먼저 믿기로 결정해야 합니다. 때때로 완전한 패배에 직면했다고 느껴질 때도 있을 것입니다만, 그래도 믿기로 결정해야 합니다. 생활이 궁핍해지더라도 우리는 약속을 믿기로 결정한 그 결정 위에 굳게 서야 합니다. 일이 잘못되어가는 것 같을 때에도 입을 굳게 닫고 믿기만 해야 합니다.

> 무릇 더러운 말은 너희 입밖에도 내지 말고 오직 덕을 세우는데 소용되는 대로 선한 말을 하여 듣는 자들에게 은혜를 끼치게 하라 하나님의 성령을 근심하게 하지 말라 그 안에서 너희가 구속의 날까지 인치심을 받았느니라(엡 4:29-30)

만일 우리가 처한 상황 속에서 도저히 하나님의 말씀과 일치되는 말을 할 수 없거든, 아예 입을 닫고 아무 말도 하지 않는 것이 좋습니다. 그러나 시간이 좀 지난 후엔 반드시 다시 의지를 가지고 우리 입을 열어 우리가 처한 상황에 대한 하나님의 말씀을 선포해야만 우리가 처한 어려운 상황을 바꿀 수 있습니다.

우리의 말에는 항상 믿음이 가득 담겨 있어야 합니다. 그래야 우리 말을 듣는 자들에게 은혜를 끼칠 수 있습니다. 우리의 말을 듣는 사람이 누구인지 생각해 보신 적이 있습니까? 거울을 한 번 들여다보십시오 그 거울 속의 인물이 우리의 말을 듣는 첫번째 사람입니다. 우리 자신이 그 말씀을 제일 처음 듣게 되지요. 우리 마음으로 말씀을 듣게 되면 곧 그 말씀을 말하게 됩니다.

녹음기를 사용해서 자신의 말소리를 들어본 경험에 대한 이야기를 이미 했었습니다. 그 목소리를 듣게 되면 당황스럽게도 그 소리는 자신이 생각했던 목소리하고 다른데, 그 이유는 우리가 자신의 목소리를 내이(inner ear)를 통해 듣기 때문이라고 한 이야기를 기억하십니까?

자신의 귀를 손으로 꼭 막고 말을 한다고 해도 도리어 더욱 큰 소리로 자신의 목소리를 들을 수 있는 이유는 *자신의 목소리는 내이를 통해 듣기 때문입니다. 내이를 통해 들려지는 자신의 목소리는 직접 마음으로 전달됩니다.* 그러므로 하나님의 말씀은 우리 자신의 입을 통해 전달되어야 합니다. 또한 우리 자신이 하나님의 말씀을 고백할 때 믿음이 더욱 신속하게 우리에게 생기게 되는 것이고요. 우리의 영은 다른 사람이 고백한 말씀보다 우리 스스로가 고백한 말씀을 통해 더욱 신속하게 말씀을 받아들이게 됩니다. 제가 하나님의 말씀을 여러분에게 읽어드릴 수도 있지만, 그 효과는 여러분 스스로가 읽고 고백하는 것에 이르지 못할 것입니다.

우리 자신의 목소리로 하나님의 말씀을 고백하고 들을 때 믿음의 능력이 더욱 확실하게 우리 마음(영)에 담기게 됩니다. 잠언에서 이렇게 교훈한 이유도 이 때문입니다. **인자와 진리로 네게서 떠나지 않게 하고 그것을 네 목에 매며 네 마음판에 새기라**(잠 3:3).

인자와 진리를 우리 입으로 말함으로 마음판에 그것을 새길 수 있게 되는 것입니다. **내 혀는 필객의 붓과 같도다**(시 45:1).

입으로 고백하는 것을 통해 말씀을 마음판에 새길 수 있고, 믿음이 자라도록 할 수 있습니다. 믿음은 들음에서 나는데, 말씀을 들으려면 누군가가 말을 해야 하는데 그 어느 누구의 말보다 자신의 목소리로 말씀을 고백할 때 믿음이 증가하는 효과가 좋다는 것입니다. 즉 믿음이 더욱 신속하게 자라게 됩니다.

말씀의 고백 – 추진력

우리의 고백이 믿음에 미치는 영향은 추진력이 비행기에 미치는 영향과 같습니다. 추진력이 없으면 비행기는 하늘로 날아오를 수 없습니다. 비행기는 공기보다 무겁지요. 비행기는 하늘로 밀어올리는 힘이 필요합니다. 추진력은 비행기에게 양력(떠오르려는 힘)이 생기도록 해주고 이 양력이 중력보다 커질 때 비행기는 하늘로 날아오릅니다. 하늘을 날고 있는 비행기는 그 비행기에 중력이 미치지 않도록 함으로 공중을 나는 것이 아닙니다. 더욱 나은 법칙을 적용함으로 중력의 법칙을 극복하는 것입니다. 복합해서 작용하는 추진력과 양력의 법칙이 그것을 가능하도록 한 것입니다.

보이지 않는 것의 힘

눈에 보이지 않는 어떤 것이, 눈에 보이는 어떤 것을 극복하는 사례를 말씀드리려고 합니다. 제가 비행기를 조종하려고 비행기에 올라 창 밖으로 비행기 날개를 바라보면서 이렇게 말한다면 그 말이 옳은 것일까요? "비행기를 날아오르도록 하는 양력이 보이지 않으니 오늘 비행은 안 되겠군. 오늘 비행하는 것은 하나님의 뜻이 아닌 것 같아."

비행사의 눈에 양력이 보이지 않는 것은 사실일 것입니다. 그러나 비행기는 미는 힘에 의해 달리게 되면 하늘로 떠오르는 힘인 양력이 생기도록 설계되어 있습니다. 비행기가 출발하려는 시점에서는 장차 비행기가 어떻게 될지 모릅니다. 몇 분 후 비행기가 활주로를 70노트(약 시속 140km)의 속력으로 달릴 때 그 비행기의 날개에 비행기 동체를 하늘로 들어올릴 충분한 양력이 생긴다는 것을 출발시점에서야 어떻게 알 수 있겠습니까? 그러나 저는 보이지 않는 것을 믿기 때문에 그것을 압니다.

우리 모두는 보이지 않는 것에 대한 믿음이 있습니다. 제가 보이지 않는 것을 믿을 수 있게 된 것은 말씀 때문입니다. 비행기 교관들은 비행기 날개는 공기 역학적으로 설계되어 날개 위쪽을 통과하는 공기는 날개 아래를 통과하는 공기보다 더 멀리 이동해야 하기 때문에 날개 위쪽을 통과하는 공기 흐름이 날개 아래쪽의 그것보다 빠르며 결국 날개 위쪽의 압력은 날개 아래쪽의 압력보다 적게 된다고 저에게 가르쳐주었습니다. 이렇게 해서 날개 아래쪽을 흐르는 공기의 힘이 날개를 밀어올리게 되어 양력이 생기는 것입니다. 이 양력이 비행기의 중력보다 커지면 비행기는 새처럼 하늘을 날게 되는 것입니다.

중요한 것은 우리의 고백이 마치 비행기의 양력과 같아서 고백할 때는 보이지 않지만 결국 믿음을 가져오는 것입니다.

보이지 않는 것이 보이는 것을 폐합니다

제가 어떻게 눈에 보이지도 않는데, 비행기가 날 수 있도록 하는 법칙이 있다는 것을 믿을 수 있었겠습니까? 말을 통해 그 믿음을 얻게 되었습니다. 비행기 조종교관의 말을 통해 이 보이지 않는 법칙이 작용하는 원리에 대한 지식을 얻게 되었습니다. 보이지 않는 것에 대한 믿음이 그 교관의 말을 통해 저에게 전달된 것입니다. 이제 저는 수천 킬로그램의 화물을 실은 비행기도 하늘을 날아오를 수 있다는 믿음을 갖게 되었습니다.

제가 양력에 대해 과학적으로 완전히 이해한 것은 아닐지도 모릅니다. 그러나 적어도 그 양력에 대한 믿음은 있습니다. 제가 확실히 믿는 것은 비행기를 앞으로 밀면 비행기는 날아오른다는 것이지요.

믿음도 이런 양력의 법칙과 같습니다. 믿음의 법칙에 대한 믿음을 가져야 하며 고백을 계속함으로 믿음이 역사하도록 하십시오. 다시 한번 강조하고 싶습니다. *믿음과 고백의 관계는 추진력과 비행기의 관계와 같습니다.* 추진력을 가하지 않으면 양력은 생기지 않습니다. 하나님의 말씀을 고백하지 않으면 우리의 믿음도 땅을 박차고 하늘로 솟아오르지 못할 것입니다.

비행기로 하늘 위를 날고 있는 중이라면 연료공급을 줄여서 추진력을 낮추더라도 비행기는 떨어지지 않고 날 수 있습니다. 예를 들어 지금 약 시속 250마일의 속도로 하늘을 날고 있는데 속도를 반으로 줄

여도 여전히 비행기는 하늘을 납니다. 비행 속도는 시속 150마일 정도로 느려지겠지요.

이렇게 생각하실 수도 있겠지요. "자, 이제 연료가 많이 절약되겠는데." 그래서 다시 처음 연료양의 1/4로 줄이면 더욱 연료를 줄일 수 있겠지요. 하지만 비행속도는 시속 90마일정도 밖에 안됩니다. 그렇더라도 여전히 비행기는 하늘을 납니다. 이렇게 하려면 비행기 앞부분을 들어올린 채로 비행해야 합니다. 여전히 비행은 가능하지만 목적지까지의 가려면 훨씬 많은 시간이 걸리겠지요.

연료주입을 아주 끊어버리면 어떻게 될까요? 추락하겠지요.

믿음과 고백의 관계도 이와 아주 흡사합니다. 우리의 믿음은 우리가 고백하는 수준보다 더 높이 자랄 수 없다는 것을 잊지 마십시오.

이해하기 쉽도록 여러가지 방법으로 좀 더 자세히 설명해보겠습니다. 틀림없이 이해하실 수 있을 것입니다. *우리의 고백은 마치 우리 믿음의 천정과도 같습니다.*

우리의 믿음은 우리의 고백의 수준을 능가할 수 없습니다. 하나님의 말씀을 고백하는 것을 더 개발하여 수준을 높일수록 하나님의 공급하심(하나님의 약속)을 믿는 믿음의 수준도 높아집니다. 그러나 하룻밤 사이에 그렇게 되지는 않습니다.

제가 비행기 조종을 하루아침에 배운 것이 아닌 것처럼 믿음을 개발하는 데에도 시간이 필요하지요. 때때로 실패하더라도 계속 믿음을 개발해야 합니다. 마치 어린아이가 걸음마를 배우기 위해 넘어지는 것과 같습니다. 걸음마를 배우는 어린아이가 몇 번 넘어지고 나서 "사람이 걷는다는 것은 불가능해. 이젠 걸으려는 노력은 그만두고 평생 기어다녀야겠다"라고 말하지는 않지요.

그 아이는 다른 사람들이 걷는 것을 보았기 때문에 자신도 걸을 수 있다는 것을 압니다.

어린아이의 걸음마처럼 믿음도 연습해야 합니다. 현재의 믿음의 수준에서부터 시작해야 합니다. 이제 막 시작하신 분이 믿음의 선배인 오랄로버츠의 믿음에서부터 출발할 수는 없습니다. 비행기가 추진력을 통해 양력을 얻듯이 하나님의 말씀을 고백하는 것을 통해 우리는 믿음을 얻습니다. 비행기를 앞으로 밀어내는 추진력이 없으면 비행기가 양력을 얻지 못하는 것처럼 *하나님의 말씀을 공급받지 못하면 믿음은 생겨나지 않습니다.*

오늘날 믿음의 사람이 되거나 하나님의 믿음을 갖는다는 것은 열흘, 한 달 또는 6개월의 시간이 흐르면 저절로 믿음이 생겨난다는 의미가 아닙니다. 만일 하나님의 말씀을 지속적으로 섭취하지 않으면 (비행중에 연료공급을 중단하듯이) 활공하는 비행기처럼 잠시는 신앙생활을 할 수 있겠지만, 곧 추락하기 시작할 것입니다.

어느 날 기도하면서 주님께 이렇게 여쭈었습니다. "주님 왜 제 주변의 일들이 예전처럼 잘 되어가지 않을까요? 일년 전만 해도 쉽게 처리되던 일들이 요즘은 왜 사사건건 문제를 일으킬까요?"

기도하던 중에 내 영으로 이런 대답을 듣게 되었습니다. "네가 비행기 연료를 줄여버렸구나."

"제가 뭘 어떻게 했다고요?"

하나님께서 이렇게 말씀하셨습니다. **"믿음의 고백은 비행기의 추진력과 같구나.** 그런데 너는 네 믿음의 고백의 수준을 낮춰버렸구나."

주님의 말씀을 듣고 스스로에게 물어보았습니다. '일년 전 모든 일이 잘 될 때, 즉 내 믿음이 높은 수준에 있을 때 내가 믿음의 고백을 어느 정도 했던가.' 하던 일을 멈추고 잠시 일년 전을 돌이켜 보았습니다. 그때에는 「하나님의 창조의 능력」이란 소책자를 이용해서 믿음의 고백을 하루도 빠짐없이 했었습니다. 단 하루도 고백없이 보내려 하지 않았습니다. 그렇다고 해서 제가 무슨 율법처럼 그것을 지켰던 것은 아니고, 단지 제 영에 양식을 공급하고 싶어서 그렇게 했던 것입니다. 매일 말씀을 고백하고, 하나님의 말씀을 날마다 묵상했습니다. "그렇구나. 몇 개월 전부터는 내가 그것을 하다 말다를 반복했구나."

제가 스스로에게 물은 질문에 대한 저의 답은 이것이었습니다. "나는 고백의 수준을 낮추었어. 추진력을 잃게되니까 나의 믿음이 흔들리고 말았지."

주님이 제게 말씀하셨습니다. "네가 만일 예전처럼 추진력(고백)을 높이면 양력 즉 믿음은 다시 생겨날 것이다."

그 뒤로 고백의 수준을 높이자, 주님의 말씀처럼 믿음을 회복할 수 있었습니다. 그 보이지 않는 법칙속에 엄청난 힘이 숨어 있었습니다. "직접 보지 않고는 아무것도 믿지 않을거야"라는 말을 한 적이 있습니까? 제가 늘 그런 말을 하는 사람이었습니다. 하지만 그 뒤로 보이지 않는 것이 가진 놀라운 능력에 대한 믿음을 개발했습니다. 믿음은 눈에 보이는 명백한 것일지라도 아무것도 아닌 것으로 바꾸어 버리지요.

요즘 비행기를 타고 자리에 앉으면, 눈에 보이지는 않지만, 비행기 날개를 가로지르는 공기가 있고(눈에 보이지는 않지요) 그 공기의 흐름이 비행기에게 양력이 생기는 법칙(볼 수는 없지요)이 적용될 수 있도록 충분히 빨라지면 비록 2톤이 넘는 비행기일지라도 새처럼 날게 될 것을 기대합니다. 눈에 보이지 않는 법칙이 눈에 보이는 것들을 아무것도 아닌 것으로 만들어 버립니다.

비행할 때마다 눈에 보이지 않고 이해하지 못하는 이런 것들에 대해 저는 믿음을 가져야만 했습니다. 교관의 설명을 통해 저에게 믿음이 전달되었고, 그것은 저의 일부분이 되었습니다. 비행 원리를 잘 모르는 분은 비행기가 하늘을 난다는 것을 믿기 어려울 것입니다. 그러나 교관으로부터 비행 원리에 대한 설명을 잘 듣게 되면 비록 완전히 이해하지 못했다고 해도 결국엔 믿음이 생길 것입니다.

이해하지 못해도 비행기가 하늘을 날듯이 믿음의 원리도 비록 잘 이해하지 못한다고 해도 반드시 역사합니다.

장황하게 설명했습니다만, 이 비행기 예화가 믿음의 원리를 설명하는데 도움이 되었으리라 믿습니다.

믿음의 원리를 배우고 익혀 개발하십시오

믿음의 원리들은 어떤 공식 같은 것이 아닙니다. 하나님의 말씀을 고백하는 것은 공식이 아니라 우리가 개발해야 할 원리중 하나입니다. 고백은 그저 공식 같은 것이 아닙니다. 그저 말하기만 한다고 해서 이루어지는 것이 아닙니다. 고백하는 것은 약속이 이루어지기 위해 필요한 요소입니다.

고백은 과정입니다. 그러므로 시간이 소요됩니다. 수주일이 걸리기도 하고 수개월이 걸리기도 합니다. 이렇게 우리 삶에서 무슨 문제가 생기든 말씀을 고백하는 것이 우리 생활의 자연스런 모습이 되어야 합니다.

솔직히 말씀드려 고백을 시작한 후 며칠 동안은 우리가 처한 문제 해결에 별 영향을 주지 못합니다. 반복되는 고백을 통해 믿음이 생길 때 비로소 영향을 미칠 수 있습니다. 그러나 고백을 하지 않고 뛰어넘어서는 믿음이 생길 수가 없으므로 결국 열매도 없습니다. 이것은 기계적인 공식이 아니라 원리이므로 하나님의 말씀에 순종하는 것이 핵심입니다.

이렇게 말하는 사람처럼 행동하지 마십시오. "나는 믿음의 사람이라네. 그래서 나는 직장을 그만두고 하나님의 말씀을 고백하는 믿음만으로 살려고 하네".

그렇게 하다간 굶어 죽을지도 모릅니다.

직업을 그만두지 마시고 그 일에 믿음을 적용하십시오. 여러분이 이미 가지고 있는 사업수완을 다 버리라는 것이 아닙니다. 다만, 하나님의 말씀을 듣고 그것을 우리의 영에 심어서 하나님의 말씀이 진리임을 알게 되기까지 부지런히 행하십시오. 머지않아 확신이 생기면 열매도 얻게 될 것입니다.

믿음을 개발하여 그 수준이 높아지면 열매도 그만큼 빠르게 맺게 될 것입니다. 이것은 믿음과 반대 방향의 것인 두려움도 마찬가지입니다. 어떤 사람은 매우 쉽게 두려워하지만 어떤 사람은 쉽게 믿습니다.

두려움은 마귀의 말을 들음으로써 생깁니다.

하나님을 믿는 믿음은 하나님의 말씀을 들음으로 생깁니다.

하나님께서 여호수아에게 아주 분명히 이것을 말씀해 주셨습니다.

> 내가 네게 명한 것이 아니냐 마음을 강하게 하고 담대히 하라 두려워 말며 놀라지 말라 네가 어디로 가든지 네 하나님 여호와가 너와 함께 하느니라 하시니라(수 1:9)

5

믿음의 원리와 관련된 의로움

…믿음으로 말미암는 의는 이같이 말하되… 말씀이 네게 가까워 네 입에 있으며 네 마음에 있다…

— 롬 10:6, 8

사도 바울이 기록한 이 말씀은 말씀이 어떻게 마음(영)으로 들어가는지를 알려줍니다.

하나님의 말씀이 사람의 마음속에 들어가면 소위 믿음이라는 영적인 힘을 만들어냅니다. 마리아의 마음에도 하나님의 말씀이 들어가서 그녀의 몸 속에서 열매를 맺었지요.

하나님의 원리와 그것을 어떻게 적용되도록 할 수 있는지를 알려드리려고 합니다. 이 원리들은 하늘에 속한 것이지만, 우리는 이 원리를 우리 삶에 적용할 수 있습니다.

원리를 실천하면 이해할 수 있게 됩니다

성경의 원리들을 효과적으로 적용하려면 실천하는 것을 배워야 합니다. "교행일치"라는 말이 있습니다. 가르치는 삶을 스스로 먼저 살아보면 훨씬 효과적으로 가르칠 수 있을 것입니다. 스스로 실천해보면 어떤 것들이 원리가 제대로 적용되도록 하며, 또 적용을 방해하는 것이 무엇인지 알 수 있을 테니까요.

하나님의 원리들을 스스로의 삶에서 실천해보아야 한다는 것을 잊지 마십시오. 원리들이 살아 움직이도록 하십시오. 자신의 삶에 적용되도록 하십시오.

두 가지 사례에서 하나님께서 각각 어떻게 처리하셨고, 어떤 원리들이 적용되었는지를 염두에 두십시오.

누가복음 1장 20절에서 사가랴는 천사의 말을 의심하였으므로 아홉 달 동안 벙어리가 되었습니다. 하나님께서 천사를 보내셨지만, 사가랴는 천사의 말을 믿지 않았습니다.

반면에 천사가 마리아에게 소식을 전했을 때 마리아는 아이를 갖게 되었습니다. 그녀는 이렇게 말했습니다. "**…말씀대로 내게 이루어지이다**"(눅 1:38).

감정을 따라가지 말고 믿으십시오

아브라함이 어떻게 하나님을 믿었는지도 살펴보십시오. *아브라함이 하나님을 믿었고, 하나님께서 이것을 그의 의로 여기셨다고* 여러 번 기록되어 있습니다. 의(righteousness)는 바르게 서다(rightstanding)란 의미입니다. 아브라함은 하나님의 말씀을 믿기로 결정했기 때문에 하나님과 바른 관계에 섰던 것입니다.

아브라함이라고 해서 언제나 하나님을 믿고 싶지는 않았을 것이라고 확신합니다. 하지만 그때마다 아브라함은 하나님의 말씀을 믿기로 결정했습니다.

> 아브라함이나 그 후손에게 세상의 후사가 되리라고 하신 언약은 율법으로 말미암은 것이 아니요 오직 믿음의 의로 말미암은 것이니라 (롬 4:13)

하나님의 약속은 율법으로 말미암은 것이 아니고, 믿음으로 얻는 의로 말미암은 것이었습니다. 약속의 내용이 무엇이었습니까? 아브라함과 그의 씨가 이 세상을 상속받을 자가 되리라는 것이었지요. 이 모든 세상을 말입니다.

> 너희가 그리스도께 속한 자면 곧 아브라함의 자손이요 약속대로 유업을 이을 자니라(갈 3:29)

이 약속은 아브라함뿐 아니라 그의 씨에게도 주신 것이었는데, 이 약속은 율법으로 말미암는 것이 아니라 믿음의 의로 말미암는 것입니다. 믿음의 의를 통해서 이 약속이 실현된다는 것에 주목하십시오.

로마서 10장 6절을 봅시다. 믿음으로 말미암는 의가 무엇인지를 가르치는 바울의 이야기를 자세히 살펴보십시오.

바울은 먼저 믿음으로 말미암는 의는 이렇게 말해서는 안 되는 것이라고 가르칩니다.

믿음으로 말미암는 의는 이같이 말하되 네 마음에 누가 하늘에 올라가 겠느냐 하지 말라 하니 올라가겠느냐 함은 그리스도를 모셔 내리려는 것이요 혹 누가 음부에 내려가겠느냐 하지 말라 하니 내려가겠느냐 함은 그리스도를 죽은 자 가운데서 모셔 올리려는 것이라 그러면 무엇을 말하느뇨 말씀이 네게 가까와 네 입에 있으며 네 마음에 있다 하였으니 곧 우리가 전파하는 믿음의 말씀이라(롬10:6-8)

어떤 사실에 대한 우리의 이해가 그것의 실제 모습과 항상 같은 것은 아니라는 것을 아는 것이 필요합니다. .

바울은 믿음으로 말미암는 의는 이런 말을 하지 않는 것이라고 말합니다. "누가 예수님을 돌아가시기 이전 상태로 되돌릴 수 있을까? 누가 예수님을 하늘로부터 모셔와서 예수님이 이 땅에 계실 때 하셨던 것처럼 우리를 치료하고 우리를 위해 필요한 일을 해주시도록 할 수 있을까?"

믿음으로 말미암는 의는 이런 식으로 말하지 않는 것입니다.

"난 그렇게 말한 적이 없는데요"라고 말하는 사람이 있을 것입니다. 그러나 이렇게 말한 적은 있을 것입니다. "주님 이곳에 오셔서, 내 맘을 만져주세요." 그런 말이 위의 말과 같은 것이지요.

히브리서 10장 12, 13절은 예수님께서 그의 원수들을 예수님의 발등상이 되도록 할 때까지 하나님 우편에 앉아 계신다고 말합니다.

예수님의 부활하신 몸은 원수들을 예수님의 발등상이 되도록 할 때까지 그곳에 계시겠지만, 우리에게 말씀을 보내셨습니다.

저가 그 말씀을 보내어 저희를 고치사 위경에서 건지시는도다 (시107:20)

요한복음은 이것을 좀 더 자세히 설명합니다

태초에 말씀이 계시니라 이 말씀이 하나님과 함께 계셨으니 이 말씀은 곧 하나님이시니라…
만물이 그로 말미암아 지은바 되었으니 지은 것이 하나도 그가 없이는 된 것이 없느니라…
말씀이 육신이 되어 우리 가운데 거하시매 우리가 그 영광을 보니 아버지의 독생자의 영광이요 은혜와 진리가 충만하더라(요 1:1,3,14)

육신을 입은 하나님의 말씀

태초에 하나님과 함께 계셨던 말씀이 육신이 되셨습니다. 이분이 예수 그리스도입니다. 어떤 번역본은 말씀이 육신을 입었다고 번역했지요. 육신이 되신 말씀은 이 땅을 걸으셨습니다. 하나님께서 세상에 말씀을 보내셔서 그들을 치료하시고 구원하셨습니다. 이 시대를 사는 우리도 그 말씀으로 구원을 얻었고 치유를 받습니다.

마리아가 하나님의 말씀을 영으로 받았고, 그 말씀은 그녀의 몸에서 실제로 모습을 나타냈습니다. 말씀이 '육신을 입어' 우리 가운데 거하게 되신 것입니다. 하나님의 말씀이 하늘에서 행하신 그대로 이 땅에서도 그 말씀이 역사할 것에 대한 의심을 물리치고 입증하시려고 하신 것입니다. 하나님께서는 그분의 말씀(예수님)에 육신을 입히시고 이 땅에 보내셔서 우리와 함께 살도록 하셨지요. 하나님의 말씀이 하늘에서 이루어진 것처럼 이 땅에서도 이루어지는 것을 보여주셨습니다.

예수님은 하나님의 말씀이 이 땅에서 사람의 모습으로 나타나신 것입니다. 병든 자를 치료하시고, 죽은 자를 살리시려고 오셨습니다. 마귀도 쫓아내셨습니다. 확대번역본 성경은 예수님께서는 마귀가 해놓은 일을 부셔버리고 묶어 놓은 것을 풀고, 해체하고, 원상회복시키러 오셨다고 번역합니다. 하나님의 말씀은 마귀의 일을 멸하러 오신 것입니다(요일 3:8).

예수님에 대해 말할 때, 우리는 종종 그 예수님을 요한복음 1장 1절에서 말하는 예수님과는 무관한 것으로 생각합니다. 말씀이신 그 예수님이 만물을 창조하셨습니다. 하나님께서는 창조를 위해 말씀을 사용하셨지요. 모든 세계가 하나님의 말씀으로 지어졌습니다.

말씀이 하늘에서처럼 이 땅에서도 얼마나 큰 능력을 가졌는지 우리에게 알려주시려고 말씀에 육신의 옷을 입혀 이 땅에 보내신 것입니다. 말씀은 이 땅에서도 하늘에서와 같은 힘을 가지고 역사합니다. 그러므로 이렇게 말씀하신 것입니다.

> 내가 진실로 진실로 너희에게 이르노니 나를 믿는 자는 나의 하는 일을 저도 할 것이요 또한 이보다 큰 것도 하리니 이는 내가 아버지께로 감이니라 너희가 내 이름으로 무엇을 구하든지 내가 시행하리니 이는 아버지로 하여금 아들을 인하여 영광을 얻으시게 하려 함이라(요14:12-13)

말씀을 보내 우리를 구하시겠다고 말씀하셨을 때(시 107:20), 하나님께서는 말씀 그대로 자신의 말씀을 통해 우리를 치유하시고 파멸에서 구원하실 것을 기대하셨습니다.

어느 분이 이렇게 궁금해 하셨습니다. "그러면 예수님은 지금 이 땅에서 아무도 치유하지 않으신다는 말씀이신가요?"

아니요, 치유하십니다. 다만, 육체를 가진 예수님이 이곳에 오셔서 치유하시는 것은 아니지요. 지금 이 땅에 계신 예수님은 육신을 입으신 예수님이 아니고, 성령의 인격으로 우리 안에 거하시는 분입니다. 우리가 치유를 받는 것은 말씀을 통해서입니다. 누군가가 치유를 위해 환자의 몸에 손을 얹을 수 있습니다. 그러나 손을 얹는 것만으로 치유를 받는 것이 아니고, 손을 얹을 때에 말씀으로 말미암아 치유를 믿는 믿음이 생겨서 치유가 일어나는 것이지요. 예수님이 개인적으로 우리를 찾아오셔서 우리를 만져주시고 위로하신다고 말합니다만, 예수님은 그렇게 하시지 않습니다. 부활의 몸을 입으신 예수님은 원수로 그의 발등상이 되도록 할 때까지 하나님 우편에 앉아 계십니다.

어떤 분은 이렇게 말하지 모릅니다. "제가 듣기로 어떤 분이 예수님이 자신을 찾아와 침대옆에 앉으셔서 그분을 만지셨고, 그래서 그분은 치유 받으셨다고 하시던데요."

그분이 보신 예수님은 영적 환상 중에 나타나신 예수님이시며, 부활의 몸을 입은 예수님이 직접 그분을 찾아오신 것은 아닙니다.

의는 무엇을 말해야 하는 것일까요?

로마서 10장 8절에서 사도 바울은 믿음으로 말미암는 의는 무엇을 말하는 지를 이야기합니다.

> 그러면 무엇을 말하느뇨 말씀이 네게 가까와 네 입에 있으며 네 마음에 있다 하였으니 곧 우리가 전파하는 믿음의 말씀이라(롬 10:8)

말씀은 먼저 입을 통해 말하여져야만 마음으로 들어갑니다. 만일 말씀이 먼저 입에 담기지 않는다면 마음으로 들어갈 수 없습니다. 우리는 말씀에 대해 배울 수 있고 들을 수도 있습니다. 그러나 말씀을 입에 담아서 말하기까지는 말씀은 최고의 형태에 이를 수 없습니다. 믿음은 들음에서 나는데, 듣기 위해서는 말을 해야 합니다.

믿음으로 말미암는 의는 이렇게 말하는 것이 아닙니다. "예수님이 직접 오셔서 나를 위로해 주실거야." "예수님께서 돌아가시지 않은 때로 되돌아가서 무덤에서 다시 일어나시고 예전의 육신을 입은 모습으로 돌아가셔서 우리 곁으로 다시 오시도록 해야 해. 그래야 우리의 필요를 채워주실 수 있을거야."

믿음으로 말미암는 의는 이렇게 말하는 것입니다. "예수님은 여기 계시지 않지만, 말씀은 내게 가까이 계시지."

이 말씀이 하늘과 땅을 창조했던 바로 그 말씀입니다. 우리에게 가까이 있는 그 말씀이 예수님이 이 땅에 계셨을 때의 말씀과 동일한 능력을 가진 말씀이라는 것을 아십니까? 새 언약 아래에서의 그 말씀은 예수님께서 이 땅을 걸으셨을 때 보여주신 능력과 동일한 힘을 가지고 있는 것입니다. 하나님께서는 언제나 말씀을 보내셔서 사람을 치유하십니다. 이는 예수님을 통한 것이든 약속을 통한 것이든 마찬가지입니다.

우리가 이 세상의 상속자요 약속의 상속자가 되는 것도 믿음으로 말미암는 의를 통해서 이루어집니다. 믿음으로 말미암는 의가 말하는 것은 두려움이나 의심이 아니라 믿음입니다. 로마서 10장 8절과 9절을 연결해서 읽어보십시오.

> 그러면 무엇을 말하느뇨 말씀이 네게 가까와 네 입에 있으며 네 마음에 있다 하였으니 곧 우리가 전파하는 믿음의 말씀이라 네가 만일 네 입으로 예수를 주로 시인하며 또 하나님께서 그를 죽은 자 가운데서 살리신 것을 네 마음에 믿으면 구원을 얻으리니 (롬 10:8-9)

믿음은 하나님의 약속을 활성화시킵니다

바울은 우리에게 '예수님은 주님이시다' 라고 고백하라고 가르칩니다. 죄인이 회개했을 때 성경 말씀대로 한다면 그는 예수님을 자신의 삶의 주인이라고 고백하게 됩니다. 그가 그렇게 하는 것은 하나님의 말씀을 믿기 때문입니다. 이렇게 고백하실 것입니다. "예수님께서 제 죄를 위해 십자가에서 돌아가셨음을 믿으며, 또한 예수님이 제 삶의 주인이심을 고백합니다."

이 고백을 하기 전에는 그의 주인은 예수님이 아니라 사탄이었습니다. 그러나 믿음으로 고백하고 선포하였으므로 지옥의 어떤 마귀도 예수님께서 그의 주인이 되는 것을 막을 수 없습니다.

그때부터 그는 하나님과 올바른 관계에 있게 되었고, 이것이 바로 그가 믿음으로 말미암는 의를 얻게된 것을 말합니다. 그가 고백할 때 그는 스스로 의롭다거나 예수님이 그의 삶의 주인이 되었다는 것을 느끼지는 못했을 것입니다. 그럼에도 불구하고 그는 믿기로 결정하고 고백을 했지요. 믿음으로 말미암는 의는 이런 식으로 역사합니다.

> 사람이 마음으로 믿어 의에 이르고 입으로 시인하여 구원에 이르느니라 (롬 10:10)

우리가 믿을 때 마음으로 믿습니다. 믿는 것은 우리 속사람 또는 영의 일입니다. 우리는 우리 속사람을 통해 믿습니다. 믿음은 마음으로 역사합니다. 머리로 역사하는 것이 아닙니다.

죄인이 회개하고 믿음의 고백을 한다는 것은 그의 안에서 하나님의 힘이 자라나도록 하는 것입니다. 그가 고백함으로 그것이 생기도록 하는 것이지요. **사람이 마음으로 믿어 의에 이르고 입으로 시인하여 구원에 이르도록 합니다.**

구원이라는 말은 헬라어로는 "소조(sozo)"입니다. 많은 분들이 구원이라는 단어를 오직 좁은 의미의 구원 즉 '죄와 사망으로부터 구원'의 의미로만 이해하고 있습니다. 하지만 '소조'라는 단어에는 여러가지 뜻, 즉 "구원하심, 보호하심, 치유하심, 강건함"이 포함되어 있습니다.

확대된 구원의 의미와 마음으로 믿어서 얻는 의의 개념을 결합해서 살펴보겠습니다. 바울은 사람이 마음으로 믿어 거듭나게 된다고 말합니다. 그러나 만일 우리가 구원, 보호, 치유, 강건함을 받기 원한다면 입으로 고백해서 활성화시켜야 합니다. 그 약속을 고백하십시오. 입으로 시인하여 (구원, 보호, 치유, 강건함)에 이르게 되는 것입니다. 바울은 여기서 구원이란 단지 거듭남뿐 아니라 하나님께서 약속하신 것을 얻는 것도 포함시킨 것입니다.

로마서에서 아브라함에 하신 약속 즉 "네가 이 세상의 상속자가 되리라"고 하신 약속은 율법으로가 아니라 오직 믿음의 의로 말미암는다고 말한 이유가 바로 이 때문입니다. 믿음에 속한 의는 하나님의 말씀을 말합니다. 이렇게 말하는 것이지요. "말씀이 내게 가까이 있구나. 나는 약속하신 것을 얻을 수 있어. 그러므로 그 약속이 내게 가까운 것이지."

만일 당신에게 필요한 것이 있다면, 하나님의 약속의 말씀을 먼저 기억하십시오. 그 약속을 취하여 입으로 말하십시오. 그 약속의 말씀을 입으로 말하십시오. 그것을 말하면 우리 영이 듣고 듣는 자에게 하늘에 속한 에너지가 풀어놓아질 것입니다.

하나님께서 하신 말씀은 진리입니다. 때때로 환경이 우리에게 "넌 도저히 이런 상황에서 벗어날 수 없어"라고 말할 때에도 하나님의 말씀은 **"네가 무엇을 하든 형통하리라"**(시 1:3), **"…그리하면 너희의 하는 모든 일이 형통하리라"**(신 29:9), **"무릇 너를 치려고 제조된 기계가 날카롭지 못할 것이라"**(사 54:17)라고 말합니다.

우리가 하나님의 말씀을 우리 입으로 말할 때 그것이 바로 믿음으로 말미암는 의가 일하도록 하는 방법입니다.

은혜는 하나님의 뜻입니다

> 그러므로 후사가 되는 이것이 은혜에 속하기 위하여 믿음으로 되나니 이는 그 약속을 그 모든 후손에게 굳게 하려 하심이라…(롬 4:16)

"이 약속은 아브라함에게 주신 것일 뿐, 우리와는 상관없는 것 아닌가요?"라고 말씀하실지도 모르겠습니다.

아닙니다. 그 약속은 아브라함의 후손을 위한 것이기도 합니다. 이것이 은혜로 얻는 것이 되려면 믿음으로 얻어져야 합니다. 은혜는 받을 만한 자격이 없는 우리에게 하나님께서 스스로 기꺼이 자신의 능력과 힘을 사용하시려는 마음입니다. 하나님은 즐겁게 그렇게 하시는 분이지요.

사람들은 우리에게 주어진 "은혜(grace)"가 아무런 공로도 없이 얻게된 하나님의 호의(favor)라고 말합니다. 그러나 이 설명은 불충분한 설명입니다. 하나님께서 우리가 구원받기를 바라시지만, 그뿐이고 그것을 위해 아무 일도 하지 않으신다면 그것이 우리에게 무슨 도움이 되겠습니까? 하나님께서 이렇게 말씀하신다면 어떠시겠습니까? "나는 사람들이 구원받기를 원한다. 하지만 그들의 구원을 위해 내가 뭔가를 하고 싶지는 않구나"라고 하시고 아무 일도 하지 않으셨다면 어떻게 되었겠습니까?

하나님께서 그저 우리에게 호의만을 가지고 계셨더라면 우리는 여전히 죽어서 지옥에 갈 수밖에 없었을 것입니다. 하나님은 그렇게 하지 않으시고 직접 구원 계획에 참여하셨습니다. 우리가 얻는 은혜는 단순한 하나님의 호의 정도가 아니라 하나님이 직접 개입하셔서 우리를 위해 그분께서 기꺼이 능력과 힘을 사용하시는 것을 말합니다.

> 그러므로 후사가 되는 이것이 은혜에 속하기 위하여 믿음으로 되나니 이는 그 약속을 그 모든 후손에게 굳게 하려 하심이라 율법에 속한 자에게 뿐 아니라 아브라함의 믿음에 속한 자에게도니 아브라함은 하나님 앞에서 우리 모든 사람의 조상이라(롬 4:16)

이 성경 말씀은 하나님께서 믿음의 복음을 먼저 아브라함에게 전하셨음을 말해줍니다(갈 3:8). 구약성경에 믿음에 대한 가르침이 많지는 않지만, 구약시대에도 믿음은 역사했습니다. 구약의 성도들도 하나님의 말씀을 믿었고 이로 인해 의를 얻게 되었습니다. 그럼에도 구약에는 어떻게 믿음을 얻게 되고 그것을 어떻게 사용하는지에 대한 설명은 매우 부족했습니다.

하나님께서 먼저 아브라함에게 가르치셨습니다. 로마서 4장 17절에서 바울은 창세기 17장의 하나님께서 아브람에게 하신 말씀을 인용합니다.

교훈

(기록된 바 내가 너를 많은 민족의 조상으로 세웠다) 하심과 같으니 그의 믿은바 하나님은 죽은 자를 살리시며 없는 것을 있는 것같이 부르시는 이시니라(롬 4:17)

바울은 위의 말씀에서 하나님께서 아브라함에게 "네가 너로 열국의 아비가 되게 함이니라"고 하신 창세기 17장을 인용하고 있습니다. 위의 말씀을 주의 깊게 보시면 하나님께서 앞으로 내가 너를 그렇게 되도록 할 것이라고 하신 것이 아니라 이미 그렇게 하셨다고 말씀하셨음을 알 수 있습니다. (역자 주: 한글 성경은 '되게 함이니라' 로 되어있으나 원어는 완료형을 사용하여 '되게 하였느니라' 로 되어 있음)

그 당시 아브라함은 약속의 자녀가 없었습니다. 하나님께서 아브라함에게 이 약속을 처음하셨을 때 아브라함은 "겨우" 75세에 불과한 나이였습니다. 하지만 약속이 이루어진 때 아브라함 나이는 100세였습니다.

아브라함이 소망을 믿어야 했던 때에 성경이 왜 그에게 전혀 소망이 없었다고 말했는지 이해가 되실 것입니다(롬 4:18). 아브라함은 하나님의 약속이 이루어질 때까지 25년을 믿음으로 기다려야 했습니다.

하나님께서는 이루어지기까지 많은 시간을 기다려야 하는 약속에 대해서는 그렇다는 것을 계시를 통해 미리 알려 주시기도 합니다. 우리중 많은 분들이 그런 계시를 받았을 것입니다. 저의 경우도 20년 전에 지금 하고 있는 사역에 대한 계시를 받았었습니다. 이 사역이 꽃을 피우기까지는 20년이 걸렸습니다. 저는 믿음의 눈으로 미리 보았습니다. 하나님께서 계시로 알려주셨지요. 하지만 이것을 아무에게도 말하지 않았습니다. 우리가 알고 있는 것을 모두 말해버리는 것은 잘 하는 것이 아닙니다.

하나님께서 가르쳐주신 비밀은 잘 간직하십시오

요셉은 하나님이 그에게 보여주신 계시를 말했다가 죽을 뻔 했습니다(창 37:5-18). 저는 요셉이 이집트의 총리가 되기까지 겪어야 했던 모든 고난은 하나님의 뜻이 아니었다고 믿습니다.

요셉은 하나님의 비밀을 외부에 말해버려 사탄이 그것을 엿들을 수 있도록 했습니다. 그러자 사탄은 그를 죽여 그 계시가 이루어지지 않게 하려고 온갖 궤계를 부렸던 것입니다.

곧 여호와의 말씀이 응할 때까지라 그 말씀이 저를 단련하였도다 (시 105:19). 그는 하나님의 계시를 받았습니다. 하나님의 말씀은 그가 어려운 상황에서 하나님의 말씀을 믿는지 안 믿는지 시험했습니다. 어떤 어려움 속에서도 요셉은 해야 할 일을 했고 마침내 모든 시험을 이겼습니다.

우유를 그릇에 넣고 돌려보십시오. 언제나 크림이 위에 뜹니다. 사람의 경우도 마찬가지입니다.

요셉이 하나님의 말씀을 받았을 때 아브라함처럼 그것을 믿기로 결심했습니다. 어려서 부터 겪어야 했던 매우 힘든 상황에서도 그렇게 한 것입니다. 하나님의 계시가 이루어지지 않을 것 같은 때도 있었지만, 하나님을 믿는 일에 실패하지 않았습니다. 이집트로 팔려가서 억울한 옥살이를 하게 되었을 때에도 하나님을 믿는 일에 실패하지 않았고 바른 태도를 유지했습니다. 어릴 때 받은 꿈을 포기하지 않았지요.

하나님께서는 우리에게 계시를 주실 때 그것을 다른 사람에게 알리지 않기를 원하시는 한 가지 이유는 사탄이 그것을 알지 못하게 하시려는 것입니다. 우리가 받은 계시를 말하지 않는다면 하나님께서는 우리 미래에 대한 더욱 많은 계시를 주실 수 있을 것이라고 믿습니다. 하나님의 비밀을 말하면 사탄이 그것을 알아서 그것을 막고 중단시키기 위한 모든 수단을 동원할 것입니다.

사탄이라도 모든 것을 다 알지는 못한다는 것을 아십니까? 종종 우리는 기도 중에 하나님의 비밀을 말해버릴 수 있습니다. 그러므로 하나님의 비밀에 대한 기도를 할 때 우리가 사용하는 언어로 하지 마시고 영으로 기도하십시오. 사탄이 알지 못하는 사이에 그 기도의 응답을 얻게 될 것입니다.

하나님께 받은 계시인데도 그 계시가 실현되지 않았다면 그 이유는 이 때문일 것입니다. 아마도 하나님의 계시를 받은 후에 그것을 사람들에게 말했을 것이고, 사탄은 '그 계시는 일어날 수 없지. 그런 계시가 하나님으로부터 온 것일 리가 없다네"라고 말하는 사람들을 우리 앞에 많이 데려올 것입니다. 그들은 우리들이 길에서 벗어나도록 했을 것입니다.

그러므로 하나님의 계시에 대한 것을 다룰 때는 우리 안에 계신 성령님의 인도하심에 더욱 민감해져야 합니다.

바라는 것을 믿음

로마서 4장 17절을 다시 봅시다. 여기서 바울은 아브라함의 믿음에 대해 말하고 있습니다. 17절에서 하나님께서는 없는 것을 있는 것 같이 부르시며, 아브라함에게도 자신처럼 하라고 가르치시는 것을 봅니다. 그리고 18절에서 그가 바랄 수 없는 중에 어떻게 행동했는지를 말합니다.

> 아브라함이 바랄 수 없는 중에 바라고 믿었으니 이는 네 후손이 이같으리라 하신 말씀대로 많은 민족의 조상이 되게 하려 하심을 인함이라 (롬 4:18)

아브라함은 소망이 없을 때에도 소망을 믿기로 결정했다는 말입니다. 이렇게 물으실 것 같습니다. "바랄 수 없는 중 바라고 믿었다는 것이 도대체 어떻게 했다는 것입니까?"

그가 하나님의 약속을 생각하며 가능성을 생각해보았을 때, 자연적으로 전혀 소망을 가질 수 없었습니다.

우리 중 누가 만일 재정적으로 소망을 가질 수 없는 상태가 되었다면 어떻게 하시겠습니까? 혹 여러분이 지금 재정적인 어려움에 놓여 세상적으로는 벗어날 수 없을 것으로 여겨지는 그런 상황에 처해 있으신지도 모르겠습니다.

하나님의 말씀으로 돌아가서 소망을 찾아야 합니다. 우리의 재정에 대해서 하나님께서 무엇을 말씀하셨는지 찾아보십시오. 하나님은 기적을 행하시는 분임을 믿으세요. 우리가 하나님의 말씀을 우리 입에 담는다면 우리에게 기적이 일어날 것입니다. 하나님의 말씀을 고백하는 것은 우리의 재정문제 해결에 매우 실제적인 수단이 된다는 것을 꼭 기억하십시오.

아브라함이 바랄 수 없는 중에 바라고 믿었으니 이는 네 후손이 이같으리라 하신 말씀대로 많은 민족의 조상이 되게 하려 하심을 인함

이라(롬 4:18). 아브라함이 볼 때 그렇게 될 것 같아 보이지 않았지만, 아브라함은 그렇게 될 것을 믿기로 결정했습니다. 그리고 하나님께서 그렇게 되리라고 말씀하신 그대로 되었습니다.

> 그가 백세나 되어 자기 몸의 죽은 것 같음과 사라의 태의 죽은 것 같음을 알고도 믿음이 약하여지지 아니하고(롬 4:19)

아브라함은 이제 거의 죽은 것 같이 되어버린 자기 몸의 상태를 고려하지 않았습니다. 자연적으로 볼 때 100세가 된 늙은 몸은 아이의 아버지가 될 수 없습니다. 그럼에도 불구하고 아브라함은 자기 몸이 죽은 것 같이 되었다는 사실을 고려하지 않았습니다. 단지 그것을 무시한 것이 아닙니다. 그는 무언가 특별한 일을 했습니다.

사람들은 종종 그들이 처한 상황이 지나가버릴 것이라며 그저 무시해 버리려고 합니다. 하지만 상황이 지나가버리지는 않습니다.

아브라함은 그 상황에서 무언가 특별한 일을 하기로 결정했습니다. 그것은 그 상황에서 하나님의 말씀을 믿기로 결정하는 것이었습니다.

아브라함은 아마 이런식으로 말했을 것입니다.

"내가 보기에도 도저히 내가 아들을 갖게 될 것 같지 않았지. 정말로 그랬어. 하지만 나는 내가 열국의 아비가 되기 위해 하나님을 믿기로 선택했다네"(롬 4:21).

하나님의 말씀에 완전히 설득되어지도록 하십시오

믿음이 없어 하나님의 약속을 의심치 않고 믿음에 견고하여져서 하나님께 영광을 돌리며 약속하신 그것을 또한 능히 이루실 줄을 확신하였

으니 그러므로 이것을 저에게 의로 여기셨느니라 저에게 의로 여기셨
다 기록된 것은 아브라함만 위한 것이 아니요 의로 여기심을 받을 우
리도 위함이니 곧 예수 우리 주를 죽은 자 가운데서 살리신 이를 믿는
자니라(롬 4:20-24)

하나님께서 이 말씀을 로마서에 기록하신 이유가 단지 아브라함이 믿음으로 의로 여기심을 받았다는 것을 우리에게 알려주시려는 것이 아닙니다. 말씀을 기록하신 이유는 아브라함에게 그렇게 하신 것처럼 우리도 우리의 믿음으로 말미암아 의로 여기심을 받는다는 것을 알려 주시려는 것입니다.

아브라함은 믿음으로 얻는 의를 설명해주는 성경을 갖지 못했습니다. 만일 아브라함도 우리가 읽는 이 말씀을 읽을 수 있었다면 매우 기뻐했을 것입니다. 욥이 만일 욥기와 같은 성경을 가져서 자신에게 내려진 그런 혹독한 재앙이 사탄의 짓임을 알았더라면 그는 훨씬 더 잘했을 것입니다. 그들에겐 우리가 가진 이런 놀라운 정보가 없었다는 것을 우리는 쉽게 잊습니다.

아브라함은 불신앙으로 하나님의 약속을 믿는 일에 흔들리지 않았습니다. 그는 자신의 육신을 돌아보지 않았습니다. 자신의 몸을 믿지 않았으며 하나님의 말씀을 믿었습니다.

하나님께서 아브라함의 믿음을 세우시기 위해 하신 첫 번째 일은 아브라함의 이름을 바꾸는 것이었습니다.

하나님의 믿음의 원리

이 세상의 자연법칙에 따르면 아브라함은 자녀를 갖기엔 너무 늙었

다는 것은 분명한 사실입니다. 뿐만 아니라 그의 아내 사라도 90세였습니다. 그러나 하나님은 없는 것을 있는 것 같이 부르시는 분입니다. 하나님께서는 이제 아브라함도 그렇게 하도록 하려고 그의 이름을 바꾸셨습니다. *"이제 후로는 네 이름을 아브람이라 하지 아니하고 아브라함이라 하리니"* (아브라함은 '열국의 아버지' 또는 '많은 자들의 아버지' 라는 의미를 가지고 있습니다.)

하나님께서는 아브라함과 믿음놀이를 하고 계신 것이 아닙니다. 이것은 아브라함으로 하여금 믿음의 원리를 따라 행동하도록 하시려는 하나님의 방법입니다. 하나님께서는 자신만의 원리와 법칙을 사용하십니다. 하나님께서는 아브람에게 하나님의 말씀을 말하게만 하면 그가 믿음을 갖게 될 것을 아셨습니다. 믿음은 들음에서 나니까요(롬 10:17).

아브라함은 이 믿음의 비밀이 기록된 로마서 10장 17절을 읽을 수 없었습니다. 하지만, 하나님께서는 이름에는 그 이름이 가진 의미대로 열매를 맺도록 할 충분한 믿음이 있음을 아셨습니다. 그래서 하나님께서는 아브람의 이름을 아브라함으로 바꾸신 것입니다. 아브라함은 이름을 바꾸고 나서 만나는 사람마다 자신의 이름을 아브라함으로 소개했습니다. "나는 열국의 아버지라네." 또는 "주님께서 내가 열국의 아버지라고 말씀하셨다네."

아브라함은 수하에 많은 사람들이 있었는데 그들이 하루에 몇 번씩이나 그의 이름을 불렀을지를 한 번 상상해 보십시오.

"아브라함님, 이 울타리를 어떤 모양으로 세우면 좋을까요?" "아브라함님, 그 양떼들을 어떻게 할까요?" "아브라함님, 이 소떼들을 어떻게 할까요?" "아브라함님…, 아브라함님…, 아브라함님…"

믿음의 원리와 관련된 의로움 135

사람들이 아브라함의 이름을 부를 때마다 아브라함에겐 이렇게 들렸습니다. "열국의 아버지님…, 열국의 아버지님…, 열국의 아버지님…"

아브라함의 모습을 상상해보니 참 재미있습니다. 아마도 그 나이의 아브라함은 지팡이를 짚고 다녔을텐데 지팡이를 짚고 여기저기를 느릿느릿 다니면서 "나는 열국의 아버지라네, 나는 열국의 아버지라네"를 계속 말하고 다녔겠지요.

이 모습을 본 사람들은 매우 우스웠지만, 아브라함이 그 지역의 주인이므로 대놓고 웃지는 못했을 것입니다. 그저 "열국의 아버지님… 열국의 아버지님…"이라고 불렀을 것입니다.

그러다가 마침내 아브라함은 짚고 다니던 지팡이를 내던져 버리고, "주님을 찬양합니다. 나는 이제 진정 제가 어떤 자"인줄 알았습니다. 그는 점점 더 건강이 좋아졌을 것입니다. 하나님의 말씀을 확실히 믿게 되었고 똑바로 설 수 있었을 것입니다.

그러므로 이것을 저에게 의로 여기셨느니라(롬 4:22)

하나님의 방법의 예

아브라함과 같은 방법으로 하나님을 믿었던 사람들이 많습니다.

이 율법책을 네 입에서 떠나지 말게 하며 주야로 그것을 묵상하여 그 가운데 기록한 대로 다 지켜 행하라 그리하면 네 길이 평탄하게 될 것이라 네가 형통하리라(수 1:8)

하나님은 아브라함의 이름을 바꾸셔서 아브라함으로 하여금 하나님의 말씀을 고백하도록 하셨습니다. 믿음의 원리가 이런 식으로 적용된다는 한 가지 예를 보여주신 것이지요. 우리는 믿는 것을 말하게 됩니다. 그리고 반복해서 말하는 것을 믿게 되고요. 그러므로 무엇을 말하는 가에 주의해야 합니다.

잘 살펴보시면 하나님과 아브라함은 모두 없는 것을 있는 것처럼 불렀음을 아실 것입니다.

있는 것을 없는 것처럼 부른 것이라고 말할 수는 없습니다. 이것의 차이를 이해해야 합니다. 이 두 경우가 매우 다르다는 것을 아시겠습니까.

아브라함은 이렇게 말하고 다닌 것이 아닙니다. "나는 늙지 않았어. 난 늙지 않았어. 난 늙지 않았다니까."

만일 아브라함이 그렇게 말하고 다녔더라면 그는 거짓말을 한 셈입니다. 거짓을 말하는 것과 고백을 하는 것의 차이를 잘 모르는 사람들이 있습니다. 고백은 하나님의 말씀에 근거해서 말하는 것입니다. 어쩌면 하나님의 말씀에 근거해서 말하는 것이 세상에서는 거짓으로 받아들여질지도 모릅니다. 하지만 전능의 하나님께서 하신 말씀을 내 입으로 고백하는 것이 어찌 거짓일 수 있겠습니까?

제가 아는 어떤 분들이 아브라함의 시대에 살지 않은 것이 참 다행입니다. 그들이 아브라함의 시대에 살았더라면 그들은 아브라함의 믿음을 끌어내리기 위해 별 짓을 다했을 것입니다. 그들은 아마도 이렇게 말했을 것입니다. "자네가 칠리를 너무 먹었어, 자네가 들은 건 하나님의 말씀이 아니네. 아이를 갖기엔 너무 늙었다는 것을 자네는 모르나. 그저 꿈을 꾼 것이라네."

그러나 하나님께서는 믿음이 생기는 원리를 잘 아셨습니다. 그래서 아브라함이 열국의 아버지가 될 것이라는 고백을 하도록 하시려고 이름을 바꿔주셨습니다. 그는 자신의 이름을 부를 때마다 하나님의 말씀을 듣는 것이 되었습니다. 아브라함이라는 의미는 아브라함을 향한 하나님의 말씀이었으니까요. 하나님의 말씀을 들을 때마다 아브라함에겐 믿음이 더해졌습니다. 믿음은 들음에서 나지요.

아브라함에게도 믿음이 실재가 되기 위해서는 수년이 흘러야 했습니다. 정말 이것을 강조하고 싶습니다. 믿음이 하루아침에 높은 경지까지 개발되는 것은 아닙니다. 그렇게 빨리 되지는 않습니다. 시간이 필요하지요. 우리가 하나님의 원리를 배우고 익히는 데에는 항상 시간이 필요합니다.

주의해야 할 것이 있습니다. 믿음을 가르치는 세미나에 삼일만 다녀오면 놀랄만한 믿음의 사람이 될 것이라고 생각하는 사람들은 어려움에 빠지게 됩니다. 그들은 우리를 놀라게 합니다. "도대체 저 사람 왜 저래?" 그는 그의 정신이 점심먹으러 나가서 아직 돌아오지 않은 사람 같습니다. 세미나 참석 후 교회로 돌아가 믿음의 행위라고 말하면서 온갖 이상한 짓을 다합니다. 결국 담임목사님이 그로 인해 야기된 교회의 혼란을 수습해야 할 지경에 이릅니다. 그는 믿음의 가르침을 제대로 이해하지 못했던 것입니다.

아브라함은 자신이 늙었음을 부인하려고 "나는 늙지 않았어"라고 말하지는 않았습니다. 단지 하나님께서 부르신 대로 불러서 현실을 극복했습니다.

살펴보시면 아브라함은 약속을 받은 후 25년이 지나서야 비로소 약속의 열매를 얻게 되었음을 아실 것입니다. 하나님의 약속이 이삼일

내에 이루어질 것이라고 생각하면 실수를 저지르기 쉽습니다.

믿음이 자라는 데는 시간이 필요함을 기억하십시오. 오늘날 나의 모습은 과거에 내가 어떤 삶을 살았는지에 대한 결과입니다. 우리에 겐 상황을 바꿀 수 있는 능력이 있지만, 하루아침에 그렇게 할 수는 없습니다. 믿음에 대해서 하나님의 원리를 적용하는 법을 배워야 합니다.

저는 비행기 조종을 30년전에 배웠습니다. 제가 만일 이렇게 말할 수도 있겠지요. "흠, 저기 보잉 747비행기가 있군. 난 비행기를 조종할 줄 아니까, 저것도 조종할 수 있을 거야."

만일 제가 정말 그 비행기를 조종했더라면 저는 그대로 땅에 처박히고 말았을 것입니다. 제가 조종할 수 있는 비행기는 대형 747여객기가 아니라 경비행기입니다. 지금으로선 747 비행기의 조종은 제 능력 밖입니다.

어떤 사람은 자신의 믿음의 수준을 넘어서서 무언가를 하려고 합니다. 새 픽업트럭을 사서 그 짐칸에 요트를 싣는다면 어떻게 될까요? 아마도 그 차는 짜부라지고 말 것입니다. 요트를 픽업트럭 위에 실으면 픽업트럭은 반으로 갈라지고 말 것입니다. 그리고 픽업트럭이 전혀 쓸모가 없다고 말할 수 있겠습니까?

트럭은 문제가 없습니다. 다만, 그가 지나친 무게의 짐을 그 위에 얹었지요. 픽업트럭은 요트를 운반하기 위한 것이 아닙니다. 픽업트럭의 능력을 초과하는 일을 시킨 것입니다.

우리도 자칫 우리 믿음을 넘는 일을 하려 할 수 있습니다. 우리 믿음의 수준을 아는 방법을 익혀야 합니다. 믿음이 더욱 자라기까지는 현재 믿음의 수준에 머물러야 합니다.

하나님의 원리가 적용되는 삶을 살려면 연습을 해야 합니다. 일상생활에 적용해야 합니다. 하나님의 약속의 말씀이 우리의 입에 가깝고 우리에게 가깝다고 했습니다. 과감하게 그 약속의 말씀을 주장하십시오. 자신의 입으로 하나님의 말씀을 고백하심으로 믿음이 생기도록 하십시오. 믿음으로 말미암는 의라는 것은 바로 이렇게 하는 것입니다.

6
고백을 통해 믿음을 발전시켜야 합니다

 전기요금 같은 작은 금액의 청구서를 지불할 돈조차 믿음으로 구하는 것을 배우지 못한 사람이 큰 일을 하려고 한다면서 수백만달러를 믿음으로 구하려는 사람을 보았습니다. 믿음의 수준에 맞지 않는 큰 것을 구하는 사람이 있습니다. 고작 10불 정도를 구하는 믿음의 수준에 있는 사람이 백만달러를 구하는 것이지요. 우리 모두는 각자의 믿음의 수준에 맞춰서 믿음의 원리를 적용하는 법을 배워야 합니다.
 이 때문에 어떤 분들이 교회에 문제를 일으키는 경우가 있습니다. 예를 들어 어떤 분이 믿음의 말씀을 가르치는 세미나에 가서 "말하는 것은 무엇이든 가질 수 있다"라는 가르침을 듣게 됩니다. 그러나 이 가르침은 전체의 가르침의 일부에 불과합니다. 그럼에도 불구하고 그는 이 가르침만을 기억하고 3일 만에 모든 것을 알게된 것처럼 집에 돌아옵니다.
 그리고는 온갖 이상한 행동을 하면서 그것을 믿음의 행동이라고 말합니다. 결국 목사님이 나서서 문제를 해결하고 그로 인한 갈등을 봉합합니다. 그는 자신의 믿음의 수준에 맞지 않는 일에 나선 셈입니다. 마치 수영도 할 줄 모르는 사람이 물을 첨벙거려 옆사람에게 피해를 주는 것과 같습니다. 그가 출석하는 교회의 목사님은 그의 행동을 보고 믿음의 말씀에 대한 가르침을 좋지 않게 평가해버립니다.

각자의 수준에 맞는 믿음을 사용하십시오

믿음의 수준을 넘어선 지나친 행동을 하게 되면 언제나 문제가 생기게 됩니다.

우리의 믿음의 수준에 맞는 행동을 해야 합니다. 현재의 믿음보다 더 크게 자랄 수 있습니다. 매우 초보적인 이야기이지만 이것을 이해하면 도움을 얻게 될 사람이 많습니다. 건물을 세울 때 일층을 짓지 않고 이층부터 지을 수는 없지요.

현재의 믿음의 수준에서부터 출발하되 목적지를 확실히 알고 시작하십시오. 예수님께서 망대를 세우려는 사람은 시작하기 전에 먼저 비용을 계산해 본다고 말씀하셨습니다. 이 가르침은 믿음에 대해서도 좋은 교훈이 됩니다. 하지만 종종 고백하는 것의 비용을 계산해보지도 않고 믿음의 고백을 시작해서 실패하는 분도 많습니다.

제가 아는 어떤 분은 전문직업인이었는데 믿음의 고백에 대한 가르침을 받고 나서 자신의 직업과 관련한 고백을 시작했습니다. 마음에 드는 집을 찾았는데, 가격은 10만불 정도 되었습니다. 그 집을 얻기 위한 믿음의 고백을 시작했지요. 그 집을 사려고 한다는 고백을 하면서 믿음이 생기고 그 집을 향한 하나님의 말씀을 계속 고백했습니다.

결국 그 집을 살 수 있었습니다. 그 집을 사기 위해서는 대출을 받아야 했는데, 그는 대출을 담보할 재산이 없었으므로 대출을 받아 그 집을 살 수 있었던 것은 거의 기적에 가까운 일이었습니다. 그는 믿음을 붙들어 그 놀라운 일을 완성한 것입니다.

믿음으로 구했던 집을 사게 되자 이번엔 비행기를 놓고 기도하기 시작했습니다. 그리고 마침내 비행기도 살 수 있었습니다. 그러나 그 뒤엔 문제를 알게 되었습니다. 그에겐 집과 비행기를 유지할 고정적인 수입이 없었던 것입니다.

믿음의 삶을 평가절하하려고 이분의 예를 든 것이 아닙니다. 다른 분들도 이런 잘못을 저지르지 않게 하려고 이분의 예를 소개하는 것입니다. *종종 사람들은 그들이 믿음의 삶을 살고자 할 때 모든 상식을 내던져 버립니다.* 믿음을 원하는 어떤 것을 얻기 위해 사용할 목적으로만 개발시키지 마십시오. 우리 주변엔 우리를 어려움에 빠지도록 만드는 것들이 늘 있습니다.

믿음과 관련된 이런 것들에 대해서는 아무도 이야기하지 않습니다. 하지만, 이런 것들에 대해서도 이야기가 되어야 합니다. 그래야 우리들이 다시 어려움에 빠지지 않을 수 있게 됩니다. 우리가 얻고자 하는 것이 있다면 그것을 구하기 전에 미리 그것을 얻은 후에 유지할 수 있는 믿음도 같이 개발해야 합니다.

우리가 원하는 것을 믿음으로 구해서 얻을 수 있습니다. 그러나 먼저 그것을 얻은 후에 치러야 할 비용을 계산해 보십시오.

믿음으로 구한 것을 유지할 믿음을 같이 개발하지 않으면 그 결과로 인해 결국 믿음이 전혀 역사하지 않는다고 실망하게 되는 경우가 많습니다.

사실은 그의 믿음이 훌륭하게 역사했기 때문에 그가 어려움에 빠지게 된 것이지요. 구하는 것을 얻지 못했으면 유지할 어려움도 없었을 테니까요. 다만 믿음에 대해서 잘 알고 상식적으로 판단해서 유지할 믿음을 구하지 못한 잘못이 있었을 뿐입니다.

항상 비용을 먼저 계산하는 지혜를 가져야 합니다. 앞뒤를 잘 살핀 뒤에 행동하십시오.

믿음과 막연한 믿음

믿음과 무작정 믿는 것을 구별해야 합니다. 믿음을 가지되 상식을 사용해야 합니다. 무시해서는 안 됩니다. 믿음을 사용하려고 한다고 해서 *우리의 상식 또는 사업수완을 던져버리지 마십시오.*

제 세미나에 참석했던 어떤 분이 저를 찾아와서 이렇게 물었습니다.

"선생님은 믿음의 사람이고 또 농장을 경영하신다고 들어서 이렇게 찾아왔습니다. 궁금한 것이 있습니다. 선생님의 농장에서는 비료를 사용하시는지요?"

"물론입니다. 여러분들은 차에 휘발유를 넣지 않고 운행을 하시나요?"

누구든 어떤 것에 대해 잘 모르면 질문을 해야 합니다. 윌 로저스라는 분이 이런 말을 했지요. "모든 사람은 다 무식하다. 다만, 무식한 분야가 각각 다를 뿐이다." 이 사람들을 웃음거리로 만들려는 것이 아닙니다. 사람들이 믿음에 대해 잘못 생각하는 것이 무엇인가를 말씀드리려는 것입니다. 그들은 믿음으로 하나님을 기쁘시게 하려는 것입니다. 하지만 종종 그들의 열정이 지혜보다 앞서는 경우가 많습니다. *믿음을*

사용하려고 한다고 해서 우리의 상식 또는 사업수완을 던져버리지 마십시오. 사업수완을 가지고 믿음을 사용하십시오.

히브리서 11장 1절을 보십시오.

믿음은 바라는 것들의 실상이요 보지 못하는 것들의 증거니(히 11:1)

믿음을 대체할 수 있는 것은 없습니다

믿음없이 사업수완만을 가지고 성공하려 하면 큰 어려움을 겪게 되겠지요. 그 반대의 경우 즉 믿음만을 가지고 사업수완을 무시한 채 성공하려고 해도 마찬가지로 문제에 부딪히게 될 것입니다. 결코 사업수완만을 가지고 사업을 시작하지 마십시오. 날마다 많은 사람들이 사업수완만을 가지고 사업을 시작했다가 실패하고 있습니다. 그들의 말은 늘 부정적입니다. 부정적인 소식만 가득한 저녁 10시 뉴스에서 보고 들은 것을 그대로 인용합니다.

우리가 하고 있는 일에 믿음을 화합해야 합니다. 믿음을 화합하는 것을 실천해야 합니다(시편 1:3).

저와 평소에 자주 전화통화를 하던 분이 어느 날 전화를 해서 이렇게 물었습니다. "캡스형제님, 재정적인 어려움에서 벗어나기 위해 말씀이 가르치는 대로 고백을 계속하고 있는데, 왜 이 고백이 역사하지 않는지 모르겠어요."

그 사람의 이야기 중에서 "왜 역사하지 않는지"라는 말을 통해 보건데, 그 사람은 자신의 고백이 역사하지 않는다고 믿고 있음을 알 수 있습니다. 그는 믿음을 잃어버리고 주변환경을 계속 바라보고 있었던 것입니다. 믿음은 자신의 고백이 반드시 역사할 것을 믿고 고백을 굳게 붙드는 것입니다.

그 사람이 계속 말했습니다. "제가 성경에 근거한 고백을 다했거든요. 이젠 무엇을 해야 할지 모르겠어요."

제가 대답했습니다. "하고 있는 고백을 계속하세요. 아직 판단하기는 일러요. 계속 고백하세요. 하루아침에 고백의 열매가 맺혀지는 것이 아닙니다. 변화하는 데는 시간이 걸린답니다."

그가 한달 뒤에 다시 전화를 걸어왔습니다. "아직도 역사하질 않아서…"

마침내 제가 이렇게 말했습니다. "당신의 입이 문제랍니다. 당신의 부정적인 말이 열매 맺는 것을 막고 있어요. 하나님께서 역사한다고 하시는데 당신은 역사하지 않는다고 말하고 있군요."

하나님의 말씀, 당신의 믿음 그리고 시간이 필요합니다

일 년쯤 지난 후에 그 사람을 만났는데, 그가 이렇게 말하더군요. "하나님께 영광을 돌립니다. 하나님의 말씀이 역사하네요."

하나님의 말씀은 계속 역사하고 있었습니다. 다만 우리 눈에 보이는 열매를 맺기까지 시간이 필요했을 뿐입니다.

많은 분들이 무엇이든 개발되는 데는 시간이 필요하다는 것을 알지 못해서 실패합니다. 무엇이든 바뀌는 데는 시간이 필요합니다. 15년 동안이나 부정적인 생활을 해온 사람이 며칠만에 바뀔 수는 없지요.

영적인 일도 준비하는 과정이 필요합니다. 하나님께서도 예수님을 이 땅에 보내시기 750년 전에 이사야 선지자를 통해 예수님이 오실 것을 말하도록 했습니다. 하나님께서는 그 일을 750년 전부터 준비하셨던 것입니다. 그런데 우리는 하루아침에 열매를 거두고 싶어 합니다.

알아야 합니다

제가 처음 믿음의 고백에 대한 가르침을 접했을 때 이렇게 말했습니다. "그런 말씀이 성경에 있었는지 전혀 몰랐어요."

정말 누구에게서도 그런 가르침을 들어본 적이 없었습니다. 우리가 고백하는 것을 갖게 될 것이라고 예수님께서 말씀하셨다는 것을 전혀 알지 못했습니다. 이런 생각을 했습니다. "그 가르침이 사실이라면 벌써 교회에서 가르쳤을텐데?"

그런데 내가 속한 교회에서는 믿음의 고백에 대해서 전혀 알지 못했습니다. 제가 가르침을 받고 확인하기 위해 성경을 살폈는데 모두 성경에 있는 말씀이었고 예수님께서 실제로 그렇게 가르치셨음을 알 수 있었습니다.

> 예수께서 대답하여 저희에게 이르시되 하나님을 믿으라 내가 진실로 너희에게 이르노니 누구든지 이 산더러 들리어 바다에 던지우라 하며 그 말하는 것이 이룰 줄 믿고 마음에 의심치 아니하면 그대로 되리라 그러므로 내가 너희에게 말하노니 무엇이든지 기도하고 구하는 것은 받은 줄로 믿으라 그리하면 너희에게 그대로 되리라(막 11:22-24)

고백하고 믿으면 반드시 열매가 맺힙니다

본문 말씀 중 "말하는 사람은 누구든지(whosoever shall say)"라는 단어에 유의하십시오. 사람들에게 이 본문 말씀에서 어떤 사람이 이런 일을 행할 수 있다고 말하는지를 물어본다면 대개의 경우 '누구든지' 기적을 행할 수 있다는 말씀이라고 대답할 것입니다.

그렇지 않습니다. '누구든지' 할 수 있는 것이 아닙니다. 담대하게 말하는 사람이라면 누구든지가 정확합니다. 말씀을 좀 더 자세히 보시면 **"담대하게 고백하고, 의심하지 않으며, 자신이 말한 것은 받게 될 것을 믿는 사람은 누구든지"**가 정확한 의미입니다.

산에 대하여 말한 것을 믿는 것만을 말하고 있는 것인가요? 아닙니다. 말한 것이 무엇이든지 믿으라고 말하고 있습니다. 말한 것이 이루어지려면 그것이 무엇이든 믿어야 한다는 것입니다. 다시 말하면 우리가 말하는 것에 믿음을 풀어 놓아야 합니다.

본문 말씀 중 제가 오랫동안 제대로 이해하지 못했던 부분이 있었습니다. 여러 사람으로부터 이 구절에 대한 가르침을 들었음에도 어느 날 본문 말씀을 읽던 중에 갑자기 눈에 띈 구절이 있었습니다. "그가 말한 것이 그대로 되리라"는 구절이었습니다. "…그가 말한 그것…"

이 구절에는 그저 우리 앞에 놓인 산 즉 우리가 처한 어려운 상황에 대해서 말하는 것 이상의 의미를 가지고 있다는 것을 알게 되었습니다. 우리는 자신의 말에 대한 믿음을 개발해야 우리가 날마다 고백하는 것이 무엇이든 반드시 이루어진다는 것을 믿을 수 있습니다.

그렇게 하기 위한 유일한 방법은 이루어지기를 원하는 것만을 말해야 합니다. 원치 않는 것을 말해서는 안 됩니다. 원치 않는 것을 고백해서는 안 됩니다. 그러나 우리는 일어나기를 원치 않는 것을 자주 말하곤 합니다. 이렇게 하기 때문에 우리는 자신이 말하는 것에 대해서도 믿기 어렵게 되어버렸습니다.

예를 들어 만일 예수님께서 우리들의 교회에 오셔서 예배드리는 모든 사람을 만져주시면서 "내가 만지는 사람은 누구든지 그가 말한 그대로 그에게 이루어질 것이다"라고 하셨다고 합시다. 그러면 우리 언어가 달라질 수 있을까요?

만일 예수님이 그렇게 하셨다면 교회에 모인 사람들 중 절반은 펄쩍뛰면서 "이야! 좋아 죽겠네"라고 말해버릴 것입니다. 그리고 수주 동안 장례식이 이어지겠지요.

우리는 오랫동안 부정적인 언어생활에 젖어왔습니다. 우리의 언어 중 대부분은 부정적인 것들입니다. 우리의 일상생활의 언어는 사단에게 영향을 받았습니다. 사단은 우리가 언어에 믿음을 풀어놓지 못하게 하려고 그렇게 한 것입니다.

예수님께서 말씀하셨습니다. 누구든지 고백하고 믿고 마음에 의심하지 않으며, 말한 대로 이루어질 줄 믿으면 말한 것을 얻을 것이다.

우리의 말이 언제나 정직하고 믿을 만한 것이어야 합니다

우리가 말한 것이 그대로 이루어질 것이라고 믿을 수 있기까지는 시간이 걸릴 것입니다. 하루아침에 그렇게 되지는 않을 것입니다. 왜냐하면 길고 긴 시간 동안 어리석고 왜곡된 언어를 사용해 왔기 때문입니다.

이런 말을 해왔을 것입니다. "이 음식은 먹을 때마다 체한단 말이야." "너무 좋아 죽을 것 같아." "우스워서 죽는 줄 알았어." "정말 가고 싶어 죽겠어." "못하게 하면 죽어버릴거야." "죽은 것처럼 꼼짝할 수 없어." "발이 아파 죽겠어." "엄청나게 비싸서 내 팔과 다리를 줘도 못살거야." 아마도 이런 말이 실제로 이루어지도록 하는 믿음이 더해지지 않는 것이 좋을 것입니다.

어떻게 해서 이런 부정적인 말들이 우리 대화중에 가득하게 되었을까요? 사단이 그렇게 한 것입니다. 사단은 늘 그런 일을 합니다. 우리의 말을 왜곡시켜 우리의 말이 우리를 위해 사용되기보다 우리를 공격하는 데 사용되도록 하지요. 위의 말들은 우리의 말에 믿음이 담겨지지 못하도록 하는 말들입니다.

우리의 말 속에 믿음이 풀어져 나가도록 말하는 방법을 배워야 합니다. 우리의 말은 간단해야 하며 진실을 담아야 합니다. 예수님께서 그 방법을 가르쳐 주셨습니다.

> 오직 너희 말은 옳다 옳다, 아니라 아니라 하라 이에서 지나는 것은 악으로 좇아 나느니라 (마 5:37)

> 너희는 예라는 답을 하려고 할 때 그저 예라고만 말하고 아니오라는 말을 하려고 할 때에는 그저 아니오라고 말하여라 이보다 지나친 것은 악에서 나오는 것이다 (마 5:37, 확대번역본)

사도 바울도 고린도후서 1장 17-20절에서 같은 것을 말했습니다.

> 이렇게 경영할 때에 어찌 경홀히 하였으리요 혹 경영하기를 육체를 좇아 경영하여 예 예 하고 아니 아니라 하는 일이 내게 있었겠느냐 하나님은 미쁘시니라 우리가 너희에게 한 말은 예 하고 아니라 함이 없노라 우리 곧 나와 실루아노와 디모데로 말미암아 너희 가운데 전파된 하나님의 아들 예수 그리스도는 예 하고 아니라 함이 되지 아니하였으니 저에게는 예만 되었느니라 하나님의 약속은 얼마든지 그리스도 안에서 예가 되니 그런즉 그로 말미암아 우리가 아멘하여 하나님께 영광을 돌리게 되느니라

우리의 말이나 일상대화의 내용을 잘 살펴서 깨끗하게 해야 합니다. 그렇게 할 때 우리는 우리의 말에 믿음을 풀어놓을 수 있습니다. 하나님께서 말씀속에 믿음을 풀어놓으신 것처럼 말입니다.

믿음을 잘 개발하면 할수록 그 열매도 더욱 신속히 나타나게 될 것입니다. 사람들이 이런 말을 하는 것을 들어본 적이 있습니다. "저는 하나님의 말씀을 고백했습니다. 우리에게 풍성함과 부족함이 없음을 고백했습니다. 그리고 제가 가진 것을 남에게 주면서 하나님의 말씀대로 내가 후히 되어 남에게 주었으니 누르고 흔들어 넘치도록 하여 받게될 것을 고백했지요. 이런 고백이 열매로 나타나기까지는 몇 주, 길면 몇 달이 걸리기도 했습니다. 그런데 믿음의 고백이 아닌 부정적인 말을 고백해보니 단 한 마디만 했는데 불과 하룻밤 사이에 즉시 그 열매를 얻게 되더군요."

왜 그런지 아십니까? 우리들은 긍정적인 믿음의 말보다는 부정적인 일들에 대해서 훨씬 잘 개발되어 있기 때문입니다.

믿음은 들음에서 납니다. 그러므로 우리의 귀가 부정적인 말을 듣고 행하는 것을 오랫동안 행했다면, 당연하게도 그런 부정적인 것에 더욱 잘 개발되었을 수밖에 없지요.

입에 파수꾼을 세우세요

부정적인 말을 하던 분이 긍정적인 말을 하고, 또 하나님의 말씀과 일치되는 말을 하기 시작해도 긍정적인 말이 그의 마음에 심어지기까지는 시간이 걸립니다. 긍적적인 고백의 열매가 삶에서 나타나기까지는 몇 주일 또는 몇 개월의 시간이 필요합니다. 그리고 열매를 맺는데 방해가 되는 종류의 말들은 아예 한 마디도 하지 않도록 해야 합니다. 이런 말들은 우리로 하여금 자신의 말에 믿음을 싣지 못하도록 합니다. 우리의 말을 약하게 해서 우리 고백이 역사할 수 있게 하는 긍정적인 믿음이 생기지 못하도록 방해합니다.

아래의 욥의 말은 우리에게 큰 깨달음을 줍니다.

> 나의 두려워하는 그것이 내게 임하고 나의 무서워하는 그것이 내 몸에 미쳤구나(욥 3:25)

욥은 단지 한두 번 두려워했던 것이 아니었습니다. 그는 두려움을 갖는 것에 매우 익숙해진 사람이었습니다. "나의 두려워하는 것이"라는 표현을 보면 짐작할 수 있습니다. 마치 마귀를 부인하듯 두려움을 부인해야 합니다. 하나님의 말씀의 원리를 따라 살아가는 것을 배워야 합니다. 하룻밤 사이에 긍정적인 믿음이 충분히 잘 개발될 수는 없겠지만, 긍정적인 믿음은 연습으로 개발됩니다. 계속 연습한다면 마침내 긍정적인 고백을 하는 사람이 될 수 있을 것이고, 우리의 인생의 길이 바뀌게 될 것입니다. 한두 번의 고백만으로는 당장 열매를 맺기엔 부족하지만, 그 고백은 반드시 믿음을 가져오고 또 고백하는 것에 대한 믿음을 풀어놓게 된다는 것을 잊지 마십시오.

하나님의 말씀에 완전히 설득되어야 합니다

아브라함처럼 우리도 완전히 설득될 수 있습니다. 성경은 아브라함이 … **하나님께서는 약속하신 그것을 또한 능히 이루실 줄을 확신하였다**"(롬 4:21)고 말합니다. 아브라함이 확신할 수 있었던 비결은 무엇일까요? 그는 틀림없이 그저 마귀의 말을 고백하거나 세상이 말하는 대로 말하거나 환경이 보여주는 대로 아무 생각없이 말하지 않았을 것입니다.

하나님의 말씀에 완전히 설득될 수 있었던 비결은 아마도 하나님의 말을 그의 입에 두는 것에 있었을 것입니다. 그렇게 하는 것이 여호수아 1장 8절에서 하나님께서 여호수아에게 말씀하셨던 방법입니다. 그리고 신명기 28장에서도 우리가 잘 알고 있는 것이지만, 하나님께서 이스라엘 백성들에게 어떻게 하나님의 약속에 들어올 수 있는지를 가르쳐주신 예를 찾아볼 수 있습니다.

> 네가 네 하나님 여호와의 말씀을 삼가 듣고 내가 오늘날 네게 명하는 그 모든 명령을 지켜 행하면 네 하나님 여호와께서 너를 세계 모든 민족 위에 뛰어나게 하실 것이라 네가 네 하나님 여호와의 말씀을 순종하면 이 모든 복이 네게 임하며 네게 미치리니 성읍에서도 복을 받고 들에서도 복을 받을 것이며 네 몸의 소생과 네 토지의 소산과 네 짐승의 새끼와 우양의 새끼가 복을 받을 것이며 네 광주리와 떡반죽 그릇이 복을 받을 것이며 네가 들어와도 복을 받고 나가도 복을 받을 것이니라(신 28:1-6)

순종하는 마음으로 선포하기

하나님의 이 약속은 조건부 약속이었습니다. 1절에서 **"… 하나님의 말씀을 삼가(부지런히) 듣고…그의 명령을 지키면…"**(신 28:1) 여기서 말하는 **하나님의 말씀**은 성경 말씀을 말합니다. 이 말씀을 읽을 때에 특히 주의를 기울여서 보아야 할 단어가 있습니다.

제가 이 말씀을 연구할 때 주님께서 이런 말씀을 하셨습니다.

" '듣고'라는 단어의 원어적인 의미를 자세히 알아 보아라."

저는 이미 그 뜻을 잘 알고 있다고 생각했지만, 다시 한번 '듣고'라는 말을 살펴보았습니다. 그 결과 제가 알게 된 것은 이것입니다. '듣고'라는 말은 '잘 분별해서, 순종하는 마음으로 또는 선포함으로' 라는 의미가 담겨 있었습니다.

또한 주님께서 '삼가'라는 말의 의미도 살펴보라고 하셨습니다. 저는 그 단어의 의미가 '부지런히'라는 의미임을 알고 있었지만, 살펴보니 삼가라는 말은 놀랍게도 단지 '부지런히'라는 의미뿐 아니라 '완전히, 온전히, 깊이, 빨리 그리고 더욱 큰 소리로' 라는 의미로 사용될 수 있는 말이었습니다.

이런 의미를 살려보면 신명기 말씀은 이렇게 풀이할 수 있을 것입니다.

"만일 하나님의 말씀을 잘 분별해서 순종하는 마음으로 완전히, 온전히, 깊이, 빨리 그리고 아주 큰 목소리로 듣고 그의 명령을 지키면, 이 모든 복이 네게 임하며 네게 미치리라."

이 신명기 말씀은 여호수아에게 주셨던 말씀과 아주 흡사합니다.

하나님께서 말씀하십니다. "내가 네게 말한 것을 선포해라. 내 말을 잘 분별해서 듣고, 온전하게, 완전하게, 멀리 빠르게, 그리고 큰 목소리로 더욱 큰 목소리로 선포해라."

하나님께서 원하셨던 것은 그분의 말씀을 입에서 떠나지 않게 하라는 것이었습니다. **"너희가 이렇게 하면 이 모든 복이 네게 임하며 네게 미치리라"**고 하나님께서 말씀하셨습니다.

하룻밤 사이에 되는 일은 아닙니다. 다만 먼저 이 말씀에 따라 행하면, 복이 뒤따라 올 것입니다.

그리고 하나님께서는 온갖 저주에 대해서도 말씀하십니다. 이 저주는 불순종하는 자들만을 위한 것입니다. 믿음의 고백이 왜 중요합니까? 우리 믿음의 힘은 마음으로부터 나옵니다. 하나님께서 이스라엘 백성들에게 어떻게 축복을 받기 위한 마음의 믿음을 개발할 수 있는지를 말씀하셨습니다. 그 비결은 하나님의 약속의 말씀이 우리 마음에 심어질 때까지 그것을 고백하는 것입니다.

> 예수 그리스도의 종과 사도인 시몬 베드로는 우리 하나님과 구주 예수 그리스도의 의를 힘입어 동일하게 보배로운 믿음을 우리와 같이 받은 자들에게 편지하노니(벧후 1:1)

이 편지의 수신인은 우리처럼 보배로운 믿음을 가진 자들임에 유의하십시오. 베드로는 지금 이 시대의 우리와 같은 거듭난 그리스도인들에게 말하고 있는 것입니다.

> 하나님과 우리 주 예수를 앎으로 은혜와 평강이 너희에게 더욱 많을지어다(벧후 1:2)

하나님의 은혜가 배가됨

은혜는 하나님께서 우리를 위해 자신의 힘과 능력을 사용하시겠다는 적극적인 의향입니다. 이 은혜는 하나님을 잘 알면 알수록 배가됩니다. 하나님께서 무엇을 하시는 분인지에 대해 많이 알면 알수록 그분의 은혜를, 즉 그분께서 우리를 위해 무엇을 적극적으로 해주시려는 마음을 더욱 받게 된다는 것이지요. 하나님은 언제나 은혜를 주시기를 원하시지만 하나님에 대한 지식만큼만 믿음을 가질 수 있습니다. 그러므로 하나님에 대한 지식을 갖게 되면 이로 인해 하나님께서 우리를 위해 자신의 힘과 능력을 사용하시겠다는 적극적인 의향도 배가될 것입니다.

> 그의 신기한 능력으로 생명과 경건에 속한 모든 것을 우리에게 주셨으니 이는 자기의 영광과 덕으로써 우리를 부르신 자를 앎으로 말미암음이라(벧후 1:3)

하나님을 아는 것

하나님께서 어떻게 우리에게 생명과 경건에 속한 모든 것을 주셨습니까? 그분을 앎으로 말미암은 것입니다. 무엇이든 그것에 대한 지식이 없다면, 그것을 믿을 수 없습니다. 약속에 대한 지식이 있으면 그 약속에 대한 믿음도 어느 정도 가질 수 있게 됩니다. 만일 우리가 그 약속을 입으로 말하면 그 특정한 약속에 대한 믿음도 자라게 될 것입니다.

베드로가 **"그의 신기한 능력으로…"**라고 말했습니다.

하나님께서는 그것을 우리에게 주실 때 그의 신기한 능력을 사용하셨습니다. 기쁜 소식은 하나님의 말씀은 하나님의 능력이라는 것입니다. 바울이 이렇게 말했습니다. **"그리스도의 복음은…하나님의 능력이 됨이니라…"**(롬 1:16) 하나님께서는 하나님의 신기한 말씀을 통해 하나님의 신기한 약속을 보내십니다. 다시 말씀드리면, 하나님께서는 어떤 것이든 약속을 통해 주십니다. 이미 우리에게 주셨다고 말씀하신 것에 유의하십시오. 주시겠다고 하신 것이 아니라 이미 주셨습니다.

이로써 그 보배롭고 지극히 큰 약속을 우리에게 주사 이 약속으로 말미암아 너희로 정욕을 인하여 세상에서 썩어질 것을 피하여 신의 성품에 참예하는 자가 되게 하려 하셨으니(벧후 1:4)

하나님의 신기한 힘

"이로써"라는 단어의 의미는 "이것을 통하여", "이런 방법으로"라는 의미입니다. 그러므로 위의 말씀을 "이런 보배로운 약속을 주시는 방법을 사용하셔서"라고 말할 수 있습니다.

우리가 하나님의 약속을 날마다 고백함으로 그 말씀을 붙들기 시작하면 이렇게 말하는 사람들을 만나게 됩니다. "당신은 하나님께서 하신 말씀을 그대로 말하고 다니는 것을 보니, 스스로를 하나님이라고 생각하고 있는 것이 틀림없군."

아니요, 저는 하나님이 아닙니다. 다만, 그의 신의 성품에 참여한 자입니다. 하나님의 신기한 능력은 이미 우리에게 주어졌습니다. 하나님의 능력은 하나님의 말씀 안에 있습니다. 하나님께서는 **말씀으로 만물을 붙드십니다**(히 1:3).

하나님께서는 말씀으로 만물을 창조하셨습니다. 하나님의 신기한 능력은 말씀 안에 있습니다. 하나님의 신기한 능력으로 이 모든 것을 이미 우리에게 주셨습니다. 하나님의 신기한 능력은 하나님의 말씀입니다. 4절이 이것을 확인해줍니다. **이로써 그 보배롭고 지극히 큰 약속을 우리에게 주사…**. 하나님의 약속이 실현되도록 하는 씨앗은 바로 하나님의 약속 안에 있습니다.

하나님의 신기한 능력은 우리에게 약속을 주셨습니다. 그것은 하나님의 말씀입니다. 여기서 **"능력"**이란 단어는 헬라어로 "듀나미스 (dunamis)"입니다. 영어 단어 다이나마이트(폭탄)나 다이나모(발전소)는 모두 이 단어에서 유래되었습니다.

그러므로 하나님의 말씀을 풀이해 보면 이렇습니다. 하나님께서 우리에게 발전소를 주셨는데 이 발전소는 영적인 힘을 생산합니다. 이 영적인 힘은 하나님께서 우리에게 주신 약속을 소유할 수 있도록 합니다. 이 하나님의 능력 – 스스로 힘을 만들어내는 능력, 스스로 힘을 재생산하는 능력 – 을 통해 우리가 하나님의 약속을 소유할 수 있습니다.

기억하십니까? **"믿음은 바라는 것들의 실상이요 보이지 않는 것들의 증거"**(히 11:1)입니다.

믿음은 실상입니다. 믿음은 바라는 것들이 실재가 되도록 하는 영적인 힘을 가져옵니다. 이 힘은 하나님의 말씀에서 나옵니다. 하나님의 이 약속을 통해 하나님의 생명과 경건에 속한 모든 것을 우리에게 주셨습니다(벧후 1:3).

기억해야 할 것은 하나님의 약속에 대한 지식이 있어야 합니다. 하나님께서 무엇을 주셨는지에 대한 지식을 얻은 후에 그 약속대로 행할 결단이 필요합니다.

입으로 말씀을 고백하면 마음의 힘이 배가됩니다

바울은 우리에게 이것이 어떻게 이루어지는지에 대한 통찰력을 줍니다.

믿음으로 밀미암는 의는 이같이 말하되…(롬 10:6)
말씀이 네게 가까와 네 입에 있으며 네 마음에 있다 하였으니(롬 10:8)

하나님의 약속은 우리 입에 있으며 우리 마음에 있습니다. 우리는 하나님의 약속의 말씀을 고백합니다. 고백하면 우리의 내이(inner ear)를 통해 우리의 마음(영)으로 전달됩니다.

마음에 전달된 후엔 다시 입으로 고백하게 됩니다. 다시 고백하면 마음속에서 더욱 강해지고 마음속에서 더욱 강해지면 입에서 다시 더욱 강해집니다. 입에 있고 마음에 있으며 마음에 있고 입에 있는 것이지요.

이 과정이 반복될 때마다 더욱 힘이 강화됩니다. 하나님의 말씀은 <u>스스로 힘을 만들며, 스스로 힘을 재생산해내는 발전소와 같습니다</u>. 이 발전소에서 믿음을 만드는데, 하나님의 신기한 능력인 이 믿음은 우리 삶에서 마주치는 산과 같은 어려움을 제거합니다.

중요한 것은 긍정적인 말씀을 계속 고백하는 것입니다. 성급하게 마가복음 11장 23절을 적용해서 "예수님께서 무엇이든 말하는 것을 얻을 수 있다고 하셨으니 내가 말하는 것은 뭐든 얻게 될거야"라고 말할 수는 없습니다.

마가복음 11장 23절만이 성경의 전부는 아닙니다. 성경의 다른 구절들도 같이 봐야 합니다. 마가복음 11장 25절도 그 중 하나입니다. **"서서 기도할 때에…용서하라."** 용서하지 않으면 그로 인한 죄책으로 인해 믿음의 역사가 닫혀버리고 말 것입니다.

영적인 심장마비

어떤 분들은 다른 사람들과 다투면서도 왜 자신의 믿음이 역사하지 않는지 의아해 합니다. *그들의 마음이 그들을 정죄하고 있는 것입니*

다. 그들은 영적인 심장마비를 겪고 있습니다. 그들의 마음이 그들을 정죄하므로 그들의 마음 안에서 믿음이 역사할 수 없습니다. 그들의 마음은 그가 하나님의 말씀을 온전히 순종하지 않는 것에 대해 스스로를 정죄하는 것입니다.

죄를 짓고 있는 것을 알면서도 자신의 기도가 응답되지 않는 것을 이상하게 생각하는 사람들도 있습니다.

우리 마음이 혹 우리를 책망할 일이 있거든 하물며 우리 마음보다 크시고 모든 것을 아시는 하나님일까 보냐 사랑하는 자들아 만일 우리 마음이 우리를 책망할 것이 없으면 하나님 앞에서 담대함을 얻고 무엇이든지 구하는 바를 그에게 받나니 이는 우리가 그의 계명들을 지키고 그 앞에서 기뻐하시는 것을 행함이라(요일 3:20-22)

하나님의 말씀 중에서 특정한 말씀에만 의지해서 살고, 나머지 말씀은 무시하려는 분들이 있습니다. 우리는 하나님의 모든 말씀으로 살아야 합니다. 정신 나간듯한 행동을 하면서 그것을 믿음의 행동이라고 주장하시는 분이 있습니다.

어느 날 한 여인이 목사님을 찾아와 이렇게 말했습니다. "목사님, 저와 합심해 주세요. 그냥 합심해 주시면 되요. 이 사람이 저와 결혼하게 될 것이라는 제 의견에 합심해 주세요."

"잠깐만요. 밑도 끝도 없이 그렇게 말씀하지 마시고 좀 더 자세히 말씀해보시지요."

"저와 합심해 주셔야 해요. 성경에 두사람이 합심하여 기도하면 이루어진다고 하고 있잖아요."

"그런데 그 남자는 자매님과 결혼하기를 원하고 있나요?"

"꼭 말씀드려야 되나요?"

"뭔지도 모르고 자매님과 합심할 수는 없지 않나요?"

"사실 그 남자분은 유부남입니다. 하지만 목사님이 저와 합심해서 기도해주시면 저는 그 남자와 결혼하게 될 것을 믿어요."

이렇게 터무니없는 생각을 하는 분들이 있다는 것이 믿기지 않을 것입니다. 그들은 자신의 마음으로부터 정죄받고 있습니다. 그녀가 합심해달라고 부탁했던 것의 내용은 하나님의 말씀을 거스르는 죄 된 일이니까요. 한 가정의 남편과 결혼하기 위해 그 가정을 깨어달라고 하나님께 기도하는 것에 믿음을 사용할 수 있을까요? 그들이 심은 것은 단지 무식함이나 이기심이었을 것입니다. 예상외로 이런 부류의 사람들이 많습니다. 그러므로 하나님께서 내 백성이 지식이 없으므로 망한다고 하셨습니다.

하나님의 뜻은 하나님의 말씀과 일치합니다

하나님께서 이미 우리에게 주신 것들을 받는 방법은 약속을 통해 얻는 것입니다. 마가복음 11장 23절 말씀에서 우리가 원하는 것을 말함으로 얻을 수 있다고 하셨지만, 그렇다고 해서 단지 "나는 9백만 달러짜리 유정(oil well)을 가지고 있다"라고 말함으로 그것을 얻을 수는 없지요.

마음으로 믿고, 의심하지 않으며, 말하는 것을 얻을 수 있다는 것을 믿으면 하나님의 원리는 언제나 역사합니다. 그러나 하나님의 약속이 없다면 이 원리는 역사하지 않습니다. 하나님의 약속이 없다면 우리가 말하는 것에 대한 믿음을 가질 수 없습니다.

그저 영향력 있는 사람이 되기 위한 목적으로 유정을 얻기 위해 믿음을 사용한다면, 그 믿음은 곧 정죄를 받아 사그라지고 말 것입니다.

그리고 우리가 번영하는 것에 대해서 못마땅해 하며, 하나님께서 약속하신 것을 얻기 위해 하나님의 말씀을 사용하는 것을 반대하는 사람들이 있습니다. 그들은 우리를 반대하며 말하기를 하나님께서 원하시지 않는데도 우리들이 언제나 무언가를 얻고자 한다고 말합니다.

그러나 믿음에는 한 가지 법이 내재되어 있습니다. 즉 믿음에는 그것의 균형을 잡는 무언가가 있습니다. 예수님께서 그것을 요한복음 15장 말씀을 통해 알려주셨습니다.

> 너희가 내 안에 거하고 내 말이 너희 안에 거하면 무엇이든지 원하는 대로 구하라 그리하면 이루리라(요 15:7)

이렇게 말씀하시는 분이 있습니다. "그것이 옳다고 할 수 없습니다. 하나님께 달려 있는 것이니까요. 자기가 원하는 것을 마냥 구할 수는 없지요. 내가 구하는 것이 하나님의 뜻이 아니면 어쩔겁니까?"

하나님의 뜻은 무엇입니까? 하나님의 뜻은 성경 말씀과 일치합니다. 하나님의 말씀이야말로 하나님의 온전한 뜻입니다.

믿음의 법칙에는 스스로 균형을 잡는 기능이 있습니다

하나님의 말씀이 너희 안에 거한다면, 그것은 곧 하나님의 뜻이 너희 안에 거한다는 뜻입니다. 문제는 많은 분들이 하나님의 말씀을 버린다는 것입니다. 하나님의 말씀을 버리고는 자신의 생각대로 행합니다. 앞서 말씀드린 것처럼 이미 가정을 이루어 살고 있는 남자와 결혼하려고 믿음을 사용하려는 여인이 좋은 예입니다. 그녀의 생각은 단지 자신의 생각이었습니다. 그녀는 하나님의 뜻을 거스르는데 믿음을 사용하려고 한 것입니다. 악한 것을 구하는 일에 믿음을 주시겠다는 하나님의 약속은 성경 어디에서도 찾아볼 수 없습니다. 하나님께서는 사단과 협력하실 수 없습니다. 또한 그런 일에 합심하라는 성경적인 근거는 없습니다. 악한 일에 성경적 믿음이 뒤따라갈 수 없지요.

믿음의 법칙에 내재된 균형은 이것입니다. 우리의 마음(양심)이 정죄하는 것에는 성경적인 믿음이 따라갈 수 없습니다. 그러므로 그런 일은 곧 끝나버리고 맙니다.

하나님께서는 우리가 선행을 하려고 하면 우리의 기도가 응답될 것이라고 하지 않으셨습니다. 그러므로 하나님을 기쁘시게 하면 우리의 기도가 응답되리라는 생각을 하지 않도록 주의하십시오. 그것은 단지 선행일 뿐이며, 믿음이라고 말할 수는 없습니다.

하나님의 뜻에 온전하게 행하는 것은 우리가 선한 양심을 가질 수 있도록 해줍니다. 바울은 이렇게 말했습니다. **깨끗한 양심에 믿음의 비밀을 가진 자라야 할지니**(딤전 3:9).

다른 여인의 남편을 빼앗는 것을 기도하면서 어느 누가 깨끗한 양심으로 그 기도를 위해 필요한 믿음을 가질 수 있겠으며 또 합심할 수 있겠습니까? 다른 사람의 지갑을 주워서 그 안에 있는 돈으로 자신의 필요를 채울 수 있기를 믿고 고백한다면, 깨끗한 양심을 가졌다고 말할 수 있겠습니까? 그런 생각은 마음에 정죄를 가져옵니다. 마치 영적 심장바미가 오는 것과 같습니다. 하나님께서는 나의 이런 기도에 마음을 합하실 수 없을 거란 생각이 들 것이며, 그러면 우리의 마음이 우리의 고백을 공격하게 됩니다.

하나님께서 원치 않으시는 것조차도 오직 믿음만 있으면 우리가 원하는 것을 얻을 수 있다는 생각은 이런 점에서 근거 없는 생각일 뿐입니다. 깨끗한 양심을 통해서만 믿음을 갖게 된다는 것 – 이것이 믿음이 가진 자체적인 점검 기능입니다.

요한복음 15장 7절에서 하나님의 뜻을 알 수 있습니다. 만일 내 말(하나님의 말씀)이 너희 안에 있다면, 하나님의 뜻이 너희 안에 있다는 것과 같은 의미가 될 것입니다. 무엇인가를 얻기 위해 고백하고 믿기 전에 그것이 하나님의 뜻인가를 반드시 먼저 살피십시오. 성경적인 약속 위에 우리의 고백을 두어야 합니다. 우리가 고백하는 것이 하나님께서 약속하신 것이라면 그것은 하나님의 뜻을 우리 입에 두는 것과 같은 것입니다.

성경적인 근거가 없는 것에 대해 믿음의 고백을 하는 것은 소용이 없습니다. 약속을 소유할 수 있도록 하는 믿음과 하늘의 힘은 하나님의 약속 안에 있기 때문입니다. 이렇기 때문에 하나님의 말씀에 근거를 둔 고백만이 결과를 얻는 것입니다. 이것은 누군가 말한 것처럼 그저 기계적으로 작동하는 것이 아닙니다. 영적인 작용이며, 하나님께서 설계하신 방법입니다. 하나님의 말씀과 우리의 말이 합력하여 약속이 우리 삶에서 이루어지도록 하는 것입니다. 우리가 행하면 그 결과를 얻지만, 우리가 할 일을 행하지 않으면 결과도 없습니다.

하나님께서 베드로를 통해 생명과 경건에 속한 '모든 것'을 우리에게 주셨다고 하셨는데요. 이것을 주실 때 지극히 보배롭고 큰 약속을 통해 우리에게 주셨습니다(벧후 1:3-4). 베드로서에서 말한 하나님의 보배로운 약속 중에는 예를 들어 누가복음 6장 38절과 같은 약속도 있고, 재정과 관련된 고린도후서 9장 10절과 같은 약속도 포함됩니다.

하나님께서 심은 씨를 배가시킵니다

항상 이렇게 말하는 사람들이 있습니다. "그럴 줄 알았습니다. 결국 당신들이 왜 주는지 알았어요. 받기 위해서 주는 것에 불과하군요. 이기적인 행동입니다."

그러나 하나님의 말씀은 만일 너희가 주면 받을 것이라고 말씀합니다. 하나님께서 씨 뿌리는 자에게 뿌릴 종자를 주시고, 음식으로 먹을 양식을 주시며 뿌린 씨를 배가시킵니다. 심고 거두는 법칙은 성경 어디서나 볼 수 있는 하나님의 뜻입니다. 땅이 있을 동안에는 심음과 거둠이 계속된다고 말씀하셨습니다(창 8:22).

돈이 필요하시면 그것을 주어야 합니다. 시간이 필요하시면 하나님께 또는 다른 사람들에게 시간을 드리십시오. 주신 것은 그 양이 증대되어 돌아올 것입니다. 땅 위의 모든 것은 같은 종류의 것으로 열매 맺습니다(창 1:11,12).

그러나 사람들은 여전히 같은 말을 합니다. "당신이 주는 것은 받기 위한 것이지요."

이런 말을 하는 것은 마치 농부에게 가서 "오, 난 당신이 왜 콩을 심는지 알아요. 당신은 콩을 더 많이 얻기 위해서 콩을 심는 것이지요"라고 비난하는 것과 같습니다.

그렇게 하는 것은 하나님의 법칙입니다. 농부가 씨를 뿌린다고 해서 그것을 비난하는 사람은 없습니다. 그렇게 하는 것이 심고 거두는 자연의 법칙이니까요. 그렇다면 하나님이 정해주신 주고 받는 법칙에 순종하는 사람도 비난할 수 없습니다.

　주는 것을 행할 때 잘못된 동기를 가지고 그렇게 할 가능성이 있다는 것을 저도 이해합니다. 그렇다고 해도 아기를 목욕시킨 물을 버릴 때 아기까지 같이 버리지는 마십시오. 일부가 잘못된 동기로 행한다고 해서, 전체를 다 버려서는 안 됩니다.

　잘못된 동기로 행하는 분들은 그리 오래가지 않아서 실패를 경험하게 될 것입니다. 그들의 마음(양심)이 그들을 정죄할테니까요.

믿음의 비밀

　사람들이 믿음의 법칙을 잘못 적용해서 하나님을 파산하도록 할지도 모른다는 걱정은 아무 쓸데없는 일입니다. 하나님의 지혜는 우리보다 뛰어나시다는 것을 인정하십시오.

　믿음의 비밀은 바로 깨끗한 양심의 원리에 있습니다. 우리가 깨끗한 양심을 떠나는 순간 즉시 우리의 믿음은 힘을 잃고 약해집니다. 정죄받는 것은 결국 우리의 믿음을 삼켜버리고 말 것입니다.

　하나님 앞에서 우리의 양심이 깨끗함을 유지하도록 해야 합니다. 예수님께서 이렇게 말씀하셨습니다. **"서서 기도할 때에 아무에게나 혐의가 있거든 용서하라"**(막 11:25). 이 말씀은 마가복음 11장 23절의 믿음의 기도에 대한 메시지와 깊은 관련이 있습니다. 다른 사람들을 용서해야 합니다. 사랑으로 행해야 합니다. 성경에서 말씀하는 원리들에 순종해야 합니다. 하나님의 말씀에 순종해야 합니다.

단지 말씀을 고백하는 것으로 끝이 아니며 그에 더하여 *성경대로 살아야 합니다. 하나님의 말씀을 행하는 자가 되어야 합니다.* 예수님께서 우리에게 하나님의 모든 말씀으로 살라고 말씀하셨습니다.

추수하기 위해서 심는 것은 하나님께서 정하신 법칙입니다. 심을 때에 추수할 것을 기대하는 것이 어떻게 해서 잘못하는 것입니까.

주면서 받을 것을 기대하지 않는다면 그것이야말로 비성경적입니다. 남에게 주면서 이렇게 말하는 사람이 있을 수 있습니다. "주님, 제가 주었지만 받을 것을 기대하지는 않습니다. 이것이 저의 겸손의 표시입니다."

솔직하십시오. 그것이 겸손한 것이 아닙니다. 하나님을 감동시키려고 그렇게 하는 것 아닌가요. 하나님께 자신의 겸손함을 강하게 인식시켜서 더 큰 축복을 받으려는 것이지요. 솔직히 저도 과거에 그렇게 해본 적이 있습니다. 하나님은 속일 수 없습니다.

하나님 앞에서 솔직해져야 합니다. 그리고 하나님의 말씀에 순종하십시오. 이렇게 말해야 할 것입니다. "주님, 주님께서 만일 제가 무엇을 남에게 주면 후히되어 누르고 흔들어 넘치도록 하여 안겨주리라고 하셨지요. 주님의 약속이므로, 주님께서 약속하신 것을 받을 것을 믿고 고백합니다."

주고 받는 것의 법칙

우리가 남에게 줄 때, 법칙이 작동되도록 하는 것입니다. 예수님과 복음을 위해 하나님의 일에 무엇을 드릴 때마다 그것은 배가되어 다시 돌아옵니다. 문제는 때때로 사람들이 이것을 이해하지 못해서 믿지 않는 것입니다. 하나님의 약속이 이루어지는 데는 아무 문제가 없습니다. 다만 사람들이 열매를 얻지 못하는 이유는 그것을 구하지 않았기 때문입니다.

제가 확실히 믿기로 언제나 추수를 거둘 수 있습니다. 다른 말로 하면 축복을 얻을 기회는 항상 있습니다. 사업에도 있습니다. 전혀 기대하지 않았던 일에도 있습니다. 그러나 구하지 않으면, 즉 그것을 믿지 않으면 얻을 수 없습니다.

우리 삶에서 복 받을 것을 기대하며 믿음을 가져야 합니다. 많은 분들이 헌금함에 헌금을 던지듯 놓고는 "자, 이제 이 돈은 내 손을 떠났어. 아마도 천국에 가면 보상을 받을 수 있겠지. 그때가 되면 굉장할 거야. 내가 하늘에 쌓아놓은 이 모든 부요를 천국에서 얻게 될 거야"라고 말합니다.

글쎄요. 천국에서 그 돈을 어디에 쓰시렵니까? 우리는 "천국에 가면 참 좋으리"라는 찬양을 합니다. 왜 아니겠습니까. 그런데 지금 이 땅에서는 어떻게 사시겠습니까. 당장 이번 달에 지불해야 할 각종 공과금은 어떻게 하시겠습니까?

우리는 좀 더 현실적인 일을 말하고 있습니다. 모든 것이 다 영적인 가르침은 아닙니다. 성경이 말하는 모든 것은 다 영적인 것이라고 말하지 마십시오. 바울이 물질에 대해서 이야기하고 있음에도 불구하고 그것은 영적인 것을 말하는 것이라고 하지 마십시오. 고린도후서 8장과 9장에서 바울은 물질에 대해서 이야기하고 있습니다. 바울은 두 장 전체를 통해 재물과 헌금에 대해서 이야기하고 있습니다. 이제는 재정적인 분야에 대해서도 하나님을 믿어야 하며 우리의 믿음을 사용할 때입니다.

하나님께서 약속하신 것에서 벗어나지 않도록 하십시오. 하나님께서 약속을 통해 우리에게 무엇을 주시는 것은 전혀 잘못된 것이 아닙니다. 약속을 믿고 그 약속에 근거를 두고 믿음의 고백을 하십시오. 다만 그 고백을 하실 때에도 하나님의 방법으로 하십시오.

또 약속하신 이는 미쁘시니 우리가 믿는 도리의 소망을 움직이지 말고 굳게 잡아(히 10:23)

위의 말씀에서 "도리의 소망"은 고백이라는 단어와 같은 의미입니다. 그러므로 굳게 서서 계속 약속을 고백해야 합니다.

추진력과 같은 고백

우리의 믿음은 하나님의 말씀을 고백하는 것보다 더 높아질 수 없습니다. 이 사실을 인식하면, 우리가 처한 어려운 환경에 대하여 사탄이 말하는 것을 말하는 대신 하나님께서 말씀하신 것을 고백하는 것이 얼마나 중요한지 이해할 수 있을 것입니다. 우리가 믿음을 잃어버리지 않으려면 반드시 믿음의 고백을 굳게 붙들어야 합니다.

믿음이 비행기라고 한다면 고백은 그 비행기의 추진력 즉 앞으로 밀어 보내는 힘과 같습니다. 만일 비행기를 앞으로 나아가도록 하는 추진력이 없어진다면 그 비행기를 위로 들어올리는 힘 즉 양력도 생길 수 없으며 그 비행기는 땅으로 떨어지고 맙니다.

우리의 믿음의 고백은 바로 이와 같습니다. 그러므로 믿음을 위해 계속 말씀을 고백해야 합니다. 하나님께서 우리를 괴롭히시려고 이렇게 고백하도록 하신 것이 아닙니다. 하나님께서는 믿음 – 우리가 바라는 것들의 실상 – 이 하나님의 말씀을 고백할 때 생기는 것임을 아시기 때문에 이렇게 하도록 하신 것입니다.

가장 잘 듣는 방법

하나님의 말씀을 가장 잘 듣는 방법은 우리 자신의 고백을 듣는 것입니다. 많은 분들이 인식하지 못하는 것이 있습니다. 믿음은 우리 자신의 목소리로 하나님의 말씀을 말하고 인용하고 이야기하는 것을 듣게 될 때 더욱 좋은 효과가 있다는 것입니다. 하나님의 말씀을 다른 사람의 목소리로 하루종일 듣는다고 해도 자신의 목소리로 두세 번 듣는 것만 못하다는 것입니다. 자신의 목소리는 내이(Inner ear)를 통해 직접 마음에 전달되기 때문입니다.

사람들이 '맹신(blind faith)'에 대해 이야기하는 것을 들어 보셨을 것입니다. 믿음은 맹목적인 것이 아닙니다. 믿음은 언제나 봅니다. 믿음은 폭풍을 꿰뚫어 볼 수 있습니다. 믿음은 현재의 상황에 주목하지 않고 현재의 상황 뒤에 있는 결과를 바라봅니다.

변하는 것

사도 바울은 고린도후서 4장 18절에서 이것을 이렇게 말했습니다. **…우리가 돌아보는 것은 보이는 것이 아니요 보이지 않는 것이니 보이는 것은 잠깐이요 보이지 않는 것은 영원함이니라**(고후 4:18). 따라서 하나님이 택하신 방법은 영원한 힘 – 믿음 – 을 취하여 눈에 보이는 것 – 일시적인 것 – 을 바꿔버리는 것입니다.

위의 성경 말씀 중 "잠깐"이라는 말은 "바뀌도록 예정된 것"이라는 뜻입니다. 그러므로 혹 우리가 보고, 느끼고, 만지고, 맛보는 것들을 하나님의 말씀과 그 믿음을 사용해서 바꿀 수 있다는 뜻입니다. 제가 중요한 사항을 알려드리겠습니다. 사탄의 것들은 모두 일시적입니다. 악은 영원하지 않습니다. 질병도 일시적인 것이며 사라지게 되어 있습니다. 가난도 일시적이며 사라지게 되어 있습니다.

씨앗과 같은 믿음

> 주께서 가라사대 너희에게 겨자씨 한알만한 믿음이 있었더면 이 뽕나무더러 뿌리가 뽑혀 바다에 심기우라 하였을 것이요 그것이 너희에게 순종하였으리라(눅 17:6)

믿음은 사람의 마음 안에 있는 영적인 힘인데, 이 힘은 하나님의 말씀에서 나옵니다. 마음 안에 있는 믿음은 사람의 영으로 하여금 하나님께서 약속하신 것을 품을 수 있는 힘을 줍니다. 하나님의 약속을 품게 되면 곧 현실 속에 실재로 나타나게 됩니다.

예수님께서 마가복음 10장 15절에서 이렇게 말씀하셨습니다. "내가 진실로 너희에게 이르노니 누구든지 하나님의 나라를 어린아이와 같이 받들지(헬라어 원어의 의미는 '받아들이다' 임. 역자 주) 않는 자는 결단코 하나님 나라에 들어가지 못하리라 하시고"(막 10:15). 저는 우리가 지금까지 이 말씀을 잘못 이해해 왔다고 확신합니다. 많은 분들이 이 말씀은 어린아이처럼 순수한 믿음을 가져야 한다는 가르침으로 받아들였습니다. 그러나 좀 더 자세히 연구해보면 예수님께서 하신 말씀의 의미를 알게 될 것입니다. 즉 우리가 하나님의 나라를 처음 우리 안에 받아들일 때 그것이 모든 씨중에서 가장 작은 것이지만, 점차 자라면 모든 식물들보다 커진다는 것입니다.

다시 말하면, 그것은 우리 삶에서 그 무엇보다 커질 것입니다. 그러므로 예수님께서 완벽한 비유를 통해 "만일 너희가 어린아이를 영접하듯이 하나님 나라를 영접하지 않으면 결코 하나님의 나라에 들어가지 못할 것이다"라고 말씀하신 것입니다.

이런 식으로 작게 시작하는 것입니다. *다 자란 상태로 태어나는 자녀는 없습니다.* 믿음도 생길 때부터 완전히 자란 상태로 시작하는 것이 아닙니다. 믿음은 무엇을 품을 수 있게 해주는 인간의 영적 능력입니다. 또한 마치 엄마의 태중에서 자라는 태아와 같습니다. 하나님의 나라와 관련한 일들은 이런 식으로 됩니다. 하나님의 나라는 우리 안에 있습니다. 그러므로 엄마가 아이를 가지는 것처럼 하나님의 나라를 받아들이는 것입니다. 하나님의 말씀은 씨앗 또는 태아와 같습니다. 우리 영의 태(胎) 안에서 자라고 개발됩니다. 믿음이 자라는 방식도 이와 같습니다. 아무도 믿음이 완전하게 개발된 상태로 받아들이는 사람은 없습니다.

믿음의 분량

> 내게 주신 은혜로 말미암아 너희 중 각 사람에게 말하노니 마땅히 생각할 그 이상의 생각을 품지 말고 오직 하나님께서 각 사람에게 나눠 주신 믿음의 분량대로 지혜롭게 생각하라(롬 12:3)

하나님께서 우리 각자에게 믿음을 분량대로 나누어 주셨다는 것은 진리입니다. 그런데 하나님께서 믿음을 주실 때 말씀 안에 담아주셨습니다. 내 믿음의 분량이 얼마나 되는지 알고 싶으면, 자신이 얼마나 많은 말씀을 가지고 있는지를 생각해 보시면 됩니다. 처음부터 하나님이 가지신 만큼의 믿음의 분량을 가진 사람은 없습니다. 모두 다 자신이 가진 말씀의 분량에서 출발하게 되는데 대개 매우 적은 양입니다. 우리가 말씀을 더욱 가지게 되고, 가진 말씀을 굳게 붙잡을 때 믿음은 자라게 됩니다.

예수님께서 말씀하신 "어린아이처럼 하나님의 나라를 받으라"라는 비유는 우리가 영 안에 하나님의 나라를 받을 때 씨앗처럼 받게 된다는 것을 말씀하시는 것입니다. 하나님 나라는 작습니다. - 그것을 받을 때는 세상의 어떤 씨앗보다 작은 씨앗입니다. 그러나 자라서 어떤 것보다 크게 됩니다. 우리의 믿음이 자라는 대로 우리 안에 있는 하나님의 나라도 자라납니다. 우리 하나님은 믿음의 하나님이십니다. 하나님께서는 말씀을 통하여 자신의 믿음을 우리에게 나누어 주시기 원하십니다. 믿음은 하나님을 기쁘시게 합니다.

믿음이 역동적으로 살아 움직이는 것이야말로 하나님의 참 모습이 나타나는 것이라고 믿습니다.

> 믿음이 없이는 기쁘시게 못하나니 하나님께 나아가는 자는 반드시 그가 계신 것과 또한 그가 자기를 찾는 자들에게 상 주시는 이심을 믿어야 할지니라(히 11:6)

하나님을 기쁘시게 하려면 믿음이 필요합니다. 하나님께서는 우리가 하나님의 법칙에 따르는 삶을 살 때 기뻐하시기 때문입니다. 믿음의 법칙 역시 하나님께서 정하신 법칙입니다. 바울은 로마서 3장 27절에서 이것을 말합니다.

> 그런즉 자랑할 데가 어디뇨 있을 수가 없느니라 무슨 법으로냐 행위로냐 아니라 오직 믿음의 법으로니라(롬 3:27)

바울은 믿음도 법이라고 말했습니다. 쉽게 말씀드리면 믿음은 하나님께서 우리와 맺은 새 언약에 따른 법칙입니다. 행위가 구약의 법칙이라면 믿음은 신약의 법칙입니다. 우리가 역동적으로 믿음을 행할 때 하나님의 참모습이 나타납니다. 히브리서 11장 1절이 말하는 것이 바로 이것입니다.

믿음은 하나님의 실상이 나타난 것입니다

> 믿음은 바라는 것들의 실상이요 보지 못하는 것들의 증거니(히 11:1)

믿음은 바라는 것들의 실상이요, 보지못하는 것들의 증거입니다. 여기서 실상이란 말은 무엇을 만드는 재료나 또는 어떤 것이 실제로 나타나도록 하는 원인이 되는 것을 말합니다. 히브리서를 다시 살펴보겠습니다.

> 옛적에 선지자들로 여러 부분과 여러 모양으로 우리 조상들에게 말씀하신 하나님이 이 모든 날 마지막에 아들로 우리에게 말씀하셨으니 이 아들을 만유의 후사로 세우시고 또 저로 말미암아 모든 세계를 지으셨느니라 이는 하나님의 영광의 광채시요 그 본체의 형상이시라 그의 능력의 말씀으로 만물을 붙드시며 죄를 정결케 하는 일을 하시고 높은 곳에 계신 위엄의 우편에 앉으셨느니라(히 1:1-3)

2절 말씀의 한 구절을 주의해서 보십시오. **"저로 말미암아 세계를**

지으시고" 이 말씀에서 세계를 지으신 분은 하나님의 말씀, 즉 예수님을 말하는 것입니다. 하나님께서는…아들로 우리에게 말씀하셨는데, 이 아들로 말미암아 세계를 지으셨다는 것입니다. 이 예수님은 이 땅에 계실 때 하나님의 말씀 그 자체이셨습니다. 사도 요한은 하나님의 말씀이 육신이 되어 이땅에 있는 우리들 중에 거했다고 말했습니다. 본문 말씀은 예수님이 하나님의 아들이시며, 말씀이심을 말하고 있는 것입니다.

"그의 영광(하나님의 영광)의 광채이시요, 그 본체의 형상"이라는 표현은 하나님의 인격이 우리 눈에 보이도록 나타나신 바로 그 모습을 말합니다. 하나님의 아들이신 예수님은 다름 아닌 하나님의 실상이 정확히 표현된 것입니다.

실제로 나타난 하나님의 모습

하나님이 어떤 분이신지 알고 싶으시다면 예수님의 말씀에 귀를 기울여야 합니다.

"**…나를 본 자는 아버지를 보았거늘…**"(요 14:9)

"**…아들이 아버지의 하시는 일을 보지 않고는 아무것도 스스로 할 수 없나니 아버지께서 행하시는 그것을 아들도 그와 같이 행하느니라**"(요 5:19)

예수님은 항상 하나님이 행하시는 것을 본 그대로 행하셨습니다.

내가 너희를 대하여 말하고 판단할 것이 많으나 나를 보내신 이가 참되시매 내가 그에게 들은 그것을 세상에게 말하노라 하시되(요 8:26)

예수님께서 이 땅에 계실 때 어떻게 놀라운 믿음을 개발하실 수 있었는지 알기 원하나요? 예수님께서는 하나님 아버지로부터 들은 말씀을 말씀하셨기 때문입니다. 이렇게 해서 마귀를 이기셨습니다. 예수님처럼 하면 우리도 마귀를 패배시킬 수 있습니다.

하나님의 말씀속엔 사람들이 보통 생각하는 것보다 훨씬 큰 능력이 들어 있습니다. 히브리서 1장 3절의 **"본체(person)"** 라는 단어를 주의해 보십시오. **"그 본체의 형상"** 이라고 말합니다. 즉 말씀이신 예수님은 인격이신 하나님의 영광의 광채이시며 본체의 형상입니다. 여기서 **본체(person)** 라는 단어는 히브리서 11장 1절 말씀 "바라는 것들의 실상"에서의 **실상(substance)** 과 같은 단어입니다. 그러므로 히브리서 11장 1절 말씀을 "믿음은 바라는 것의 본체이며…"라고 읽어볼 수 있습니다.

그러므로 믿음은 바라는 것들이 인격적으로 나타난 것입니다. 예수님은 말씀이 사람의 모습으로 나타난 것입니다. 히브리서 1장 3절은 이런 의미가 됩니다. "(예수님은) 하나님의 영광의 광채시요, 하나님의 실재의 모습이 나타난 이미지입니다. 말씀이 어떠하심과 같이 하나님도 그러하십니다."

> 태초에 말씀이 계시니라 이 말씀이 하나님과 함께 계셨으니 이 말씀은 곧 하나님이시니라 (요 1:1)

하나님의 인격

사람의 말은 자신의 생각과 바라는 것들이 표현된 것입니다. 하나님의 말씀은 그분의 실제 모습, 인격이 형상화한 것입니다. 우리가 하나님의 약속을 마음에 가지고 있다면, 하나님의 믿음이 형상화한 것을 가지고 있는 것과 같습니다. 그것은 하나님의 인격 그 자체입니다. 하나님께서 말씀 안에 그것을 나타내셨습니다. 하나님의 약속 안에는 초자연적인 힘이 담겨 있습니다. 하나님의 약속이 실제로 이루어지도록 하는 이 힘을 저는 '하나님의 신성한 힘(divine energy of God)'이라고 말하고 싶습니다.

이런 하나님의 힘 즉 역사하는 믿음은 우리를 통해 하나님의 인격이 나타난 것입니다. 하나님은 믿음의 하나님이십니다. 우리가 믿음으로 행하는 것은 하늘에 속한 힘이 이렇게 역사하도록 하는 것입니다. 이렇게 행하는 것이 바로 성경에서 말하는 *하나님의 성품에 참여하는 것입니다.*

하나님께서 우리에게 무엇을 주실 때 언제나 약속을 통해서 주십니다. 하나님의 약속을 품고 기도하면 우리는 하나님의 성품에 참여하는 자가 되는 것입니다. 마태복음 12장의 **"…마음에 가득한 것을 입으로 말함이라"**(마 12:34)라는 말씀은 이 주제에 대한 아주 정확한 묘사라고 믿습니다.

> 선한 사람은 그 쌓은 선에서 선한 것을 내고 악한 사람은 그 쌓은 악에서 악한 것을 내느니라 내가 너희에게 이르노니 사람이 무슨 무익한 말을 하든지 심판날에 이에 대하여 심문을 받으리니 네 말로 의롭다 함을 받고 네 말로 정죄함을 받으리라 (마 12:35-37)

중요한 것은 하나님의 약속을 믿고 날마다 그것을 고백하는 것입니다.

7
믿음에 상응하는 행동

내 형제들아 만일 사람이 믿음이 있노라 하고 행함이 없으면 무슨 이익이 있으리요 그 믿음이 능히 자기를 만일 형제나 자매가 헐벗고 일용할 양식이 없는데 너희 중에 누구든지 그에게 이르되 평안히 가라, 더웁게 하라, 배부르게 하라 하며 그 몸에 쓸 것을 주지 아니하면 무슨 이익이 있으리요. 이와 같이 행함이 없는 믿음은 그 자체가 죽은 것이라
—약 2:14-17

믿음은 행함으로 나타나야 합니다. 다만 한 가지 조심할 것은 믿음으로 행하는 것에 대해 대충 알거나 오해해서는 안 된다는 것입니다. "행함이 없는 믿음은 죽은 것"이라는 사도 야고보의 말은 참으로 진리입니다. 그러나 이 한 문장이 모든 것에 적용되는 완전한 진리라고 볼 수는 없습니다. 예를 들어 이 문장은 야고보서 2장의 문맥 전체를 통해서 읽을 때에는 흠잡을 곳 없는 진리이지만, 이 문장만 떼어내어 다른 곳에서 마구 적용하려 한다면 진리가 아닌 것이 될 수도 있습니다.

위의 본문에서 "행함"이라는 단어는 종종 "상응하는 행동"이란 의미로 사용됩니다. 즉 위 본문에서 행함은 '믿음을 나타내는 것'을 말

합니다. - 즉 믿음으로 행하라는 것이지요. 정말로 우리는 어떤 식으로든 우리의 믿음을 표현해야 합니다. 그런데 우리의 믿음 이상으로 행동하면 즉 믿음의 결과로서 우리의 삶에 실재로 나타난 결과를 넘어서는 행동을 하면 문제가 생깁니다.

우리는 믿는 자들의 재정이 어떠한지에 대한 하나님의 말씀을 고백해야 한다고 믿습니다.

그러나 그렇게 한다는 것은 우리의 계좌에 수만 불의 예금이 있는 것처럼 행동해야 한다는 뜻이 아닙니다. 어떤 분들은 이렇게 말합니다. "나는 번영을 약속하신 하나님의 말씀을 고백하고 있다네. 나는 하나님께서 나의 모든 필요를 채우실 것을 믿고 있지. 그래서 지금 수표를 발행해서 이 모든 청구서를 다 결제하려고 한다네. 지금은 계좌에 돈이 없지만, 은행에 이 수표들을 결제하기 전에 하나님께서 내 예금 계좌에 이 돈을 넣어주실 걸세."

이렇게 하는 것은 믿음의 행동이 아닙니다. 어리석은 행동일 뿐입니다. 누구는 그렇게 발행되는 공수표를 믿음의 수표라고 말하기도 하더군요. 아닙니다. 그것은 믿음의 수표가 아니라 부도수표이며, 법을 어기는 행동입니다. 하나님께서 불법을 저지르는 사람에게 복을 주실 수 있을까요? 그러실 수도 없고 그렇게 하시지도 않을 것입니다. 언제나 성경의 가르침에서 벗어나지 마십시오.

믿음에 상응하는 행동

어떤 분은 이렇게 말할지도 모르겠습니다. "무슨 말씀을 하시는지 알겠습니다. 그런데 야고보 사도는 분명히 '행함이 없는 믿음은 죽은 것'이라고 말했습니다. 만일 제가 고백하는 것이 이미 다 이루어졌다고 믿고 행동하지 않는다면, 제 믿음은 죽은 믿음이 될 겁니다."

그렇다면 제가 비유 하나를 말씀드리겠습니다. 믿음이 없음에도 불구하고 있는 것처럼 행동하는 것은 두 번 죽는 것과 같습니다. 그런 행동을 하는 사람도 고통을 당하고 주변에 있는 사람도 고통을 당하니까요.

많은 분들이 위 야고보의 말씀의 참뜻을 알지 못하고 어리석은 행동을 합니다. 어리석은 행동을 멈추십시오. 성경 전체 문맥에 주의하여 보십시오. 믿음의 열매가 완전히 나타난 후에야 상응하는 믿음의 행동을 하게 되는 것입니다. 믿음의 열매가 나타나기 전이라도 어느 정도의 믿음에 상응하는 행동을 할 수는 있겠지만, 구하고 믿은 믿음의 열매가 완전히 실제로 나타나기도 전에 믿음에 상응하는 행동을 먼저 하는 것은 성경적이 아닙니다.

어떤 사람은 예금계좌에 잔액이 없다는 것을 알면서도 "하나님께서 그 수표가 은행에 청구되기 전까지 채워주실 거야"라고 말하면서 수표를 발행합니다.

그것은 옳지 않습니다. 그런 분은 하나님이 돈을 주시기 전에 감옥에 있게 될 것입니다. 하나님은 돈을 만들어 내시는 분이 아닙니다. 하나님께서 돈을 위조하는 분이 아니시지요. 하나님이 아니라 우리 자신이 예금계좌에 돈을 채워야 합니다.

자신에게 배달되어 온 청구서를 결제하기 위해 수표를 발행해서 자신의 서랍 안에 넣어두는 것은 성경적입니다. 그렇지만, 예금계좌에 그 수표를 결제할 충분한 금액이 입금되기도 전에 청구서를 결제하려고 수표를 발행해서, 청구하는 사람에게 메일로 보내는 것은 옳지 않습니다. 예금계좌에 결제할 돈이 입금되기까지는 수표를 발행해서 서랍에 넣어두는 것만으로도 믿음에 상응하는 행동이 될 것입니다.

이런 일에는 상식을 사용해서 좌로나 우로나 치우치지 말아야 합니다. 믿음은 어리석은 행위와는 다른 것입니다. 올바른 성경 지식이 없으면 어리석은 행동을 하게 됩니다.

몸의 질병을 치유받는 일에도 이와 비슷한 과잉된 믿음의 행동을 할 수 있습니다. 많은 분들이 과잉된 믿음의 행동을 하면서 죽지 않아도 될 때에 죽는 것을 보았습니다. 그들은 믿음이 자신의 질병을 치유할 만큼 개발되기도 전에 이렇게 말합니다. "내가 치유받았다고 믿는다면, 병원에서 지어준 약은 다 버려야 할거야." 약이 우리를 완전히 치료하지 못할지라도, 하나님의 치유를 받는 것을 방해하지도 않습니다. 적어도 약은 우리의 믿음이 자랄 때까지 병의 증세를 완화시켜주지요.

많은 분들이 자신의 믿음의 수준을 넘어서서 믿음을 사용하려고 합니다. 그들은 자신들의 믿음이 두통을 치유할 만큼도 개발되지 않았는데, 그 믿음으로 암을 치유받으려고 합니다. 의사에게 치료를 받거나 완전한 수명을 누리도록 도움을 받을 수 있는데도, 불필요하게 죽는 분들이 많습니다. 하나님의 치유만을 받겠다며 기다리다가 그만 죽고 말았다면 그것은 좋은 간증이 될 수 없습니다.

믿음의 고백을 자신에게 적용하는 일에는 반드시 상식을 사용해야 합니다. 자신의 믿음이 어떤 상황에 필요한 수준까지 개발되지 않았다면 어떤 방법을 사용해서라도 그 상황이 악화되지 않도록 조치를 취해야 합니다. 특히 그것이 죽느냐 사느냐의 문제라면 더욱 그렇습니다. 그런 뒤에 말씀을 찾고 하나님의 공급하심에 대한 믿음을 개발시켜야 합니다.

히브리서 11장 6절은 "…**믿음이 없이는 (하나님을) 기쁘시게 못하나니**…"라고 말합니다. 사람들이 믿음의 삶을 시작하면 하나님을 기쁘시게 해드리고 싶어 합니다. 믿음과 그리고 믿음에 상응하는 행동에 대한 설교를 들을수록 하나님이 기뻐하시지 않는 행동 따위는 조금도 하지 않겠다고 생각합니다. 그리고는 이렇게 말합니다. "내가 정말로 하나님께서 나의 모든 필요를 채우실 것을 믿는다면, 그에 상응하는 믿음의 행동을 해야겠어." 그리고는 예금 잔고가 없음을 알면서도 수표를 발행하는 것입니다.

그러나 이런 것은 믿음에 상응하는 행동이 아니라 어리석은 행동일 뿐입니다. 물론 그들의 의도는 어리석은 행동을 하려는 것이 아니라 단지 하나님을 기쁘시게 하려는 것이었습니다. 다만, 그들이 믿음에 상응하는 행동이 무엇인지를 제대로 알지 못했기 때문에 실수를 하게 된 것입니다.

성경 말씀은 균형잡힌 해석을 해야 합니다. 균형을 잡으려면 해당 성경 구절과 관련된 모든 부분을 다 살피기까지는 섣불리 결론을 내리지 말아야 합니다.

야고보는 우리가 기도로 구하는 어떤 필요와 관련한 이야기를 하고 있는 것이 아닙니다. 행함이 없는 믿음은 죽은 것이라고 한 야고보의 말은 주택자금 대출의 할부금을 납부해야 하는 일이나 월세를 납부해야 하는 일에 대한 가르침이 아닙니다.

우리를 찾아와, "제가 먹을 것도 입을 옷도 없습니다. 좀 도와주십시오"라며 어려움을 호소하는 사람과 관련된 이야기를 하고 있는 것입니다. 이렇게 어려움을 호소하는 사람을 돕지않는 믿음은 죽은 것이란 이야기를 하고 있는 것이지요. 쉽게 말씀드리면, 만일 우리 중 누군가가 그 형제에게 "형제님, 가셔서 옷을 따뜻하게 입으시고, 제 때에 식사를 잘 하십시오. 저는 형제님이 그렇게 평안히 잘 지내실 수 있을 거라고 믿습니다. 하나님께서 형제님의 모든 필요를 넉넉히 채우실 것을 믿습니다. 하나님께서 복을 주실 것입니다"라고 말만 하는 것은 그에게 아무런 도움이 되지 않을 것입니다.

그에게 옷과 음식을 전혀 주지도 않고 어려울 때 돕지도 않으면서 믿음을 말하는 것은 죽은 믿음이라는 말입니다. 그 형제가 달라고 한 것은 음식이지 믿음이 아니었습니다. 자신의 필요를 채워줄 믿음에 상응하는 행동을 요구한 것이지요. 그는 누군가가 "나는 믿습니다"라고 말해주기를 구한 것이 아니고, "내가 형제님께 먹을 것을 드리겠습니다"라고 해주기를 원했습니다. 야고보는 더 나아가 이렇게 말합니다.

> 혹이 가로되 너는 믿음이 있고 나는 행함이 있으니 행함이 없는 네 믿음을 내게 보이라 나는 행함으로 내 믿음을 네게 보이리라(약 2:18)

야고보는 계속 어려운 처지에 있는 형제에 대한 이야기를 합니다. 이 형제가 찾아와서 "내가 먹을 것과 입을 것이 좀 필요합니다"라고 말할 때 그 형제에게 이렇게 말할 수도 있을 것입니다. "형제여, 내가 얼마나 커다란 믿음을 가지고 있는지 보여주겠소. 내가 나의 믿음을 사용해서 하나님께서 당신의 모든 필요를 채우시도록 기도하지요."

이렇게 말하는 것에 대해 야고보는 위의 말씀을 통해 이렇게 권고 합니다. "여러분이 행함이 없이 믿음만을 보여주시려 한다면, 저는 그 가난한 형제를 위해 무엇인가를 행함으로 나의 믿음을 보여드리지요. 그 형제에게 입을 것과 먹을 것을 먼저 나누어 주고 하나님께서 나의 필요를 채우시는 것을 믿음으로 기다리겠습니다."

어려운 처지의 형제에게 아무것도 나누어주지 않으면서 "형제님, 저는 하나님께서 당신의 필요를 넘치도록 채워주실 것을 믿습니다"라고 말하는 것은 적어도 그 어려운 처지의 형제에게는 죽은 믿음입니다. 그 형제는 밖에서 추위와 굶주림으로 고통당할 것이며, 그의 필요를 채우는 행위가 없는 한 우리의 믿음은 그에게 아무런 도움도 되지 않을 것입니다.

야고보 사도는 "만일 당신이 행함이 없는 믿음을 내게 보여주려 한다면, 나는 행함으로써 나의 믿음을 보여주겠소"라고 말한 것입니다. 그리고 어서 우리에게 그저 듣기만 하는 자가 되지 말고, 행하는 자가 되라고 훈계합니다.

> 너희는 도를 행하는 자가 되고 듣기만 하여 자신을 속이는 자가 되지 말라 누구든지 도를 듣고 행하지 아니하면 그는 거울로 자기의 생긴 얼굴을 보는 사람과 같으니 제 자신을 보고 가서 그 모양이 어떠한 것을 곧 잊어버리거니와(약 1:22-24)

위의 말씀을 듣기만 하는 자가 어떻게 하는 자인지를 말해줍니다. 그는 성경을 읽고 또 들어서 하나님이 보시기에 자신이 어떤 사람인지를 알게 됩니다. 위의 본문에서 거울이 가리키는 것은 성경 말씀입니다. 하나님께서 우리의 참모습을 성경을 통해 보여주시기 때문입니다.

듣기만 하는 자는 성경을 읽고나서 이렇게 말합니다. "오 주님, 감사합니다. 저를 율법의 저주에서 속량하시고, 흑암의 권세로부터 구원하여 주셨습니다. 제 안에는 이 세상의 그 어떤 어려움도 이겨나갈 믿음이 있습니다. 제 안에 계신 분이 이 세상에 있는 자보다 크십니다."

그렇게 말하고 나서는 어려움이 다가오면 자신이 말한 모든 것을 완전히 잊어버립니다.

그는 성경에서 자신이 권세를 가지고 있다는 것을 읽었고, 믿음은 산도 움직일 수 있다는 것도 읽었습니다. 그러나 막상 일상의 환경 속에서 그는 성경에서 읽은 것을 모두 잊어버리고 성경 말씀이 그가 어떤 사람이라고 말한 것에 걸맞는 행동을 하지 못합니다. 그저 다시 부정적인 이 세상의 흐름에 빠져서 세상사람이 말하는 그대로 흉내내며 말할 뿐입니다. "그럴줄 알았어. 아무것도 되는게 없군. 마귀란 놈이 언제나 내 앞길에 훼방을 놓는구나. 이 세상에 사는 동안은 어쩔 수가 없어." 그저 듣기만 하는 삶으로는 언제나 패배할 수밖에 없습니다.

그러나 말씀을 행하는 사람이라면 삶 속에서 어려운 일에 부딪쳤을 때, 그 상황에서 마귀가 승리한 것 같아 보일 때라도 하나님의 말씀을 인용하기 시작하며 성경에서 자신에 대해 말하고 있는 것을 그대로 말합니다.

"나는 흑암의 권세에서 해방되었음을 선포하노라. 예수 그리스도의 이름으로 나는 이긴 자이며, 선으로 악을 이겼음을 선포하노라. 하나님 감사합니다. 나를 치려고 제조된 어떠한 무기도 아무 소용이 없으며, 내가 무슨 일을 하든지 형통케하심을 감사합니다."

어려운 상황에서 이렇게 고백하는 것이 믿음에 상응하는 행동입니다. 그는 하나님의 말씀으로 마귀를 대적하는 행동을 한 것이지요.

이렇게 말씀하시는 분이 계실 것입니다. "예, 말씀이 이루어지는 것을 보면 믿지요." 그러면 야고보 사도의 말씀을 좀 더 들으십시오.

> 네가 하나님은 한 분이신 줄을 믿느냐 잘하는도다 귀신들도 믿고 떠느니라 아아 허탄한 사람아 행함이 없는 믿음이 헛 것인 줄 알고자 하느냐 우리 조상 아브라함이 그 아들 이삭을 제단에 드릴 때에 행함으로 의롭다 하심을 받은 것이 아니냐(약 2:19-21)

아브라함이 의롭다 하심을 얻은 것은 "나는 하나님을 믿습니다"라고 말했기 때문이 아니라, 하나님의 말씀을 따라 행했기 때문입니다. 그는 믿음에 상응하는 행동을 취한 것이지요.

> 또 이와 같이 기생 라합이 사자를 접대하여 다른 길로 나가게 할 때에 행함으로 의롭다 하심을 받은 것이 아니냐 영혼 없는 몸이 죽은 것같이 행함이 없는 믿음은 죽은 것이니라(약 2:25-26)

야고보 사도는 믿음에 상응하는 행함이 있어야 한다고 말합니다. 행함이 없는 믿음은 죽은 것입니다. 라합은 의로운 사람이 아니라 기생의 신분이었지만, 정탐꾼에게 도움을 주면 나중에 자신이 보호받게 될 것을 믿었습니다. 부정적인 생각으로 이렇게 말했을 수도 있습니다. "만일 정탐꾼들을 돕다가 이 싸움에서 죽을지도 몰라." 하지만 그녀가 실제로 어떻게 행동했는지를 통해 그녀의 믿음을 볼 수 있습니다.

그녀는 정탐꾼의 친구가 되었고 그들이 도망칠 수 있도록 도왔습니다. 불의한 신분이었지만, 믿음을 가졌고 그녀와 그녀의 가족 모두 살게 되었습니다.

영이 없는 몸이 죽은 것처럼, 행함이 없는 믿음은 죽은 것입니다. 하지만 좌로나 우로나 치우치지는 마십시오. 행함이 없는 믿음에 대해 제대로 이해하지 못하면 정신나간 듯한 행동을 할 수도 있습니다.

이렇게 말하는 사람도 있습니다. "내가 필요한 돈이 목요일 오후 4시까지 채워질 거야."

그리고 그렇게 목요일 오후 4시에 결제될 것이라고 고백했기 때문에 수표를 발행하고는 화요일에 수표를 발송합니다. 믿음의 열매가 실제로 나타나는 시한을 못 박지 마십시오. 하나님을 상자 안에 가두지 마십시오.

우리가 어떤 고백을 한다고 해도 변화시킬 수 없는 것이 있습니다. 우리가 믿건 안 믿건 예수님은 다시 오십니다. 우리가 무슨 고백을 어떻게 한다고 해도 예수님이 다시 오신다는 것을 바꿀 수는 없습니다. 그리고 이와는 반대로 변화될 수 있는 어떤 일이 실제로 이루어지는 데에 시간이 필요한 일도 있습니다. 그러므로 시한을 못 박으면 곤란한 처지에 빠지게 됩니다.

물론 시간적인 목표를 가지고 고백의 기도를 하는 것은 좋습니다. 그러나 지나치게 나아가서 어떤 일이 언제까지 일어나도록 시한을 못 박아 버린다면 그 시한이 지나면서 우리들의 믿음조차도 사라져 버리고 말 것입니다. 마가복음 4장은 이런 일에 있어서 우리가 좌우로 치우치지 않고 균형을 잡도록 도와줍니다. 예수님께서 씨 뿌리는 비유를 통해 우리의 마음은 밭이며, 씨앗은 하나님의 말씀이라는 것을 말씀하시고 나서 덧붙이신 말씀입니다.

> 또 가라사대 하나님의 나라는 사람이 씨를 땅에 뿌림과 같으니 저가 밤낮 자고 깨고 하는 중에 씨가 나서 자라되 그 어떻게 된 것을 알지 못하느니라 땅이 스스로 열매를 맺되 처음에는 싹이요 다음에는 이삭이요 그 다음에는 이삭에 충실한 곡식이라(막 4:26-28)

이 비유는 하나님의 나라가 우리 안에서 어떻게 이루어지는지를 가르쳐 주는 계시입니다. 하나님의 나라는 사람이 씨를 땅에 뿌림과 같습니다. 우리는 우리 안에 있는 하나님의 나라에 씨를 뿌리는 자입니다.

땅은 마음, 사람의 영임을 기억하십시오. 하나님의 나라는 우리가 땅 즉 마음에 씨를 뿌림으로 역사한다고 말씀합니다. 하나님의 말씀을 고백하는 것은 씨를 땅에 뿌리는 행동입니다. 하나님의 말씀에 믿음을 잘 화합시키는 것이 중요합니다. 많은 사람들이 약속되었던 그 나라에 들어가지 못하고 광야에서 죽고 말았습니다. 하나님께서 그들을 위해 예비하셨음에도 그것을 얻지 못했던 것입니다. 우리가 약속된 나라에 들어가는 것이 하나님의 뜻입니다. 약속의 나라는 믿는 자들을 위한 나라이며 하나님께서는 이미 그 나라를 믿는 자들에게 주셨습니다. 사도 바울은 이것에 대해 이렇게 말했습니다.

> 저희와 같이 우리도 복음 전함을 받은 자이나 그러나 그 들은 바 말씀이 저희에게 유익되지 못한 것은 듣는 자가 믿음을 화합지 아니함이라 (히 4:2)

이스라엘의 백성들은 모두 하나님께서 말씀하신 것을 들었지만, 자신들이 들은 것에 믿음을 화합하지 않았습니다.

많은 사람이 하나님의 말씀을 들을 수 있었습니다. 하지만 하나님의 말씀에 믿음을 화합하거나, 그것에 동의해서 고백하는 것은 어렵습니다. 그들은 이렇게 말합니다. "세상이 그렇게 되지 않을 텐데요."

저도 세상이 그렇게 되지 않는다는 것을 압니다. 그러나 하나님께서 그렇게 될 것이라고 하셨으니 우리도 그렇게 말해야 합니다. 그렇게 하는 것이 없는 것도 있는 것 같이 부르는 것입니다. 하나님의 말씀 속에는 하나님의 초자연적인 힘이 있는데, 우리가 그렇게 말할 때 그 힘이 우리 속으로 들어오는 것입니다. 고백은 하나님의 힘의 원천이며, 열매를 거두기 위한 씨를 뿌리는 것과 같습니다. 하나님을 믿는 믿음이야말로 하나님께서 약속하신 것을 얻을 수 있도록 해 주는 것입니다.

고백인가 아니면 거짓말인가

어떤 분들은 자신이 거짓을 말하고 있다는 생각을 하기도 합니다. 아직 실현되지도 않았는데, 하나님의 약속을 인용해서 이루어진 것처럼 고백하려고 하니 그런 생각이 드는 것이지요. 거짓을 말하는 것과 고백을 하는 것은 다릅니다. 고백은 하나님께서 성경을 통해 기록해 주신 것을 말하는 것입니다. 고백은 하나님과 뜻을 같이 하는 것입니다. 반면에 거짓말을 하는 것은 가지고 있지 않으면서도 마치 우리가 그것을 가지고 있는 것처럼 다른 사람을 확신하도록 만드는 것입니다. 만일 사람들이 우리의 고백, 즉 '하나님의 풍성하신 대로 영광 가운데 나의 모든 쓸 것이 채워질 것이다'라는 말을 듣게 되면 그들은 단지 우리가 하나님의 말씀을 그대로 고백하는 것을 들을 뿐입니다. 그러므로 그 사람이 '흠, 저 친구는 모든 것이 넉넉한가 보다' 라고 생각할 수도 있겠지만, 그렇다고 해서 그 사람이 그것에 대해 확신하도록 무슨 속임수를 썼던 것은 아닙니다. 우리는 단지 초자연적인 하나님의 능력이 역사하시도록 하나님의 생각에 동의한 것뿐입니다. 하나님의 약속이 이루어지도록 하는 힘은 하나님의 말씀 바로 그 자체에 있습니다.

약속 안에 그것을 이룰 씨앗이 담겨 있습니다

세상을 창조하신 하나님의 법칙은 창세기 1장 1-12절에 기록되어 있습니다. 이 법칙이 우리에게 계시해 주는 것은 "그 안에 자신의 씨를 가지도록 한 것"과 모든 것은 *자신의 종류대로 생산해내도록 하신 것*입니다. 하나님께서 우리의 모든 필요를 채울 것이며, 우리의 몸을 치유하시겠다고 약속하셨을 때 그 약속 안에 이미 그 약속을 이룰 씨앗을 담아두셨던 것입니다. 하나님의 말씀을 입으로 말한다면 그것이 바로 하나님 나라의 씨앗을 뿌리는 것입니다. 이것은 하나님의 나라의 원리입니다. 예수님께서 누가복음 17장을 통해 이와 관련한 가르침을 주십니다.

> 사도들이 주께 여짜오되 우리에게 믿음을 더하소서 하니 주께서 가라사대 너희에게 겨자씨 한 알만한 믿음이 있었더면 이 뽕나무더러 뿌리가 뽑혀 바다에 심기우라 하였을 것이요 그것이 너희에게 순종하였으리라(눅 17:5-6)

만일 우리에게 씨앗과 같은 믿음이 있다면, 뽕나무, 즉 이 세상에서 만나게 되는 문제들이나 상황에 대해 말했을 것입니다. 예수님께서 예화 중에 손으로 가리키신 뽕나무는 아마도 길 한복판에 있어 많은 사람들에게 방해가 되던 나무였을 것입니다. 예수님께서는 그 뽕나무가 하나님께 순종할 것이라고 하지 않으셨습니다. 예수님은 그 나무가 우리의 말에 순종할 것이라고 하셨습니다.

오직 하나님의 말씀으로부터 그런 믿음을 얻을 수 있습니다. 예수님께서는 그 뽕나무가 우리에게 순종할 것이라고 하셨습니다. 왜냐하면 묶고 푸는 권세는 하늘이 아니라 이 땅에 있기 때문입니다. 그 권세는 우리에게서 나와야 합니다. 우리는 하나님의 말씀에 믿음을 화합해야 합니다. 예수님께서는 만일 우리에게 씨앗과 같은 믿음이 있다면 우리가 말을 했을 것이라고 하셨습니다. 킹제임스 성경은 "말했을 수도 있었을 것"이라는 의미로 번역했지만, 헬라어 원어는 "반드시 말하였을 것임에 틀림없다"이며, 말하였다면 그 대상은 반드시 순종하였을 것이라는 의미입니다. 그것은 – 무생물 조차도 – 당신에게 순종하였을 것입니다.

수확을 거두려면 먼저 심어야 합니다

예수님께서 가르쳐주신 믿음에 대한 두 가지 중요한 비밀은 이것입니다. 1) 믿음은 씨앗과 같으며, 2) 말씀인 씨를 심으려면 그 말씀을 고백해야 한다는 것입니다.

오늘 말씀을 고백해놓고 바로 내일 그 열매를 거두려는 사람은 심고 거두는 법칙을 제대로 이해하지 못한 사람입니다. 농부라면 모두

들 알고 있습니다만, 농작물을 수확하려면 반드시 몇 개월 전에 씨앗을 심어야 합니다.

미래에 대한 계획 그리고 그 계획에 맞춘 고백

우리는 미래에 대한 계획을 세워야 합니다. 믿음으로 살고자 하는 많은 사람들이 어려움을 겪는 이유는 그들이 미래에 대해 아무런 계획을 세우려 하지 않기 때문입니다. 그들은 늘 "내일 일을 생각하지 말라"는 예수님의 말씀을 인용합니다. 그들은 이렇게 말합니다. "예수님께서 내일 일을 위하여 염려하지 말라고 하셨지요. 그러니 미래에 대한 계획을 세우지 않는 것입니다."

그들은 전혀 엉뚱하게 이해하고 있는 것입니다. 예수님은 내일 일을 생각하여 근심하며, 염려하지 말라고 하신 것입니다. 반드시 미래에 대한 계획을 세워야 합니다. 앞으로 어느 시점에서 나에게 재정적인 필요가 있게 될지를 미리 예상해야 합니다. 농부가 땅을 고르고 씨를 심고 비료를 주듯이 우리도 그렇게 해야 합니다. 농부는 수확하게 될 곡식을 바라보며 몇 주나 몇 달 전부터 그에 상응하는 행동을 하는 것입니다. 그렇게 되는 과정이 필요합니다. 하루아침에 그렇게 되지는 않습니다.

오늘 고백한다고, 내일 아침에 그 고백의 열매를 얻을 수는 없습니다. 그런 방식으로 되는 것이 아닙니다. 우리의 믿음이 아주 잘 개발된 후엔 열매가 맺히는 시간이 단축될 것입니다. 그러나 처음부터 그렇게 되지는 않습니다. 믿음이 잘 개발된 뒤에 그렇게 될 것입니다. 때로는 우리가 고백하는 것들이 열매를 맺도록 하는 것과 관련된 성령님의 은사가 나타날 수도 있지만, 일반적으로는 믿음의 고백을 통한 결과는 추수가 있기 몇 주나 몇 달 전에 씨를 뿌림으로 시작되는 것입니다.

매년 말에 정기적으로 돈을 지불해야 하는 사람이, 12월 25일이 되어서야 고백하기를 시작한다면 그는 너무 늦은 것이지요. 매년 초에 하나님의 약속을 고백하기 시작했어야 옳습니다.

마가복음 4장을 통해 예수님께서 열매가 나타나는 단계를 설명해 주십시오. 예수님께서 우리가 고백함으로 씨를 뿌리게 된다고 말씀합니다. 히브리서 4장 2절에서 그들이 말씀에 믿음을 화합지 아니하므로 말씀이 그들에게 유익이 되지 못했다고 하신 것을 기억하십시오. 그들은 약속을 받았습니다. 그들은 그 땅에 대해서 하나님께서 하신 말씀을 알고 있었습니다. 그러나 그들은 그 약속을 믿지 않았습니다. 우리는 하나님의 말씀에 믿음을 화합해야 합니다. 우리의 혀가 화합시키는 믹서입니다.

믿음은 씨앗처럼 역사합니다. 씨앗처럼 역사하는 믿음이 없이는 열매를 얻지 못합니다. 우리는 씨앗처럼 역사하는 믿음을 가져야 합니다. 예수님께서 마태복음 17장 20절에서 다시 이것을 말씀하셨습니다.

> …너희가 만일 믿음이 한 겨자씨만큼만 있으면 이 산을 명하여 여기서 저기로 옮기라 하여도 옮길 것이요 또 너희가 못할 것이 없으리라 (마 17:20)

만일 겨자씨와 같은 믿음이 있다면 우리는 명할 것입니다. 때때로 우리는 겨자씨라는 단어에 너무 몰입해서 이 말씀의 요점을 놓칩니다. 예수님은 씨앗의 크기를 말씀하시려는 것이 아니라 씨앗과 같은 믿음에 대해 말씀하시려는 것입니다. 하나님의 약속의 생명이 씨앗 안에 들어 있습니다. 씨앗은 하나님의 약속 바로 그 자체입니다. 그 씨앗을 심는 방법은 그것을 말하고 고백하고 선포하는 것입니다.

이제 마가복음 4장으로 다시 돌아가봅시다.

> 또 가라사대 하나님의 나라는 사람이 씨를 땅에 뿌림과 같으니 저가 밤낮 자고 깨고 하는 중에 씨가 나서 자라되 그 어떻게 된 것을 알지 못하느니라(막 4:26-27)

어떤 분은 이렇게 말합니다. "입으로 그것을 고백한다고 해서 그 열매가 맺힌다는 것은 참 이해하기 어렵네요."

이분의 말씀은 아주 성경적입니다. 사람들이 이해하지 못할 것이라고 성경에서 이미 말했습니다. 이해하는 것이 불가능한 것은 아닙니다. 그러나 혹 이해하지 못한다고 해도 역사하는 데는 전혀 문제가 되지 않습니다. 단지 하나님께서 말씀하신 것을 믿고, 그 말씀대로 행하는 데 충분한 믿음만 있으면, 곧 열매를 맺게 될 것입니다.

다만, 그것이 어떻게 역사하는지 이해한다면 도움이 될 것입니다. 씨앗을 심고 그저 그것을 내버려두면 싹이 날 것이라는 상식만 있으면 족합니다.

예수님께서는 직장을 내버리라고 하지 않으십니다. 그저 하던 일을 계속하라고 말씀하십니다. 농부가 씨앗을 땅에 뿌린 뒤에는 자신의 일상으로 돌아갑니다. 어떻게 해서 씨앗에서 싹이 나오는지 모르지만 싹이 나올 것은 압니다. 그는 어떤 과정을 거쳐 씨앗에서 싹이 트는지를 이해하지는 못합니다. 씨앗의 생명은 그 씨앗 안에 내재되어 있습니다. 하나님의 약속을 심었을 때, 그 약속의 생명도 함께 심은 것입니다. 씨앗을 우리 마음에 심었으니 적절한 때에 싹터서 자라게 될 것입니다.

새싹이 나면 그 새싹에 필요한 적절한 행동을 해야 겠지요. 새싹이 나는 것을 보고 마치 열매를 거둘 것처럼 지나친 행동을 하지는 않을 것입니다. 당신이 이렇게 말한다면 어떻겠습니까? "이것 보게. 옥수수가 싹이 나는군. 큰 수확을 거둘 수 있겠는 걸. 내가 큰 수확 얻기를 고백해왔지. 내가 고백하고 믿고 나의 영이 그것을 품었으니 이제 옥수수를 거둘 믿음의 행동을 해야 되겠군. 오늘 나는 엄청난 수확을 거두게 될거야."

그렇게 하는 것은 옳지 않습니다. 정말로 싹을 수확한다면 옥수수 농사는 망치게 될 것입니다. 그런데 이렇게 서둘러서 수확을 하려다가 농사를 망치는 사람들이 많습니다. 그들은 겨우 싹이 났을 뿐인데 대규모로 수확을 준비하려고 한 것이지요.

많은 사람들이 야고보의 말, 즉 **"행함이 없는 믿음은 죽은 것"**이라는 말씀의 전후 문맥을 무시한 채 딱 잘라서 인용하면서 아직 믿음의 열매가 충분히 나타나지도 않았을 때, 마치 나타난 것처럼 행하는 사람들이 많습니다.

그들의 행동은 싹을 추수하려는 것입니다. 많은 사람들이 이런 실수를 합니다. 그들은 믿음에 대해서 상식을 사용하지 않습니다. 때때로 고등교육을 받아 지적인 판단을 할 수 있는 사람도 상식을 사용하지 않습니다. 어쩐 일인지 믿음에 관한 일을 할 때면 상식을 모두 던져 버립니다. 그들은 자신들이 믿음으로 살려는 것이라고 말합니다. 아직 열매가 나타나기도 전에 열매가 나타난 것처럼 행동하는 것은 단지 어리석은 행동입니다. 그들은 이렇게 말합니다. "내 시력이 회복될 것을 믿는다면, 안경을 내던져버려야 해. 이렇게 하는 것이 내 믿음에 따르는 행함이지. 그렇게 한다면, 내가 진짜 믿음을 갖고 있다는 것이 증명될거야."

그런 행동이 증명하는 것은 단지 이른 아침 출근길 운전이 어려울 것이라는 것뿐입니다.

물론 믿음에는 행함이 따라야 합니다. 그러므로 하나님의 말씀과 일치하는 말을 계속해야 합니다. 하지만 아직 시력이 회복되지도 않은 시점에서 시력이 회복된 것처럼 행동하는 것은 매우 위험합니다. 특히 그런 상황에서 운전을 하는 것은 더욱 말할 나위도 없습니다. 시력이 완전히 회복되기까지 기다리며 시력을 회복시켜주신 하나님께 감사하고, 하나님을 찬양하는 것이 바로 믿음에 걸맞는 행동입니다. 농부는 싹이 나면 추수를 준비하는 것이 아니라 비료를 주고 물을 줍니다. 이렇게 하는 것이 믿음에 걸맞는 행동입니다. 어떤 농부도 싹이 났다고, 물주기를 멈추거나 이렇게 말하지는 않습니다. "이제는 비료나 물을 줄 필요가 없겠군. 난 추수가 이미 이루어졌다고 믿는 사람이니까 그럴 필요가 없지."

이렇게 행동한다면, 그 농부는 가을에 아무것도 거두지 못할 것입니다.

중요한 것은 열매가 맺히려면 시간이 필요하다는 것입니다. 아직 곡식이 완전히 익기 전에는 추수하려고 하지 마십시오. 옥수수 알갱이가 껍질 속에 가득 차기까지 기다리십시오.

8

믿음에 상응하는 행동의 법칙: 믿음에는 행동이 따라야 합니다

분명히 믿음에는 행동이 따라야 합니다. 그러나 여러가지 다양한 경우 즉 질병의 치유, 재정적인 어려움으로부터 벗어나기, 다른 사람들을 위한 중보기도 등에 따르는 믿음의 행동이 모두 같을 수는 없습니다.

가장 흔한 실수는 그들의 믿음의 고백으로 인한 열매가 완전한 모습을 나타내기도 전에 한 발 앞서서 믿음의 행동이라며 지나친 행동을 하는 것입니다. 그렇게 하는 것은 궤도를 이탈하는 것입니다.

마가복음 4장을 통해 땅은 사람의 마음이며, 씨는 하나님의 말씀이라는 것을 알게 되었습니다. 예수님께서 **뿌리는 자는 말씀을 뿌리는 것**(14절)이라고 하셨습니다. 그러므로 우리가 뿌려야 하는 씨는 반드시 하나님의 말씀이어야 합니다. 다른 씨앗이나 다른 말씀도 뿌려질 수 있습니다. 우리도 마음에 온갖 종류의 씨앗을 뿌릴 수 있습니다. 실제로 많은 사람들이 그렇게 합니다. 예수님께서는 우리에게 반드시 하나님의 말씀을 뿌리라고 하셨습니다. 하나님의 말씀을 고백하는 것을 강조하는 이유가 이것입니다. **우리가 뿌려야 할 것은 하나님의 말씀입니다.**

약속 이행을 위해 반드시 지켜야 할 것

믿음의 고백을 할 때가 아닌 일상의 대화에서 하나님의 말씀을 고백할 수는 없겠지만, 그 대화의 내용은 하나님의 말씀에서 벗어나면 안 됩니다. 우리가 원하건 원치 않건 그 대화에 사용된 말도 씨앗이기 때문입니다. 심고 거두는 하나님의 법칙은 역사합니다. 언제나 역사하지요. 이 법칙을 끄거나 켤 수는 없으며 이렇게 말할 수도 없습니다. "내가 이 말을 하지만, 씨앗을 심는 것은 아니야. 그냥 말하는 것뿐이야." 우리가 하는 말은 항상 심어집니다.

> 누구든지 스스로 경건하다 생각하며 자기 혀를 재갈 먹이지 아니하고 자기 마음을 속이면 이 사람의 경건은 헛것이라(약 1:26)

자기 혀를 재갈 먹이지 않는 사람은 마음을 속이는 것입니다. 그는 자신의 마음 밭을 속여 엉뚱한 것, 즉 입으로 말하는 것을 원하고 있는 것이라고 믿게끔 하는 것입니다. 만일 우리 중 누군가가 "나는 밀을 추수하고 싶어"라고 말하면서 실제로는 옥수수를 심었다면 땅을 속인 것입니다. 땅에서는 옥수수싹이 날 것입니다. 아무리 밀을 원한다고 말해도 심은 것은 옥수수이므로 밀의 싹이 나오지는 않지요. 땅이 추수할 농작물을 결정하는 것이 아니라 *씨앗이 결정하는 것입니다.* 생명은 씨앗 안에 있습니다.

마가복음 4장에서 예수님께서 말씀하신 것을 봅시다. 이 말씀은 믿음과 그에 따른 행동의 균형을 잡아줍니다.

또 가라사대 하나님의 나라는 사람이 씨를 땅에 뿌림과 같으니 저가 밤낮 자고 깨고 하는 중에 씨가 나서 자라되 그 어떻게 된 것을 알지 못하느니라 땅이 스스로 열매를 맺되 처음에는 싹이요 다음에는 이삭이요 그 다음에는 이삭에 충실한 곡식이라 (막 4:26-28)

행동하기에 앞서 성경 말씀의 앞뒤 문맥을 살펴야 합니다

예수님께서는 하나님의 나라가 어떻게 역사하는지에 대해 말씀하시는 것입니다. 믿음에는 행동이 따라야 하지만, 어떤 믿음의 행동을 할 것인지를 정할 필요가 있습니다. 야고보 사도가 "행함이 없는 믿음은 죽은 것"이라고 했을 때 그것은 먹을 것과 입을 것이 필요한 사람들과 관련된 것이었습니다. 먹을 것과 입을 것이 없는 형제에게 "나는 하나님께서 당신이 필요로 하는 것을 모두 채워주실 것을 굳게 믿습니다"라고 말한다면 그 믿음은 적어도 그 궁핍한 형제에게는 죽은 믿음이라는 것입니다.

그 궁핍한 형제에 대한 믿음과 관련된 행동은 먹을 것과 입을 것을 나눠주는 것입니다.

어떤 분은 이렇게 말할 것입니다. "나의 하나님께서 내 모든 필요를 채우실 것입니다."

그런데 그런 고백을 하시는 분은 남에게 잘 나눠주시는 분이신가요? 자신이 부족한 중에도 남에게 잘 나눠주시나요? 자신도 부족한 상황에서 자신의 것을 나눠주는 것은 자신의 필요를 채우기 위해 행해야 하는 믿음의 행동입니다. 성경은 말합니다. "주라, 그리하면 줄 것이니…"

어떤 분이 이렇게 말씀하실지도 모르겠습니다. "무슨 말씀인지 알겠지만, 제 사정을 잘 모르시는것 같네요. 저는 지금 남에게 줄 형편이 못되거든요."

만일 우리가 우리 것을 나눠주지 않는다면 우리는 믿음의 고백에 따라야 할 믿음의 행동을 하지 않고 있는 것입니다. 자신에게 부족한 중에도 나누어야 합니다. 만일 부요하게 된다고 해도 주어야 할 만큼 주지 못하게 될 것입니다. 예수님께서 하신 위의 약속을 믿는 믿음의 행동은 주는 것입니다. 믿음으로 주기만 한다면, 주는 양은 문제가 되지 않습니다.

이와 관련한 믿음으로 행동한 사례가 여기 있습니다. 예수님께서 군중들에게 먹을 것을 주시려고 하자 제자들이 이렇게 말했습니다. "주여 떡 다섯개와 물고기 두 마리밖에 없으니 어찌 이 많은 사람들을 다 먹일 수 있겠습니까?"

예수님께서 *"너희에게 있는 것을 내게 가려오라"* 하셨습니다.

가져다가 축사하신 후 그것을 잘라 제자들에게 나누어 주었습니다. 모두 읽어서 아시는 대로 군중들이 모두 먹고도 열두 광주리에 가득 찼습니다. 제자들이 음식을 나눌 때 사용한 광주리는 모두 열둘이었던 것 같습니다. 예수님께서 떡과 물고기를 나눠 열두 광주리에 담으시고 제자들에게 나눠주라고 하셨습니다.

그곳에는 오천 명의 남자 외에 여자들과 아이들도 있었습니다. 합하여 약 2만명 정도 되었을 것입니다. 제자들은 바구니를 들고 그들에게 가서 떡과 물고기를 나누어주는 믿음에 합당한 행동을 해야했습니다.

그들은 예수님의 말씀에 따라 행동한 것입니다.

다른 사람의 믿음에 근거해서 행동하지 마십시오

우리가 믿음에 합당한 행동을 할 때 언제든지 기억해야 할 것은 그 행동은 하나님의 말씀이나 예수님의 말씀에 따라야 한다는 것입니다.

가끔 어떤 분들은 다른 사람이 행하는 것을 보고 그저 흉내를 내는 사람이 있습니다. "아무개 형제가 자신의 중고차를 필요한 사람에 주었는데 주고 나서 그는 새로운 캐딜락 자동차를 가지게 되었다는군. 나도 내 중고차를 남에게 주어야겠어. 나도 새 차가 필요하거든."

그러나 아무개 형제가 자동차를 내어준 것은 하나님께서 자동차가 필요한 어떤 형제에게 주라고 말씀하셨기 때문입니다. 그는 하나님의 말씀 특히 하나님께서 그 형제에게 개인적으로 하셨던 말씀에 따라 행했던 것입니다. 종종 우리들도 단지 다른 사람이 한 것을 따라서 행동합니다.

만일 자신의 차를 다른 사람의 믿음에 근거해서 남에게 준다면 그는 열 달 이상 차없이 걸어다녀야 할 것입니다. 다른 사람이 그렇게 해서 새 자동차를 얻었다고 해도, 그는 하나님의 말씀을 믿은 것이 아니라 다른 사람의 경험을 믿고 행동한 것이므로 다른 사람과 같은 결과를 얻을 수 없을 것입니다. 다른 사람의 필요를 채워주려고 그렇게 한 것이 아니었지요. 새 차를 얻으려고 그렇게 한 것입니다. 물론 새 차를 얻으려는 것은 잘못된 것이 아닙니다. 하나님의 말씀을 따라 그렇게 한 것이 아니라 다른 사람의 경험에 근거해서 그렇게 한 것이 문제이지요.

하나님의 말씀을 따라 행할 때 열매를 얻게됩니다. 믿음에 상응하는 행동은 반드시 말씀에 근거해야 함을 기억하십시오.

고백하는 것이 씨를 뿌리는 방법입니다

마가복음 4장의 비유에서 씨는 하나님의 말씀이라는 것과, 그 씨는 반드시 우리 각자가 뿌려야 한다는 것을 배웠습니다. 씨를 뿌리면 반드시 싹이 나서 자랄 것입니다. 우리가 할 일은 그렇게 될 것을 믿고 씨를 뿌리는 것입니다.

이것을 기억하면서 마가복음 11장을 봅시다.

> 내가 진실로 너희에게 이르노니 누구든지 이 산더러 들리어 바다에 던지우라 하며 그 말하는 것이 이룰 줄 믿고 마음에 의심치 아니하면 그 대로 되리라(막 11:23)

이 성경 말씀을 좀 더 잘 이해하기 위해서 본문 말씀 중 말을 씨로 대체해서 읽으면 이렇게 될 것입니다. **"누구든지 이 산에게 들려서 바다에 던지우라고 씨를 뿌리고, 마음에 의심하지 않고 씨를 뿌린 대로 열매 맺게 될 것을 믿으면, 그가 씨를 뿌린 그대로 열매를 거두게 될 것이다"**(막 11:23).

때때로 이렇게 바꿔서 읽는 것이 도움이 됩니다. 성경 말씀을 바꾸려는 것이 아닙니다. 말씀을 좀 더 잘 이해하기 위해서 새로운 관점으로 볼 수 있도록 잠시 다른 단어를 대신 넣어본 것입니다.

농부가 무엇을 땅에 심으면 심은 것을 거두게 될 것이라는 것은 이해하기 어렵지 않습니다. 아무도 어렵다고 말하지 않을 것입니다. 아주 쉬운 이야기지요. 그런데 우리가 예수님의 말씀 즉 "누구든지 말한 대로 거두리라"는 말을 하면 논쟁을 벌이려는 사람들이 있습니다. 말하는 것은 씨를 뿌리는 것을 말하는 것이지요. 어떤 분들이 믿든지 믿지 않든지 상관없이 이것은 진리입니다. 이 진리를 부인하면서 동네방네 떠들고 다니는 사람들이 많다고 해도 세상 일은 이 진리대로 움직여갑니다.

그렇지만 제 말의 의미를 오해하지는 마십시오 한 마디 말로 모든 것을 다 이룰 수 있다고 말하는 것은 아닙니다. 일반적으로 우리의 고백이 우리 마음에 심어지려면 꽤 오랜 시간의 반복이 필요합니다.

일단 마음이 씨를 받아들이면 그 씨를 품게 될 것입니다. 우리가 그 말을 믿기 전까지는 마음이 우리의 말을 받아들이지 않겠지만, 믿으면 꼭 그 열매를 보게 될 것입니다. 마음으로 믿는 것은 하나님의 말씀을 품을 수 있는 능력입니다. 아이가 세상에 태어나려면 먼저 어머니의 태 중에 생겨나야 하듯이 말의 열매를 보려면 먼저 말씀이 마음에 품어져야 합니다. 말씀을 믿기 위해 반복해서 고백해야 합니다. 믿음은 들음에서 납니다. 그러므로 우리가 듣는 것이 부정적인 것이든 긍정적인 것이든 상관없이 이것은 진리입니다.

뿌린대로 거두는 법칙

스스로 속이지 말라 하나님은 업신여김을 받지 아니하시나니 사람이 무엇으로 심든지 그대로 거두리라(갈 6:7)

선한 사람은 그 쌓은 선에서 선한 것을 내고 한 사람은 그 쌓은 에서 한 것을 내느니라(마 12:35)

다른 방식으로 말씀하기는 했지만, 바울과 예수님은 성경의 두 구절에서 같은 교훈을 주신 것입니다.

이 세상의 지식으로도 쉽게 이해할 수 있습니다. 이것이 사실이란 것을 알 것입니다. 농부가 어떤 씨를 뿌리면 반드시 같은 열매를 거둘 것입니다. 하물며 *하나님의 말씀은 썩지 않을 씨*이니, 얼마나 더 잘 열매를 거두게 되겠습니까?

어떤 사람이 이 말을 듣고 이렇게 말하더군요. "글쎄요. 그렇게만 되면 얼마나 좋을까요." 이것은 마치 농부에게 "오, 당신이 뿌린 대로 거둔다면 얼마나 좋을까요"라고 말하는 것과 같습니다. 농부에게 가서 아무리 말을 해도 농부는 경험을 통해 이미 그것을 알고 있으므로 농부를 설득해서 씨앗을 뿌리지 못하게 할 수는 없을 것입니다.

이렇게 역사하는 것입니다! 이것은 원리입니다. 하나님께서 정하신 방법입니다. 믿기 전에 어떻게 그런 일이 일어나게 되는지 완전히 이해하려고 애쓰지 않아도 말씀을 듣고 믿으면 열매를 거두게 될 것입니다.

처음에는 이해하기 어려울지도 모릅니다. 이해되는 데까지 이해하고, 성경이 말씀하는 것에 단순히 순종하십시오. 예수님께서 말씀하신 것에 따르면, "누구든지 이 산더러 **들리어** 바다에 던져지라 (말)하며"(막 11:23), "이 뽕나무더러 **뿌리가 뽑혀** 바다에 심기어라 (말)하였을 것이요"라는 말이 바로 씨입니다. 이 말을 하기 시작할 때에는 아무런 일도 일어나지 않았습니다. 산도 나무도 움직이지 않았으며, 우리들의 문제도 말을 할 때에는 아무런 변화가 없었습니다. 하지만 예수님께서는 그것들이 우리의 말에 순종할 것이라고 말씀하셨습니다. 믿음으로 가득한 우리의 말은 산을 움직일 것입니다.

이렇게 말하는 분이 있습니다. "결과가 나타나기 전까지 섣불리 그렇게 말해서는 안 되지."

글쎄요. 결과가 나타난 때라면 어느 누가 그것을 말하고 싶어 할까요. 그때에는 모든 사람이 결과를 알고 있습니다. 그때엔 믿음을 사용할 필요가 없지요. 이것은 마치 농부가 봄에 이렇게 말하는 것과 같습니다. "가을까지 기다려서 추수할 수 있다는 것을 확인해보고 씨를 뿌려야겠다."

그러나 사실 씨를 먼저 뿌리지 않으면, 추수하게 될지 알 수 있는 방법은 없지요.

헛된 말이라도 자주하면 그것에 묶이게 됩니다

여러분이 누구에게든 하나님의 말씀의 원리를 가르쳐 보면 마귀가 어떻게 사람들의 마음을 가리고 또 그들을 속이는지 알게 될 것입니다. 그들은 진정한 그리스도인이며, 심지어 성령 충만한 그리스도인들입니다. 때때로 그들은 우리가 하나님의 말씀을 믿는다는 사실 때문에 화를 냅니다. 그들은 하나님의 계시된 진리에 대해서 자신들의 마음을 닫아버렸습니다.

그들은 종종 우리에게 이런 식으로 말합니다. "당신들은 환상의 세계 속에 살려고 하는군요. 어떻게 이런 것들을 고백하나요? 스스로를 하나님이라고 생각하는군요."

물론 제가 하나님은 아닙니다. 다만 하나님의 성품에 참여한 자일 뿐입니다. 하나님께서 정해 놓으신 법칙에 따라 행할 능력을 갖게되었지요.

결론만 다시 말씀드리겠습니다. 우리가 말을 하는 것은 씨를 뿌리는 것과 같습니다. 그러나 한 번 말했다고 해서 또 백 번 정도 말했다고 해도 그것만으로는 말한 대로 이루어지지 않을 것입니다. 그러나 듣게 되면 믿음이 생겨나며, 들은 것을 말하게 되면 하나님의 원리가 작용하며, 마음으로 믿고 의심하지 않으면 말한 것의 씨앗은 마음에 심어지게 됩니다.

어떤 분들은 자신의 재정문제에 대해 말하면서 자기 자신도 그 말을 믿지 않습니다. 그들은 자신의 재정상태에 대해서 이렇게 말합니다. "큰일이네. 이제 곧 부도가 나겠군. 당연히 곧 파산하겠어."

처음엔 자신이 하는 말이지만 믿지 않습니다. 그러나 반복하다 보면 그것을 믿게 되고 곧 그 마음에 가난의 씨앗을 뿌리게 되는 것입니다.

우리 입이 우리 마음을 속이지 못하도록 하십시오

어려운 처지에 놓인 수많은 사람들은 자신이 어떻게 해서 그런 어려움에 빠지게 되었는지를 모르는 경우가 많습니다. 하지만 그들과 잠시만 이야기할 수 있다면 그들이 어떻게 해서 그렇게 되었는지 저는 영적 지식을 통해 알 수 있습니다. 그리고 영적 지식을 통해 그들에게 그것을 말해줄 수 없다는 것도 압니다. 그들은 제 말을 받아들이지 않을 것이니까요. 제가 가르쳐주어도 그들은 그것이 자신들을 어려움에 빠지게 한 원인이라는 것을 믿지 않을 테니까요. 그들은 그것이 자신들의 문제라는 것을 믿으려 하지 않을 것입니다.

거의 대부분의 경우 그들의 문제는 바로 코 아래 3 센티미터, 즉 그들의 입으로 잘못 고백하는 것입니다. 그들의 입이 그들의 마음을 속인 것이지요. 그들은 자신이 원하지도 않는 것의 씨를 뿌렸습니다. 그들은 원하지 않는 것이었지만, 그것을 말함으로 그것을 구한 것이 되었고, 두려움을 가져온 것입니다. 두려움은 믿음의 자리를 차지하고 앉아 그들이 원치 않는 일이 일어나도록 합니다.

두려움의 파괴력은 대단합니다. 두려워하는 것은 마귀를 믿는 것과 같습니다. 이 두려움은 결코 하나님께로부터 말미암은 것이 아닙니다.

> 하나님이 우리에게 주신 것은 두려워하는 마음이 아니요 오직 능력과 사랑과 절제하는 마음이니(딤후 1:7)

이 진리를 다시 한번 강조하고 싶습니다. 우리들의 말은 우리가 뿌리는 씨와 같습니다. 우리가 뿌린 그것이 우리가 거두게 될 바로 그것입니다. 마가복음 11장 23절은 이 원리를 확증해줍니다. 사도 바울은 갈라디아서 6장에서 다른 방법으로 이 원리에 대해 말하고 있습니다.

> 스스로 속이지 말라 하나님은 업신여김을 받지 아니하시나니 사람이 무엇으로 심든지 그대로 거두리라(갈 6:7)

갈라디아서의 이 말씀은 마가복음 11장 23절을 뒷받침해줍니다. 같은 진리를 확증하고 있습니다. 이 구절을 풀어서 말해보겠습니다. "속임을 당하지 마십시오. 하나님께서는 조롱을 당하시는 분이 아니십니다. 사람이 무슨 말을 하든지 말한 것을 거두게 될 것입니다."

우리가 무엇을 말하든지 말한 그것을 거두게 될 것입니다. 나온 결과물은 우리가 무엇을 뿌렸는지를 말해줍니다.

주제를 잊어버리지 않을 것이니, 잠시만 다른 이야기를 해보겠습니다.

믿음에 상응하는 행동에 있어서의 균형에 대한 기본적인 성경 구절로 다시 돌아가 보겠습니다.

> 땅이 스스로 열매를 맺되 처음에는 싹이요 다음에는 이삭이요 그 다음에는 이삭에 충실한 곡식이라. 열매가 익으면 곧 낫을 대나니 이는 추수 때가 이르렀음이라(막 4:28,29)

땅이 스스로 열매를 맺듯이 사람의 영 즉 마음도 스스로 열매를 맺습니다. 우리가 말한 것이 우리 마음 밭에 뿌려집니다. 우리의 마음 즉 영이 우리가 말한 하나님의 말씀에 상응하는 행동을 얻게 되면, 우리는 영으로 하나님과 접촉하게 됩니다. 우리가 잠을 자고 있는 동안에도 우리가 한 말은 우리 영으로 하여금 하나님의 말씀에 일치해서 역사하도록 합니다.

마치 농부가 잠을 자고 깨고 하는 동안 땅이 열매를 맺는 것과 같습니다. 우리 영 안에서도 같은 일이 일어납니다. 우리 안에 있는 하나님의 나라에 우리가 말한 것이 씨가 되어 뿌려집니다. 하나님께서는 우리가 이렇게 말함으로 씨를 뿌리기를 원하십니다. "나의 하나님이 그리스도 예수 안에서 영광 가운데 풍성한 대로 나의 모든 쓸 것을 채우실 것이다. 나는 아무것도 부족한 것이 없다. 하나님께서 후히 되어 누르고 흔들어 넘치도록 하여 채우실 것이다." 우리의 재정적인 문제와 관련해서 이것을 말함으로 씨를 뿌리면 자고 깨고 하는 동안에도 말씀은 원리대로 역사합니다. 우리의 육신이 잠을 자는 동안에도 우리의 영은 잠을 잘 필요가 없습니다. 우리는 썩지 않을 씨를 뿌린 것입니다.

주님의 등불

사람의 영혼은 여호와의 등불이라 사람의 깊은 속을 살피느니라
(잠 20:27). 사람의 영은 하나님께서 우리의 속을 밝히시는 데 사용하는 전구와 같습니다. 우리가 잠을 자는 동안 우리의 영은 하나님과 계속 교제를 합니다. 우리의 영은 우리가 뿌려놓은 말 즉 하나님의 약속이 우리 삶 속에서 열매를 맺는 길을 알아내기 위해 하나님의 지혜의 길에서 방법을 찾고 있는 것입니다.

어떤 분들은 하나님께서 자신에게 하늘로부터 돈을 쏟아부어주실 것이라고 생각합니다. 그러나 그렇게 하는 것은 하나님의 방법이 아닙니다. 하나님께서는 우리에게 좋은 사업의 기회를 가져다주시거나 또는 누군가를 통해 우리가 필요한 돈을 가져다주실 수도 있지요. 그러나 항상 이와 같은 방법으로만 역사하는 것은 아닙니다. 메일로 수표가 날아오기만을 기다리지는 마십시오. 하나님은 매우 다양한 방법으로 약속을 이루십니다.

좋은 거래가 성사되도록 하실 수도 있고, 좋은 부동산 투자의 기회를 주실 수 있을 것입니다. 우리가 전혀 상상하지 못한 새로운 방법을 포함해서 모든 방법으로 약속을 이루실 것입니다.

하나님께서는 반드시 자신의 약속을 이루시지만, 늘 우리가 생각하는 대로 하시는 것은 아닙니다. 우리가 잠을 자는 동안 씨는 싹이 나서 자랍니다. 우리의 영은 하나님의 지혜의 방법을 찾고 있는 것입니다.

> 사람의 일을 사람의 속에 있는 영 외에 누가 알리요 이와 같이 하나님의 일도 하나님의 영 외에는 아무도 알지 못하느니라(고전 2:11)

사람의 영은 말 그대로 우리의 영을 말합니다. 이 영이 하나님의 등불이며, 사람의 깊은 곳을 살핍니다. 사람의 깊은 곳은 우리의 속사람을 말하는데, 우리의 영이 거하는 곳, 하나님의 나라가 존재하는 바로 그곳을 말합니다.

하나님의 영은 우리의 영과 접촉하여 우리를 깨우치십니다

"…사람의 일을 사람의 속에 있는 사람의 영 외에 누가 알리요" (고전 2:11). 이 말씀의 의미는 이렇습니다. 우리는 자신에 대해서나 스스로가 원하는 것이 무엇인지에 대해서 조차 잘 모르지만, 우리의 영은 우리에 대해서나 하나님에 대해서 잘 압니다. 우리의 영이 하나님의 영과 접촉하고 있을 때 우리는 모든 지혜의 근원에 연결되어 있기 때문입니다. 우리는 영을 통해 모든 지혜의 근원에 접근할 수 있습니다.

우리의 영에 무엇을 심으면 우리의 영은 밤낮으로 하나님의 영과 접촉해서 우리가 심은 것이 그리스도 안에서 영광가운데 풍성하게 열매 맺도록 할 방법을 찾습니다.

예를 들어 우리가 하나님의 말씀 즉 "우리는 주 안에서 풍성하며 부족함이 없다"라는 말씀을 마음에 심으면 우리의 영이 그 말씀을 품습니다. 그리고 우리가 고백한 믿음에 상응하는 믿음의 행동을 하게 되면 우리의 영은 하나님의 영과 접촉을 해서 열매 맺을 방법에 대한 정보를 구합니다. 하나님께서 그의 영으로부터 계시를 통해 그 방법을 우리의 영에 전달합니다.

그리고 얼마 후에 – 몇 시간, 며칠 또는 몇 달 후 – 싹이 나게 되고 그제서야 그것을 보고 이렇게 말하게 됩니다. "도대체 이 싹은 어디에서 온 것일까?"

그 싹은 우리가 고백한 것(씨를 뿌린 것)에서 자라난 것입니다. 우리가 하나님의 약속을 마음 밭에 뿌렸었지요. 우리의 영이 우리가 고백한 하나님의 약속을 품은 뒤엔 하나님의 영과 접촉하여 계시를 받기까지 밤낮으로 일했던 것입니다. 구하는 자마다 받을 것이요. 우리가 심은 씨가 결실을 맺도록 땅에게 구했던 것입니다.

생산기지

땅과 같은 사람의 영, 즉 마음은 생산하도록 만들어졌습니다. 마가복음 4장에서 땅은 무엇을 생산해내는 생산기지입니다. 땅은 사람의 마음인데 우리가 구하는 것을 만들어내는 생산기지입니다.

땅에 씨를 뿌린 뒤에는 다시 일상으로 돌아가 자고 깨고 합니다. 어쩌면 우리가 잠을 자는 동안 열매를 맺을 수도 있습니다. 또는 고속도로를 운전해 갈 때 갑자기 어떤 생각이 납니다. '그렇지, 예전에 왜 이 생각을 못했지?'

예전에 결코 그런 생각을 할 수 없었던 이유는 씨를 심지 않았었고 그래서 우리의 영이 하나님의 영에게 계시를 요청하지 않았기 때문입니다. 하나님께서는 그리스도 예수 안에서 영광 가운데 풍성한 대로 우리의 모든 쓸 것을 채울 수 있는 계시를 우리에게 주실 수 있습니다. 그 계시는 하나님의 영에게서 나오며 우리의 영에 전달되는 것입니다.

이런 가르침을 이해하지 못하는 사람들은 이런 가르침에 대해 비판적입니다. 그들은 우리의 영을 통해 역사하시는 성령의 사역을 이해하지 못한 채 우리가 하나님의 약속을 들고 하나님께 나아가 그것을 주시도록 하나님을 강요하는 것이라고 생각합니다. 전혀 그렇지 않습니다. 하나님께 주시기를 강요하는 것이 아니라, 단지 하나님의 약속이 우리 삶에 열매 맺도록 씨를 뿌렸을 뿐입니다. 이렇게 하는 것은 우리에게서 나온 생각이 아니며 하나님이 정해놓으신 방법입니다.

우리의 태도를 점검해야 합니다

이렇게 우리의 사역을 비판하는 사람을 우리가 똑같이 비판할 필요는 없습니다. 우리는 이런 사람들을 지혜로운 태도로 대해야 합니다. 그들을 위해 기도하며, 잘 가르쳐야 합니다. 또 이런 사람들을 대하는 우리의 태도가 굳어지지 않도록 자주 스스로를 점검해 보아야 합니다.

그들의 비판은 단지 이 사역에 대한 이해의 부족에서 나오는 것이므로 그들에게 지혜를 주시도록 기도하고, 기회가 될 때마다 그들을 가르쳐야 하며 그들을 비난해서는 안 됩니다.

하나님께서 모든 것을 공급하십니다

> 땅이 있을 동안에는 심음과 거둠과 추위와 더위와 여름과 겨울과 낮과 밤이 쉬지 아니하리라(창 8:22)

이 성경 말씀은 하나님께서 정해놓으신 심고 거두는 법칙을 말하고 있습니다. 땅이 존재하는 한 이 법칙은 변함 없이 적용될 것입니다. 땅은 씨앗이 뿌려지기만 하면 반드시 열매를 냅니다. 뿌리면 거두게 되어 있으므로 법칙이라고 불러도 좋을 것입니다. 에덴동산은 아담의 완전한 공급처였습니다. 아담에게 필요한 모든 것을 이 동산이 공급해주었지요.

마태복음 6장 9-10절을 통해 예수님께서 제자들에게 이렇게 기도하라고 하십니다. 즉 하나님의 나라가 임하옵시며, 뜻이 하늘에서 이루어진 것 같이 이 땅에서도 이루어지이다. 이렇게 기도를 가르쳐 주셨지만 예수님께서는 하늘에서처럼 땅에서도 하나님의 뜻이 이루어지는 것은 단지 그것을 구하기만 해서 되는 일이 아님을 알고 계셨습니다. 그러나 제자들은 이 기도문대로 기도해야 했습니다. 예수님께서 기도문을 가르치시면서 제자들에게 강조하고 싶으셨던 것은 이런 의미였다고 믿습니다. "하나님의 나라가 너희에게 임하면 하나님의 뜻이 하늘에서 이루어진 것처럼 이 땅에서도 이루어질 것이다."

오순절날 이 기도는 부분적으로나마 응답되었습니다. 오순절날 하나님의 나라가 거듭난 사람들의 심령속에 확립되었습니다. 이렇게 임했던 하나님의 나라는 장차 나타날 새 예루살렘의 하나님의 나라와 같은 것이지만, 각각의 경우에 그 모습이 다르게 나타난 것입니다. 마치 에덴동산이 아담에게 모든 필요를 채워주었던 것처럼 이 하나님의 나라는 우리에게 모든 필요한 것을 공급해줄 수 있습니다. 우리 안에 에덴동산을 가지고 있는 셈입니다. 하나님의 나라가 우리에게 주어졌으며, 그것은 우리의 에덴동산입니다(눅 12:32, 눅 13:19).

하나님의 나라는 에덴동산처럼 우리의 모든 필요를 채워줄 것입니다. 우리가 원하는 것과 관련된 약속을 우리에게 주실 것입니다.

중요한 것은 우리가 하나님의 말씀을 땅에 심어야 한다는 것입니다. *하나님께서는 심는 자에게 심을 것 – 하나님의 약속의 말씀 – 을 주셨습니다.* 씨앗은 하나님의 말씀이며, 땅은 사람의 마음입니다.

기도 후에 뒤따라야 할 믿음에 상응하는 행동

기도한 후에 그것이 이미 이루어졌다고 믿는 것 즉 믿음에 상응하는 행동은 주신 것을 감사하는 것입니다. 무엇을 구하든지 구할 때마다 그것이 이루어졌음을 믿어야 합니다.

> 그러므로 내가 너희에게 말하노니 무엇이든지 기도하고 구하는 것은 받은 줄로 믿으라 그리하면 너희에게 그대로 되리라 (막 11:23)

반드시 진정으로 원하는 것을 하나님께 구해야 합니다. 문제가 생기는 것을 원치 않는다면 구할 때 문제를 말하지 않아야 합니다. 구할 때 문제를 말하면 문제를 받게 될 것입니다. 구할 때 문제를 자주 말하면 그 문제에 대한 해답보다 문제 그 자체에 대한 믿음이 더욱 생겨나게 됩니다. 원하는 것을 기도하십시오. 문제의 해결이 우리가 원하는 것이겠지요. 부족함에 대한 해결책은 넉넉함입니다. 그러므로 기도할 때 풍성한 공급하심을 말하고 부족함을 말하지 마십시오.

구할 때 믿어야 합니다. 구할 때 구한 것을 얻은 것으로 믿으십시오. 눈에 나타날 때까지 기다리지 마십시오. 구할 때 믿으십시오. 지금 믿으면 후에 얻게 될 것입니다.

물론 구한 것이 아직 손에 들어온 것은 아니지요. 구한 것을 받은 줄로 믿으라는 이야기는 이미 손에 들어왔다고 말하라는 것이 아닙니다. 그러나 믿음으로 고백하는 순간 적어도 하나님을 믿는 믿음의 영역에서는 이미 얻은 것입니다. 예수님께서 그렇게 말씀하셨으므로 그것은 사실입니다.

남을 속이는 행동은 믿음에 상응하는 행동이 아닙니다

우리가 구한 것을 받았다는 것을 다른 사람에게 믿도록 하려고 애쓸 필요는 없습니다. 다른 사람들은 우리가 받았다는 것을 믿을 필요가 없습니다. 그러나 나 자신은 그것을 믿어야 합니다. 고백을 하고 있는 시점에서 이미 가진 것처럼 거짓을 말하는 것이 믿음에 따르는 행동이라고 오해하는 사람이 있습니다. "나는 새 차를 얻었어. 이미 받았단 말이야. 네가 나의 새 차를 봐야 하는 건데 말이야. 차고에 있거든."

아직 열매가 나타나지 않은 것을 남에게 믿게 하려고 그 사람을 이렇게 속인다면 그것은 거짓말을 하고 있는 것입니다. 그러나 단지 우리가 하나님의 말씀을 고백하는 것을 다른 사람이 듣고 '흠 이 친구가 새 차를 얻은 모양이군' 이라고 추측한 것이라면 우리가 거짓을 말한 것은 아니지요. 우리가 아브라함이 한 것처럼 없는 것을 있는 것 같이 부르고 있는 것을 그 사람이 듣게 된 것뿐입니다.

우리에게 아직 열매가 나타나지 않은 것을 다른 사람이 믿도록 강요하지 마십시오. 그렇게 하는 것이 믿음에 상응하는 행동이 아닙니다. 그것은 다만 거짓말일 뿐입니다. 믿음에 상응하는 행동은 하나님을 찬양하는 것입니다. "하나님 아버지 감사합니다…저는 제가 구한 것을 받았음을 믿습니다." 구한 그것이 아직 실재로 얻어지기 전이지만 영의 세계에서는 이미 그것을 얻었습니다.

우리가 구한 그것을 이미 받았다고 믿는다면 그것을 다시 같은 방법으로 구하지 마십시오. 다만 응답주신 것에 대해 감사하십시오. 오늘 구한 것을 내일 아침에 다시 구한다면 그것은 불신앙의 표시입니다.

그러나 이런 가르침이 우리를 얽어매도록 하지는 마십시오. 기도에는 여러 종류가 있습니다. 간구기도, 감사기도, 중보기도는 서로 다르므로 모든 기도에 항상 같은 원리가 적용되는 것은 아닙니다.

때로는 아무것도 하지 않는 것이 믿음에 상응하는 행동일 수 있습니다

"성경을 보니까 끈기 있게 믿음을 가지고 계속 기도하라고 하던데요"라고 말씀하시는 분이 있습니다.

이런 분들은 늘 불의한 재판관 예화와 한밤중에 친구에게 떡을 구하러 온 사람의 예화를 인용합니다(눅 18장, 11장). 한밤중에 친구에게 떡을 구하러 온 사람의 "강청(importunity)"은 끈질김을 의미합니다. 믿음에 있어서의 끈질김은 다른 분야에서의 끈질김과는 조금 다릅니다. 믿음의 끈질김은 떡을 구한 뒤에 그곳에 버티고 서서 떡을 받을 때까지 끈질기게 기다리는 것을 말합니다.

믿음의 끈질김은 받은 것으로 믿는 믿음이며 그것이 눈에 보이는 현실세계에 나타날 때까지 뒤로 물러가지 않고 끈질기게 기다리는 기다림입니다. 믿음의 끈질김은 반복해서 달라고 말하는 것은 아닙니다.(받았다고 믿는다면, 다시 그것을 달라고 구할 필요가 없겠지요?) 다시 달라고 한다면 자신의 기도가 불신앙의 기도임을 입증하는 것이지요. 믿음에 상응하는 행동 중의 하나는 한 번 구하고 받은 것으로 믿은 그것에 대해 다시 구하지 않는 것입니다. 이것은 끈질긴 믿음을 보이는 아주 적절한 믿음의 행동입니다.

우리가 지금 이야기하는 것은 간구하는 기도의 원리에 대한 것입니다. 간구하는 기도와 중보의 기도의 차이점을 말씀드리겠습니다.

간구의 기도는 하나님께 무엇을 구하는 것입니다. 하나님의 말씀에 근거하여 믿음을 가지고 하나님께 무엇을 해달라고 구하는 기도는 한 번으로 족합니다. 그 뒤엔 하나님께 감사함으로 믿음에 상응하는 행동을 하면 됩니다. 그런 행동이 우리의 믿음과 일치하는 것이지요. 요한일서 5장 14, 15절은 이것을 아주 잘 말해줍니다.

> 그를 향하여 우리가 가진 바 담대함이 이것이니 그의 뜻대로 무엇을 구하면 들으심이라 우리가 무엇이든지 구하는 바를 들으시는 줄을 안즉 우리가 그에게 구한 그것을 얻은 줄을 또한 아느니라(요일 5:14,15)

그러나 중보기도할 때 하나님의 말씀에 근거해서 반복해서 선포하는 것은 성경적이고, 적절한 기도 방법입니다. 그것은 중언부언하는 기도가 아닙니다. 예수님께서는 이렇게 가르치셨습니다.

> 또 기도할 때에 이방인과 같이 중언부언하지 말라 그들은 말을 많이 하여야 들으실 줄 생각하느니라(마 6:7)

반복적으로 구하는 것은 믿음에 상응하는 행동이 아닙니다

 우리 중 많은 분들이 응답받는 기도를 하려면 구하는 것을 계속 반복해야 한다고 배웠을 것입니다. 그렇게 반복해서 구하면 하나님께서 지치셔서 마침내 구하는 것을 허락하신다는 것이지요. 이런 생각엔 성경적인 근거를 찾을 수 없습니다. 그럼에도 불구하고 이런 가르침이 성경적 근거가 있는 것이라고 생각하시는 분이 있습니다. 그러나 만일 그분들이 조금만 더 세심하게 성경을 분별해 본다면 잘못 생각했다는 것을 알게 될 것입니다. 사람들이 잘못 인용하는 성경 구절을 이제 간략하게 살펴보겠습니다.

 첫째는 과부와 불의한 재판관의 예화입니다. 누가복음 18장 1-6절을 보십시오. 대부분의 사람들은 과부가 불의한 재판관을 계속 찾아온 것으로 알고 있습니다. 그러나 과부는 한 번 찾아갔을 뿐입니다. 그 재판관은 다만 그 과부의 믿음의 담대함 때문에 그는 과부의 청을 들어준 것입니다. (저자의 다른 책 「Kicking Over Sacred Cows」을 참고하십시오.) (개역개정성경에는 누가복음 18장 3절에 "…과부가 '자주' 그에게 가서…"라고 번역되어 있으나 원어 성경은 "자주"라는 단어는 없으며 다만 "그에게 가서"로 되어 있음. 역자 주)

 두번째는 한밤중에 떡을 구하러 온 사람의 예화입니다(눅 11:5). 성경은 친구집을 찾아간 그 사람이 단 한 번도 문을 두드렸다고 말하고 있지 않음에도 불구하고 그가 계속해서 문을 두드렸다고 말씀을 잘못 인용하는 것을 여러 번 들으셨을 것입니다. 그는 청한 뒤에 다만 문밖에 서서 구한 것을 얻기까지 끈질기게 기다렸을 뿐입니다. 그렇게 하는 것이 믿음에 상응하는 행동의 좋은 예입니다.

만일 기도할 때 우리가 구한 것이 이미 해결되었음을 진실로 믿는다면 다시 구하지 않을 것입니다. 원하는 것을 구했고 그것을 얻었음을 이미 알고 있으니까요. 그러나 중보기도의 경우는 다릅니다. 하나님의 말씀에만 근거해야 합니다. 중보기도는 무엇인가를 변화시키는 기도입니다. 하나님께 구해야 할 성질의 것이 아닙니다. 견고한 진을 파하는 것입니다. 간구하는 기도는 단 한 번, 믿음으로 구하면 그것으로 족하며 그 뒤엔 그것이 이루어질 때까지 하나님을 찬양하십시오. 만일 지금까지 불신앙으로 구하셨다면 다시 한번 구하십시오. 그리고 이렇게 기도하십시오. "아버지 저의 믿음 없었음을 용서하세요. 제가 이제부터 하는 기도는 믿음의 기도입니다."

하나님의 말씀을 사용해서 기도하는 것이 믿음에 상응하는 행동입니다

중보기도를 통해 하나님의 말씀을 사용하는 기도를 하게 됩니다. 이 기도는 밤낮 계속 반복할 수 있습니다. 이렇게 기도하면 우리의 믿음이 세워지며, 우리의 말과 하나님의 말씀이 합하여져서 무엇인가를 바꾸게 되는 것입니다.

중보기도는 이런 식으로 할 수 있습니다.

"아버지, 저에게 예수님의 이름을 사용할 권세를 주시니 감사합니다. 내가 예수 그리스도의 이름으로 나의 형의 재정문제를 공격하는 모든 정사와 권세와 어둠의 세력을 굴복시키노라."

"내가 너희들의 모든 공격을 아무런 힘도 없고, 제대로 기능하지도 못하게 만드노라. 예수 그리스도의 이름으로 악한 세력의 힘을 부수노라. 살아계신 성령님, 자유롭게 활동하셔서 형에게 계시를 보이시고 하나님의 방법을 알려주시도록 초청합니다. 내가 예수 그리스도의 이름으로 나의 형을 공격하는 마귀의 권능을 멸하노라."

이런 기도를 통해 무엇인가에게 영향력을 행사하고 있는 것입니다. 하나님께 무엇을 해주시도록 기도하는 것과는 다르지요. 아마 여러분들도 이런 기도는 하나님께 무엇을 간구하는 기도 즉 "아버지, 아무개 형제에게 일꾼을 보내셔서 하나님의 말씀을 전하도록 해주십시오"라는 기도와는 다르다는 것을 아셨을 것입니다.

하나님께 무엇을 해달라고 청하는 간구의 기도는 한 번으로 족합니다. 이런 간구의 기도를 한 후 우리가 행하는 믿음의 행동에는 두 가지가 있습니다. 1) 같은 방법으로 이런 기도를 두 번 다시 되풀이하지 않는 것이며, 2) 우리가 간구한 것을 응답하실 하나님께 찬양하는 것입니다.

그러나 무엇인가에 영향력을 행사하는 중보의 기도는 반복할 수 있습니다. 이렇게 하는 것은 중언부언하는 것이 아니며 우리의 믿음과 권세를 사용하는 것입니다.

균형 잡힌 믿음에 상응하는 행동

믿음에 상응하는 행동을 좀 더 잘 이해할 수 있도록 실생활의 예를 들어 설명해 보겠습니다. 예를 들어 우리가 자동차를 카센타로 몰고가서 기술자에게 차의 엔진을 정밀하게 점검해달라고 부탁한다고 합시다.

정비기술자들은 대개 이렇게 말하지요. "잘 오셨습니다. 염려 놓으세요. 제가 우리나라에서 제일 잘하는 기술자입니다. 제가 손을 좀 보면 새 차처럼 잘 달리게 될 것입니다. 제대로 찾아오셨습니다. 제게 맡겨주세요."

차를 맡기고 나면 정비기술자가 차를 점검할 것입니다. 그런데 그 정비기술자가 믿음에 상응하는 행동을 제대로 이해하지 못한 사람이라면 아마도 이렇게 생각할 것입니다. '흠, 나는 이 차가 새 차처럼 고쳐질 것을 믿어. 그런데 내 믿음이 진정한 것이라면 내가 믿음에 상응하는 행동을 해야겠지.'

그리고서는 엔진을 분해해서 점검하다 말고 엔진을 다시 조립해놓지도 않은 채 이렇게 말합니다. "자 이제 나는 이 차가 완전히 고쳐졌음을 믿으니 그에 상응하는 믿음의 행동을 해야겠어." 그리고 차 주인에게 전화를 해서 차가 다 고쳐졌다고 말합니다. 이렇게 행동하는 기술자가 있겠습니까? 아마도 없을 것입니다.

그의 믿음의 행동은 현실과 균형이 맞아야 했습니다.

그런데 믿음으로 치유를 구하거나 기타 다른 것들을 구할 때, 마치 이 사람처럼 행동하는 사람들이 있습니다. 예를 들면 자기의 시력을 회복하기 위한 기도를 하는 어떤 사람이 이렇게 말합니다. "이제 내 눈의 시력이 회복될 것을 내가 확실히 믿으니 그에 상응하는 믿음의 행동으로 내 안경을 밟아버리거나 쓰레기통에 던져 버려야지."

하나님께서 그렇게 하라고 하지 않으셨다면 그렇게 하는 것은 그저 어리석은 행동에 불과합니다. 무엇보다도 안경은 우리의 시력을 회복시켜 주지 않지만, 반대로 안경이 시력이 회복되는 것을 방해하는 것도 아닙니다.

믿는 것이 완전히 이루어진 것처럼 행동하는 것이 실제로 믿음의 열매를 가져온다고 생각하는 사람이 있습니다. "내가 안경을 밟아버린다면 내가 확실한 믿음을 가졌다는 것을 증명하는 것이고, 곧 내가 믿는 것이 실제로 이루어지겠지."

글쎄요? 잘 모르겠지만, 안경을 버린 것이 한 가지 확실히 입증해 준 것이 있는데요. 그것은 다음날 아침에 일하러 갈 때 손으로 길을 더듬으며 가야 할 것이라는 사실입니다. 이런 행동은 엔진을 조립해 놓지도 않고 다 고쳐졌으니 가져가라고 전화하는 자동차 정비 기술자의 행동과 다를 바 없는 어리석은 행동입니다. 이삭에 곡식이 충실할 때까지 기다리는 인내가 필요합니다.

여러분 중에 이렇게 행동하셨던 분이 계시다면 스스로 정죄하지는 마십시오. 잘 모르고 하신 것이니까요. 배우지 않아도 다 잘 하신다면 이 주제에 대해 연구할 필요도 없었겠지요.

믿음의 열매를 앞당기려는 성급함을 자제하십시오

시력 회복과 관련하여 이런 일이 있었습니다. 제가 아는 어떤 여인이 믿음과 치유에 대해 배웠습니다. 그녀는 안경을 착용했었는데, 믿음으로 시력을 회복하고 싶어서 눈에 손을 대고 시력이 회복되기를 기도했습니다.

다음날 그녀는 이렇게 말하며 안경을 착용하지 않았습니다. "나는 내 시력이 회복된 것을 믿어." 그런데 잠시 후에 머리가 아파오기 시작했습니다. 그러자 그녀는 주님께 다시 기도하기 시작했습니다. "주님 이해할 수 없습니다. 저는 치유받았다고 믿었는데요."

그녀는 기도 중에 주님의 음성을 들었습니다. "아직 네게 믿음의 열매가 나타나지 않았단다. 믿음 위에 굳게 서라. 계속 고백해라. 그리고 안경을 가져와서 다시 착용해라. 안경을 쓸 때마다 하나님께 이렇게 감사해라. "하나님, 감사합니다. 치유받았음을 인해 감사합니다. 시력이 완전히 회복되었음을 믿습니다."

그녀는 주님이 가르쳐주신 대로 안경을 쓸 때마다 하나님께 감사하며 고백했습니다. 그녀는 들은 것에 믿음을 화합시켰습니다. 그녀가 안경을 벗어버린 것은 그녀가 믿고 있는 것의 열매가 나타나기도 전에 열매가 나타난 것처럼 행동한 것입니다. 아직 그녀는 겨우 싹을 가졌을 뿐인데 이삭에 곡식이 충실하게 찬 것처럼 성급하게 행동한 것이지요.

예수님이 **"처음에는 싹이요 다음에는 이삭이요"**라고 말씀하신 것을 기억하십시오. 씨가 심어지고 자라는 중입니다. 그녀에겐 아직 추수할 만한 곡식이 생기지 않았습니다. 만일 그녀가 시력이 완전히 회복되면, 그것이 바로 추수할 열매가 맺힌 것입니다.

믿음으로 사는 정도가 아니라, 보이지도 않는데 믿음으로 운전을 하는 분들이 있습니다. 그렇게 하는 것은 성경에 합당한 행동이 아니며, 어리석은 행동이기도합니다. 시력이 회복되고 나서 안경을 벗으십시오. 아직 시력이 회복되지 않았다면 안경을 쓰고 다님으로 성경에 합당한 행동을 하십시오.

이 여인은 계속 고백했습니다. "내 시력은 완전히 회복되었음을 믿는다." 안경을 쓸 때마다 고백했습니다.

이렇게 몇 달이 지난 어느 날 그녀가 안경을 쓰고 있었는데 다시 머리가 아파오기 시작했습니다. 그녀는 다시 주님께 기도했습니다. "주님 어떻게 된건가요. 이젠 안경을 쓰고 있는데도 머리가 아픕니다."

주님이 이렇게 말씀하셨습니다. "안경을 벗어라. 네 눈이 완전히 회복되었단다." 그녀는 그때 비로소 완전한 추수의 때를 맞게 된 것입니다.

자칫 잘못했으면 그녀는 자신의 치유를 못 거두고 망쳐버릴 뻔 했습니다. 불신앙 속에서 "믿음의 고백이란 것이 뭐 이래. 아무 소용도 없잖아"라고 말할 수도 있었지요. 아직 믿음의 열매가 완전해지기도 전에, 그저 싹만 나온 때에 열매를 거둔 것처럼 행동할 수도 있었지요. 하지만 지혜롭게 말씀을 뿌리고 계속 기도하는 중에 믿음을 화합했습니다. 어떤 사람들은 그녀의 행동을 보고 "그런 미적지근한 행동은 믿음에 상응하는 행동이 아닌데"라고 말할지도 모릅니다.

그녀는 열매 맺는 정도에 따라 적절하게 믿음의 행동을 한 것입니다. 마가복음 4장은 이것을 가르쳐주고 있습니다.

> 땅이 스스로 열매를 맺되 처음에는 싹이요 다음에는 이삭이요 그 다음에는 이삭에 충실한 곡식이라. 열매가 익으면 곧 낫을 대나니 이는 추수 때가 이르렀음이니라 (막 4:28-29)

아직 추수 때가 이르기 전에 추수 때 해야 할 믿음의 행동을 미리 할 필요는 없습니다.

요점은 이것입니다.

믿음으로 사십시오. 우리의 믿음이 개발되어지는 정도에 따라 개발된 만큼만 행동하십시오. 열매가 맺히는 정도에 맞게 믿음의 행동을 하십시오. 앞서서 나가지 마십시오.

9
믿음에 상응하는 행동은 균형이 잡혀야 합니다

9장에서도 믿음에 상응하는 행동에 대한 실제적인 가르침을 좀 더 나누고자 합니다. 같은 주제에 대해 너무 많은 이야기를 한다고 생각하실지도 모르겠습니다만, 그만큼 교회에 이것에 대한 가르침이 적었기 때문입니다.

이 주제에 대한 중요한 성경 구절인 마가복음 4장을 다시 한번 살펴보십시오.

> 또 가라사대 하나님의 나라는 사람이 씨를 땅에 뿌림과 같으니 저가 밤낮 자고 깨고 하는 중에 씨가 나서 자라되 그 어떻게 된 것을 알지 못하느니라 땅이 스스로 열매를 맺되 처음에는 싹이요 다음에는 이삭이요 그 다음에는 이삭에 충실한 곡식이라 열매가 익으면 곧 낫을 대나니 이는 추수 때가 이르렀음이라(막 4:26-29)

29절에 초점을 맞추어보겠습니다. **"열매가 익으면 곧 낫을 대나니,**

이는 추수 때가 이르렀음이니라." 열매가 익듯이 믿음의 열매가 무르익을 때가 바로 추수의 때입니다.

많은 분들이 믿음에 대해서 들으면 흥분합니다. 그러나 우리는 사람들이 믿음이라는 말에 흥분하도록 하고 싶은 것이 아니라 믿음의 원리들이 어떻게 적용되는지를 가르치고 싶습니다. 믿음에 대해서 듣고 흥분한 나머지 자신의 믿음의 수준을 넘어서서 달려나가는 사람들이 많습니다. 사람들이 자신의 믿음의 수준을 넘어서서 달려가도록 하고 싶지는 않습니다.

과열된 믿음

이런 과열된 믿음을 베드로에게서 찾아볼 수 있습니다. 그는 흥분해서 배 밖으로 나가 물 위를 걸으려고 했습니다(마 14:22-28). 그의 믿음은 아직 물 위를 걸을 준비가 되지 않았었는데, 물 위를 걸어오시는 예수님을 보게 되었습니다. 배 위에서 괴롭게 노를 젓던 사람들은 아마도 이렇게 이야기했었을 것입니다. "예수님이 지금 우리와 함께 계셨더라면 이렇게 힘들지 않았을 텐데." 이러는 중에 예수님이 물 위를 걸어오시는 것을 보게 되었습니다. 베드로가 흥분해서 외칩니다. **"만일 주님이시거든 나를 명하사 물 위로 오라 하소서."**

아직 물 위를 걸을 믿음은 갖지 못했지만 베드로의 믿음은 매우 흥분된 상태였습니다. 베드로는 그때 자신에게 오라고 해주시도록 예수님께 강요하다시피 하고 있었습니다.

예수님이 뭐라고 대답할 수 있었겠습니까? 예수님께서 이렇게 말씀하실 수는 없었을 것입니다. "아니다. 내가 아니야. 베드로야, 그러지 말아라. 너는 아직 물 위를 걸을 만한 믿음이 없어." 예수님께서는 "오라!"고 말씀하시는 것 외에는 다른 어떤 말씀도 하실 수 없었습니다. 아무 말씀을 하지 않으신다고 해도 그것 역시 거짓이 될 수밖에 없었습니다. 진짜 예수님이심에도 불구하고 '만일 주님이시거든' 이라는 베드로의 질문에 침묵하는 것은 거짓이니까요. 베드로의 요청에 대한 예수님의 유일한 답은 "오라"일 수밖에 없었습니다.

베드로가 물 위를 걷습니다. 그러나 그의 믿음은 예수님의 말씀("오라")을 굳게 붙들 정도까지 개발되지 않은 상태였습니다. 환경에 의해 영향을 받기 시작했고, 드디어 물에 가라앉기 시작했습니다. 믿음이 베드로에게서 떠난 것입니다. 우리가 자칫 잘못하면 아직 믿음에 대해 잘 모르는 사람들의 믿음을 지나치게 흥분시켜 결국 가라앉게 할 수도 있습니다. 사람들은 누군가가 말한 다른 사람들의 성공한 이야기에 지나치게 흥분합니다. "그래 나에게도 저런 일이 일어날거야. 저 사람처럼 놀라운 일이 일어날거야."

그러나 믿음에서 성공한 사람은 자신의 믿음의 수준에 맞는 행동을 한 것입니다. 무턱대고 그를 따라한다면 큰 어려움에 빠지고 말 것입니다. 믿음의 원리에 대해 가르치기 전에 먼저 자신이 충분히 실천해 보아야 합니다. 대개의 경우 자신의 가르침을 실천해보면서 다른 사람에게 그것을 가르칩니다만, 믿음의 원리에 대해서는 이렇게 하는 것으로는 부족합니다. 가르치기 전에 경험이 충분해야 합니다. 사람들이 믿음에 대해서 섣부르게 듣고 흥분하지 말고 그들이 믿음의 원리를 따라 차분하게 실행하도록 도와야 합니다.

자칫 사람들을 그들의 능력을 넘어서서 행동하도록 부추길 수 있습니다. 베드로가 그 좋은 예입니다. 베드로는 지나치게 흥분해서 자신의 믿음의 수준을 넘어서서 행동했습니다. 예수님께서는 베드로가 물 위를 걷기를 원하셨던 것은 아니었습니다. 다만, 베드로가 허락해주시기를 강요하다시피 했기 때문에 예수님께서는 허락하실 수밖에 없었지요. 우리도 주님을 강요하는 잘못을 행할 수 있습니다. 예를 들어 우리가 기도할 때 "주님 제가 이것을 행하는 것이 주님의 뜻인지 확인하고 싶습니다. 만일 저에게 이러 저러한 일이 일어난다면 주님의 뜻으로 알겠습니다."

그 사람이 그렇게 하는 것이 주님의 뜻이 맞더라도, 그것을 그 사람에게 확인시켜주기 위해 다른 어떤 일을 일으키는 것은 주님의 뜻이 아니지요. 우리가 그렇게 기도한다면, 그것은 주님을 강요해서 어렵게 해드리는 것입니다. 그렇게 하는 것은 마치 자신을 스스로 궁지에 몰아넣는 것과 같습니다.

과열된 믿음은 곧 믿음의 낙담을 초래합니다

사람들은 다른 사람의 믿음의 행위를 흉내내려다가 베드로처럼 과장된 믿음의 행동을 할 수 있습니다. 그들은 자신의 믿음의 수준을 고려하지 않고 다른 사람의 믿음의 수준에 맞는 행동을 하려고 합니다. 저의 경우, 몇 년 전에 저는 어느 교회에서 말씀을 가르치고 있었습니다. 가르치는 중에 하나님께서 기적적인 방법으로 제 비행기에 원료를 채워주셨던 것을 간증했었습니다. 미국 북서부지방을 비행하던 중에 길을 잃었습니다. 출발시 단지 4시간 30분을 비행할 연료만을 가지고 있었는데, 이미 그 비행기는 5시간 25분을 비행하고 있었고, 착륙하고 보니 여전히 17갤런의 연료가 남아 있었습니다.

그 교회의 어떤 분이 제 간증을 듣고 흥분이 되었었나 봅니다. 모임을 마치고 집으로 돌아가기 위해 차에 탔는데 그의 아내가 "여보, 연료가 거의 없네요. 주유소에 들르는 것이 좋겠어요."

그는 "아니요. 하나님께서 챨스 캡스 형제에게 하신 것처럼 우리 차에도 연료를 채워주실 거예요"라고 말했습니다. 그 차는 출발 후 5마일도 못 가서 연료가 떨어져서 목사님에게 구조를 요청해야 했고, 결국 목사님이 연료를 사서 그들에게 가야만 했습니다.

믿음에 대해 지나치게 흥분하는 사람들은 늘 이런 일을 겪게 됩니다. 저 자신도 이 간증을 할 때엔 이렇게 말해야 한다는 것을 배웠지요. "여러분, 제 경우는 매우 긴급한 상황이었습니다. 하나님께서는 단지 자동차의 연료탱크가 비었다고 해서 채워주시는 분은 아니시지요."

하지만 여러분이 긴급한 상황에 놓였고, 또 여러분의 믿음이 잘 개발되었다면 여러분은 특별한 체험을 할 수 있을 것입니다. 하지만 하나님께서 항상 모든 사람의 연료를 공급하시는 분은 아닙니다.

믿음으로 인해 흥분된 사례를 말씀드렸습니다만, 제가 간증을 할 때 꼭 말해주어야 할 것을 하지 않아서 그 사람이 제 간증을 듣고 나름대로 잘못된 추측을 한 것이지요.

믿음의 행동을 하기 전에 믿음의 수준을 확인해보십시오

치유에 대해서도 마찬가지입니다. 하나님의 치유에 있어서 믿음에 상응하는 행동에 대해 잘못된 생각을 가지고 있으면 어려움만을 겪게되며, 결국 병을 치유받지 못하고 죽기도 합니다. 치유를 원하는 사람중에 의사의 치료나 약의 도움없이 치유받을 수 있는 정도의 믿음을 갖고 있는 사람들은 매우 드뭅니다. 그들이 치유의 말씀을 고백해서 치유받을 수 있는 믿음에 이르기까지는 몇 년의 짧지 않은 시간이 필요합니다. 그들의 믿음이 아직 충분히 개발되지 않은 때에 그들에게 가서 "당신이 참으로 하나님을 믿는다면 약 따위는 던져버려야 합니다. 만일 당신이 진실로 하나님을 믿는다면 병원에 가서 치료받는 일을 중단해야 합니다"라는 식으로 말해서 그들이 극단적인 행동을 하도록 부추긴다면 그들은 치유받지 못한 채 죽고 말 것입니다.

자신의 믿음이 잘 개발되어 있다고 해서, 다른 사람들을 여러분의 믿음 위에 세우지 않도록 주의하십시오. 우리 모두는 자신의 믿음의 수준에 맞게 행동해야 합니다. 다른 사람들의 믿음이 여러분의 믿음과 같지 않다고 그들을 무시해서는 안 되며, 그들의 믿음의 수준을 뛰어넘는 지나친 행동을 하도록 요구해서도 안 됩니다.

믿음이 개발되려면 시간이 필요합니다. 믿음이 제대로 개발되려면 수년의 기간이 필요할지도 모릅니다. 그러나 그들이 약을 복용하는 일을 당장 중단해버리면 그들은 믿음을 개발할 기회도 갖지 못하게 될 것입니다. 그들이 믿음을 개발하기도 전에 죽기를 바라시지는 않으실 것입니다. 믿음의 수준은 각자가 다릅니다. 모든 사람이 당장 케네스 해긴 목사님이나 케네스 코플랜드 목사님, 오랄 로버츠 목사님의 수준에서 시작할 수는 없습니다. 자신의 믿음의 수준에서 시작해야 합니다.

즉시 치료하시는 하나님의 치유를 믿는 믿음에 이르지 못한 사람일지라도, 하나님께서 의사에게 자신을 치료할 지식과 기술을 주셨으므로 이 의사의 치료를 통해 자신이 나을 것이라는 믿음 정도는 가질 수 있습니다. 이분의 믿음이 이런 수준이라면 그가 거기서 시작하도록 해야 합니다.

믿기를 시도해보려는 사람들이 많습니다만, 죽고 사는 문제에 부딪혔다면, 자신의 믿음이 어느 정도인지를 분별해야 합니다. 만일 암에 걸렸고, 당장 수술이 필요하며 수술하지 않으면 죽게 될 것이라는 진단을 받았다면 즉시 결단을 내려야 합니다. 자신의 믿음의 수준은 자신이 잘 압니다. 믿음으로 암을 치유할 수 있다는 믿음에 대해 조금이라도 회의가 든다면 즉시 수술을 받을 필요가 있습니다. 혹시 이렇게 말할지도 모릅니다. "저는 하나님의 치유를 받고 싶습니다." 그렇지만 받고 싶다는 소망만으로 해결될 문제가 아닙니다. 소망이 있다고 해서 치유받는 것은 아닙니다. 자신이 치유받을 수 있다는 믿음이 있느냐의 문제이지요. 답은 자기 자신이 가장 잘 압니다.

두려움인가 믿음인가

자신의 두통조차도 믿음으로 치유받지 못하는 사람이 암을 하나님의 치유하심에 맡기겠다고 하는 사람이 많이 있습니다. 그런데 그들이 수술받지 않기로 한 동기가 믿음이 아니라 수술칼의 두려움인 경우도 있습니다. 수술을 받는다면 충분히 살 수 있는 분들인데도 이렇게 하면 결국 치유받지 못한 채 죽고 말 것입니다.

믿으려는 분들을 낙담시키려는 것이 아닙니다. 단지 만일 *생사의 기로에 서게 되면 우리 자신의 믿음의 수준을 미리 알고 그에 맞는 결단을 하시라는* 말씀을 드리고 싶을 뿐입니다.

요점은 다른 사람들을 부추겨 그들의 믿음의 수준을 뛰어넘는 행동을 하도록 해서는 안 된다는 것입니다. 혹 믿음의 수준이 낮은 분이 있더라도 그분들이 가르침을 잘 받고 그들의 믿음을 꾸준히 실행하게 되면 결국엔 약이 아닌 하나님의 치유를 받는 믿음의 수준까지 이르게 될 것입니다.

그러나 만일 그들을 부추겨 현재 믿음의 수준 이상의 행동을 하도록 하면 그들 중 몇 사람은 죽게 될 것입니다. 물론 야고보 사도가 "행함이 없는 믿음은 죽은 것"이라는 말을 했지요. 그러나 그 의미는 먹을 것과 입을 것이 필요한 사람에게 말로만 잘 먹고 잘 입으라고 말하지 말고 먹을 것과 입을 것을 주라는 가르침입니다. 아무것도 주지 않는다면 그 믿음은 죽은 것입니다(약 2:14-20).

야고보의 가르침을 따르려면 아픈 사람에게 필요한 것을 먼저 주어야 합니다. 아픈 사람들을 치료하기 위해서는 그들을 위해 기도하기에 앞서 기름을 발라야 합니다(약 5:14,15). 그리고 그들을 위한 치유 기도를 해서, 하나님의 치유가 그들의 몸 안으로 흘러 들어간다고 해도, 아픈 증상은 완전한 치유가 나타나기까지 며칠 더 지속될 수도 있습니다. 그들이 먹는 약이 그들을 낫게할 수는 없지만 질병이 걷잡을 수 없 정도로 악화되지 않도록 막아주기도 하고 상태를 완화시켜주기도 합니다. 기도를 통해 그들의 몸에 하나님의 치유가 역사하고 있는 동안에도 남아있는 질병의 증상은 완전한 치유가 이루어질 때까지 어떻게든 다루어져야 합니다.

물론 어떤 분들은 증상을 잘 다루어서 믿음 위에 굳게 서기도 하지만, 어떤 분들은 그렇게 할 수 없습니다. 야고보 사도가 가르치고자 한 것은 사람들이 무엇인가를 필요로 할 때에는 그것을 채워주어야 한다는 것입니다. 그렇게 하는 것이 믿음에 합당한 행동이 될 수 있다고 말하는 것입니다. 그 사람이 치료된 것은 맞지만 만일 그들이 필요로 하는 약을 주지 않는다면 그들은 아직 남아있는 질병의 여러가지 증상으로 인해 믿음을 잃어버리고 의심을 가질 수 있습니다.

"치료되었는데 왜 약이 필요한가요?"라고 물으실지 모르겠습니다. 그들이 믿음으로 치유를 받아들였다면, 말씀대로 치료를 위해서는 더 이상 약이 필요 없겠지요. 하지만 아직 남아 있는 그 병의 증상을 위해서는 약이 있어야 할지 모릅니다. 증상이 그들의 믿음을 약화시킬 수 있으니까요. 어떤 분들에게는 그들이 완전히 치유될 때까지는 약의 도움이 필요합니다. 물론 믿음이 잘 개발된 사람은 증상을 무시하고 믿음 위에 굳게 설 수 있습니다. 현재 자신의 치유가 진행 중이라는 것을 알고 있으니까요.

야고보 사도가 말한 '믿음에 합당한 행동'은 믿음을 완전하게 합니다. 이것은 누군가에게 필요로 하는 것을 채워주는 것을 말하는 것이며, 그들이 필요로 하는 것을 가져가 버리는 것을 말하는 것이 아닙니다. 믿음이 잘 개발된 사람들이 치유를 받으려면 기도만 하면 됩니다. 그러나 하나님의 치유에 대해서 잘 알지 못하시는 분들을 위해서는 약이 필요합니다. 약은 믿음이 부족한 그들이 의사로부터 완전한 치유를 진단 받을 때까지 두려움에서 벗어나도록 도와줍니다.

약이 사람을 치유하지는 않습니다. 다만 치유를 돕기는 합니다. 약이 치유하지도 못하지만, 그렇다고 치유를 방해하는 것도 아닙니다.

하나님의 치유를 믿는 믿음으로 성장하기 위해서는 시간이 필요합니다. 각자의 믿음의 수준이 어디까지 이르렀는지는 각자가 판단해야 하는 것이므로, 다른 사람이 약을 먹고 있을 때 그것을 버리라고 말할 수는 없는 것입니다. 하나님께서 약을 버리라고 하셨거나, 이삭이 충실해진 곡식처럼 믿음이 완전히 자란 사람이라면, 그때는 버려야 할 때입니다. 간혹 자신이 약을 먹지 않았기 때문에 치유를 받았다는 생각을 하시는 분이 있습니다. 약을 먹지 않았던 것이 자신에게 믿음이 있었음을 증명해준다는 것이지요. 약을 먹지 않은 유일한 이유가 믿음이 있다는 것을 입증하려는 것이었다면, 그 행위가 입증하는 것은 젊어서 죽게될 것이라는 것 뿐입니다.

하나님의 말씀이 치유합니다

하나님의 치유를 얻을 수 있는 믿음을 개발할 수 있습니다. 치유는 하나님께서 약속하신 성경 안에 있는 사실이기 때문입니다. 시편 107편 20절에서 하나님께서 이렇게 말씀하십니다. **그가 그의 말씀을 보내어 그들을 고치시고 위험한 지경에서 건지시는도다**(시 107:20). 우리를 치유하는 것은 하나님의 말씀입니다.

저에게 왜 날마다 말씀을 고백하는지를 묻는 분이 있습니다. 저는 이렇게 답변합니다. 3천 달러의 빚을 지고 있는 농부가 있는데 1에이커의 땅에 밀을 심으면 백 달러를 벌 수 있습니다. 그런데 그 농부가 1에이커의 땅에만 밀을 심고 "이제 밀을 심었으니 3천불의 빚을 모두 갚을 수 있겠구나"라고 말할 수 있겠습니까. 그는 추수 때에 백 달러의 빚만을 갚을 수 있을 것입니다. 충분히 심지 않았으므로 충분한 수확도 기대할 수 없습니다. 필요가 채워질 때까지 계속 심어야 합니다.

두려움의 고백이 아닌 믿음의 고백

아직 충분히 믿음이 개발되지 않았음에도 그 믿음을 사용하려는 사람이 있습니다. 그는 아직 너무 적은 씨앗을 뿌렸기 때문에 자신이 원하는 수확을 거두지 못할 것입니다.

예수님께서 하나님의 나라를 설명해 주시면서 농부가 씨를 땅에 뿌림과 같다고 하셨지요. 씨를 뿌리는 것은 하나의 과정입니다. 더욱 많이 뿌리면 뿌릴수록 더욱 많이 거둘 수 있습니다. 말씀을 고백할 때 우리 마음에 있던 부정적인 생각들이 제거되고 하나님의 말씀이 심어집니다. 하룻밤 사이에 수확을 할 수는 없지요. 어떤 환자분들은 말씀을 고백하는 중에 죽기도 하는데 이것을 보고 어떻게 말씀을 고백하다가 죽을 수 있는지 의아해 합니다.

말씀을 고백하면서도, 믿음을 잘 개발하지 못하는 분이 있습니다. 두려움 때문에 말씀을 고백하던 분을 보았습니다. 제가 아는 어떤 여자분은 암에 걸렸지만, 두려움 때문에 2-3년이 지나도록 병원에 가지 못했습니다. 그녀가 믿음과 고백에 대한 가르침을 받는 동안에도 암은 계속 온몸으로 퍼져갔습니다. 자신이 치유받았다는 하나님의 말씀을 고백하기 시작했지만, 믿음이 충분히 개발되지 않았고 마지막에 가서야 병원을 찾았지만 그때는 이미 너무 늦은 시기였습니다. 그녀가 죽자 사람들은 믿음의 고백을 했는데 왜 그녀가 죽었느냐고 의아해 했습니다.

하나님의 말씀을 고백한다고 해도 두려움이 남아 있을 수 있습니다. 믿음이 개발되기까지 시간이 필요합니다. 폭풍이 불어오기 시작하면 기초를 쌓기에는 너무 늦은 때입니다. 제가 말씀드리고 싶은 것은 믿음의 근거를 그런 잘못된 사례에 둠으로써 믿음이 흔들리는 일이 없어야 하며 오직 하나님의 말씀에 우리 믿음의 근거를 두어야 한다는 것입니다.

적절한 시기에 맞춰서 미리 고백을 시작해야 합니다

고백은 한 번으로 열매를 볼 수 있는 것이 아닙니다. 우리에게 필요가 생기기 전에 미리미리 고백을 시작해야 합니다. 특히 재정적인 문제는 재정의 필요 시기를 미리 예측해 볼 수 있으므로 그 필요가 생기기 전에 고백을 시작해야 합니다. 물론 질병은 다릅니다. 언제 내게 질병이 찾아올지 예측하기 어렵습니다. 그렇다고 어떤 분들처럼 병이 생기면 그때 가서 치유받았음을 고백해서는 안 됩니다. 하나님의 말씀은 질병에서 치유하시기도 하지만 더욱 중요한 것은 몸을 건강하게 유지시켜주기도 하므로 건강을 유지하기 위한 고백을 할 수 있습니다.

치유와 건강에 대한 하나님의 약속을 날마다 삶 속에서 고백하십시오. 몸에 묻는 모든 세균들과 바이러스들이 즉시 죽도록 고백하십시오. "나는 완전히 건강한 몸이다. 율법의 저주에서 구원받았다." 우리 몸이 건강할 때에 이렇게 고백해야 하는 것입니다. 우리의 믿음을 미리 사용하십시오. 아프기 전에 미리 치유받았음을 선포한다면 질병에 걸리는 일이 없게 될 것입니다.

"1온스의 예방이 1파운드의 치료만큼 가치가 있다"라는 속담을 기억하십시오. 질병에 걸린 후에 아무리 좋은 치료를 받는다고 해도 질병에 걸리지 않는 것이 더욱 좋은 것이지요. 우리 몸에 질병이나 앓는 것이 몸에 들어오지 못하도록 거부하기 위해서 미리미리 믿음을 사용하십시오.

의사와 약

"의사에 대해서 어떻게 생각하시나요? 의사에게 치료를 받는 것은 잘못된 것인가요?"

약이나 의사에 대한 제 생각은 이렇습니다. 만일 제가 의사에게 치료받는 것이 필요하면 치료를 받을 것입니다. 제게 약이 필요하다면 그것을 먹을 것입니다. 자리에 앉아서 "하나님의 손으로 직접 치료받고 싶어. 그것이 가장 좋은 것일 테니까"라고 말하고 있지만은 않을 것입니다. 병에 걸렸으면 이미 하나님의 가장 좋은 것은 놓친 것이지요. 하나님의 말씀은 날마다 고백해야 합니다. 믿음을 세우고 하나님의 말씀으로 점점 우리 자신을 개발해야 합니다. 그러나 질병에 걸린 것으로 인해 죄책감에 빠지지는 마십시오. 누구나 하나님의 가장 좋은 것을 놓치는 경험을 자주 하게 됩니다. 우리는 완전하지 않으니까요. 그렇지만 하나님의 가장 좋은 것을 놓쳤다고 해서 죽을 필요까지는 없지요.

하나님의 치유와 관련한 사람들의 실수는 겨우 떡잎이 났을 뿐인데 마치 이삭에 곡식이 가득한 것처럼 추수를 해버리는 것입니다. 마가복음 4장 27절에서 예수님이 하신 말씀을 보실 수 있습니다. 열매가 익으면 곧 낫을 대나니 이는 추수 때가 이르렀음이니라. 치료가 완전히 이루어진 후에 추수때가 이른 것입니다. 바로 그때가 믿음에 상응하는 행동을 해야 할 때입니다. 치료가 끝나서 아무런 증상이 없고, 의사가 완치되었다고 진단하고 있고, 엑스레이 사진도 질병이 완치되었음을 보여주면 그때는 약을 먹을 필요가 없겠지요. 그 이후에도 약을 먹는다면 어리석은 짓이 되겠지요. 바로 이때가 치유를 믿는 믿음의 열매가 완전히 나타난 때이며 낫을 대어야 하는 추수 때인 것입니다.

속지 마십시오

몇 년 전에 어떤 분이 저에게 이런 말을 했습니다.
"저를 위해서는 기도하지 않으셔도 되요."
"왜 그런가요?"
"제가 약을 먹고 있거든요."
"그 약은 무엇 때문에 드시는데요?"
"의사 선생님이 그 약을 먹으면 낫게 될 것이라고 하셨어요."
제가 대답했습니다. "성경 말씀은 기도하면 당신에게 좋을 것이라고 말씀합니다. 믿음의 기도는 아픈 사람을 낫게하고 주님께서 아픈 자를 일으키실 것이라고 하셨습니다(약 5:15). 제가 생각하기엔 당신이 약을 계속드시고 또 기도도 받으시면 더욱 빨리 낫게 될 것 같습니다."

마귀는 이런 식으로 아픈 사람에게 정죄감을 심어 주어 사람들이 두 가지 방법을 동시에 사용하는 것을 막습니다. 마귀는 우리가 두 가지 방법 중 하나만을 선택하도록 합니다. 두 가지 모두를 사용하는 것 보다 한 가지만 사용해야 마귀가 자신의 일을 더 잘 할 수 있게 되니까요. 마귀가 우리를 찾아와 이렇게 속삭일 것입니다. "네가 하나님을 믿으려고 하면 약을 먹어서는 안 되지." 또는 "네가 약을 먹는다는 것은 하나님을 믿지 못한다는 증거 아니겠어?" 아닙니다. 하나님이 원하시는 것은 우리가 건강해지는 것입니다. 믿음의 치유를 받아 건강해지든 약을 먹어 건강해지든 상관없습니다.

너무도 많은 분들이 베드로처럼 실수를 합니다. 그들은 물 위를 걸을 수 있는 믿음으로 자라기도 전에 먼저 물 위를 걸으려고 합니다. 어쩌면 잠깐 동안 그렇게 믿음 위에 설 수 있을지도 모릅니다. 그러나 이내 물속으로 빠지고 말 것입니다. 왜냐하면 그들의 눈을 주위 환경에 돌리지 않고 오직 말씀 위에 서는 믿음이 개발되지 않았기 때문입니다. 두려움은 그들이 믿음으로 걸을 수 없다는 것을 보여줄 것입니다. "왜 믿음이 역사하지 않지"라고 의아해 하는 바로 그것이 그들은 아직 말씀에 충분히 설득되지 않았음을 보여줍니다.

아직 채 준비도 되기 전에 끝까지 밀어붙이지 마십시오

어느 도시에 거듭난 사람이 있었는데 그가 믿음에 대해서 알게 되었습니다. 믿음에 대해서 배우게 되자 흥분하게 되었습니다. 자신이 모든 저주 즉 질병으로부터 속량되었으며, 하나님께서 자신을 치료하신다는 것을 배웠습니다(갈 3:13, 출 15:26, 시 103:3). 출석하던 교회에서 이런 가르침을 받아본 적이 없던 그가 이런 가르침을 듣게되자 이것을 꼭 붙들고 즉각 적용하기 시작했습니다. 그렇지만 그는 아직 어린 신자였고 믿음은 아직 충분하게 개발되기 전이었습니다. 단지 그는 정신적으로 성경의 진리에 동의한 상태였을 뿐이지요. 그는 당뇨병과 그 외에 다섯 가지 질병을 앓고 있었습니다. 그의 병은 모두 심각한 것이어서 그 중 한 가지 질병만으로도 그를 죽음으로 몰고 갈 수 있었습니다.

그는 너무 욕심을 부렸습니다. 지금까지 복용하던 약을 모두 끊었는데 결국 죽음에 이를 정도로 병세가 악화되었습니다. 저와 몇몇 다른 사람들이 그에게 충고를 했습니다. "지금 즉시 다시 약을 복용하세요. 인슐린이 당신의 증세를 완화시켜 줄 것입니다. 증세가 완화되어야 치유받게 될 것이라는 믿음을 가질 수 있게 될 것이고요."

"드시는 모든 약들은 당신의 여러 증세를 완화시켜주고 신체가 제 기능을 하도록 도와줄 것입니다. 이런 약들은 당신의 병을 치료할 수는 없습니다. 인슐린을 먹는다고 해서 당뇨병이 낫는 사람은 없습니다. 반면에 약을 먹는 것이 치유를 막을 수도 없습니다. 그러므로 약을 드실 때마다 이렇게 고백하십시오. '하나님, 감사합니다. 하나님께서 저를 치유하셨음을 믿습니다. 하나님의 말씀에 나의 믿음을 화합시킵니다.'"

그분은 제 충고를 받아들였습니다. 그리고 날마다 자신이 치유받았음을 고백했고 자신의 몸을 향하여 하나님의 말씀을 고백하기 시작했습니다. 그분은 특히 폐암, 심장비대증, 고혈압을 앓고 있었는데, 의사의 말에 따르면 그의 혈압은 이제껏 그 의사가 보았던 환자 중 가장 높은 상태라는 것이었습니다.

90일이 지난 후 저는 의사의 진단서를 보았습니다. 의사가 그분에게 이렇게 말했지요. "이제는 더 이상 인슐린을 복용할 필요가 없겠네요. 심장도 정상이고, 혈압도 정상입니다. 폐의 한쪽에는 암세포가 모두 사라졌고 다른쪽 폐에는 아주 작은 흔적만 남아 있습니다."

그분은 아주 좋은 소식을 듣게 된 것입니다. 90일만에 거의 정상으로 회복되었습니다. 저는 그분이 다시 약을 복용하지 않았더라면 죽고 말았을 것이라고 확신합니다. 그는 어린 신자였기 때문에 성경 말씀에 따르기 보다는 흥분해서 감정적으로 행동하기가 쉬운 상태였지요.

질병을 앓고 있는 아이의 부모가 아이를 믿음으로 고치겠다며 병원에 데려가지 않고 있다가 어린아이를 죽게한 사건이 신문에 종종 실리는 이유는 이 때문입니다. 그 부모들은 아이가 치유받았다고 믿었을 것입니다. 그러나 아이는 죽었습니다. 아마도 누군가가 그 아이의 부모에게 자신들이 아이를 위한 치유기도를 하고 있으니 아이에게 약을 먹이지 말라고 말했을지도 모릅니다. 일어나지 않아도 될 많은 비극적인 일들이 실제로 일어나는데, 이는 성경을 제대로 알지 못하기 때문입니다.

의사의 치료나 약을 거부함으로 치료받을 수 없게 될 수 있습니다. 심지어 죽을 수도 있습니다. 의사의 치료나 약을 통한 치료도 모두 하나님의 치유입니다. 의사들은 치료를 돕는 수단이 되며 증세를 완화시켜 줍니다. 믿음을 가르칠 때 반드시 이런 점도 같이 가르쳐야 합니다. 자신의 믿음의 분수를 넘어선 행동으로 고통을 당하시는 분들이 많으니까요.

나병환자들이 보여준 믿음에 상응하는 행동

믿음을 가진 분들이 하나님의 치유를 믿지 못하게 하려고 이 말을 하는 것이 아닙니다. 다만, 자신의 믿음의 수준을 넘어선 지나친 행동으로 약을 치워버리는 일이 일어나지 않게 하려는 것입니다. 이분들이 이렇게 행하는 이유는 누군가로부터 그렇게 하는 것이 믿음의 행동이라는 말을 들었기 때문일 것입니다.

성경의 예를 하나 더 살펴보겠습니다. 누가복음 17장에는 예수님께 나아온 열 명의 문둥병 환자 이야기가 있습니다. 문둥병 환자들은 사람들로부터 100야드 정도 떨어져야 한다는 율법에 따라 예수님으로부터 멀리 떨어져 있었습니다.

> 소리를 높여 가로되 예수 선생님이여 우리를 긍휼히 여기소서 하거늘 보시고 가라사대 가서 제사장들에게 너희 몸을 보이라 하셨더니 저희가 가다가 깨끗함을 받은지라(눅 17:13-14)

예수님께서 그들을 보시고 "가서 제사장들에게 너희 몸을 보이라"고 하셨습니다. 예수님의 말씀의 의미는 무엇이었을까요? 율법에 따르면 문둥병 환자들이 제사장에게 몸을 보이는 경우는 유일하게 그들이 깨끗하게 되었을 때입니다. 문둥병이 치유되어 깨끗하게 되면 제사장에게 나아가 몸을 보이고 제사장은 그들이 깨끗하게 되었음을 선포합니다.

예수님은 자신에게 온 문둥이들을 위해 어떤 기도도 하지 않으셨습니다. 단지 "제사장에게 너희를 보이라"고 말씀하셨을 뿐입니다. 제사장에게 가는 것은 그들이 해야 할 믿음에 상응하는 행동이었습니다. 그들은 예수님 말씀대로 행했습니다. 비록 그때 그들은 치유받았다는 아무런 증거도 없었지만, 그렇게 행하는 것이 예수님께서 그들에게 요구하신 그들이 해야 하는 믿음에 상응하는 행동이었습니다. 이렇게 말할 수도 있었을 것입니다. "예수님, 우리는 아직 치유받지 못했는데요?" 하지만 그들은 그렇게 말하지 않고 예수님 말씀을 따랐습니다. 예수님의 말씀을 따르면 반드시 열매가 있습니다. "가서 너희 몸을 제사장에게 보이라"는 말에 따라 그들이 제사장에게 갔고 그들은 나았습니다.

그런데 제 생각입니다만, 그들중 아홉명은 아마도 다시 문둥병이 재발했을 것입니다.

> 예수께서 대답하여 가라사대 열 사람이 다 깨끗함을 받지 아니하였느냐 그 아홉은 어디 있느냐 이 이방인 외에는 하나님께 영광을 돌리러 돌아온 자가 없느냐 하시고 그에게 이르시되 일어나 가라 네 믿음이 너를 구원하였느니라 하시더라(눅 17:17-19)

예수님의 말씀을 자세히 보시면 그를 치유한 것은 그의 믿음임을 알 수 있습니다. 그가 믿음에 상응하는 행동으로 제사장에게 갔을 때 믿음이 작용해서 치유된 것이지요. 성경에 기록된 것은 아니므로 순전히 저의 추측입니다만, 아홉 명의 나병환자들은 그들이 얻은 치유를 다시 잃어버렸을 가능성이 높습니다. 그들은 제사장에게 가는 길에 치유를 이미 받았기 때문에 제사장에게 보이라는 예수님의 말씀을 무시한 채 "이것 봐. 벌써 치유받았군. 이젠 정상인으로 무엇이든 할 수 있게 되었군. 제사장에게 보일 필요도 없겠어. 치유받았으니 다메섹으로 돌아가세"라고 말하며 갔을 것입니다. 성경에 이런 기록은 없습니다. 다만 이들은 이런 식으로 해서 치유를 잃어버렸을 가능성이 있다는 것입니다.

예수님으로서는 그들이 치유받도록 하기 위해 해야 할 일을 다 하셨습니다. 더 이상은 하실 일이 없었습니다. 예수님은 하나님의 말씀을 말하셨으므로 그들이 그 말씀에 따라 믿음에 상응하는 행동을 해야 했습니다.

그들이 제사장에게로 갔을 때 치유를 받았습니다. 그러나 그들 중 나머지 아홉 명은 건강을 유지했을지 의문입니다. 왜냐하면 예수님께서 이렇게 물으셨기 때문입니다. "열 사람이 다 깨끗함을 받지 아니하였느냐? 그 아홉은 어디 있느냐?" 이 말씀은 다시 말하면 "그 나머지 아홉도 치료받았으면, 왜 그들은 다시 돌아와 감사드리지 않았느냐?"는 뜻입니다.

믿음에 상응하는 행동을 하는 것은 영적인 분야뿐 아니라 우리의 일상 생활에서도 필요합니다.

제가 농장을 경영하고 있었을 때의 일입니다. 어느 해 가을에 밀을 심었는데 싹이 생각보다 잘 자라나지 않았습니다. 농장에서 일하는 직원에게 내가 농장을 비운 사이에 날이 더욱 건조해지면 땅을 갈아엎어버리라고 지시했습니다.

아내가 저에게 이렇게 말했습니다. "밀의 싹들을 위해 기도해요. 하나님의 말씀을 고백하고 잘 자라게 되리란 믿음을 가져보자고요."

"여보 당신도 잘 알다시피 나는 매사에 믿음으로 행해 왔어요. 하지만 믿음으로 기도한다고 해도 믿음을 사용할 거리가 있어야 하지 않겠소. 우리가 믿음을 사용한다고 해도 싹이 자랄 가능성은 거의 없는 것 같소."

우리는 다른 곳에 가서 사람들을 만난 후에 다시 농장으로 돌아왔을 때 이미 농장에 비가 내리고 있었으므로 농장에서 일하는 직원은 땅을 갈아엎지 않았습니다. 우리는 다시 밀밭의 상황을 자세히 살펴보기 시작했는데, 이전보다 싹이 나는 상황이 훨씬 좋아졌음을 알게 되었습니다. 제 아내가 다시 밀의 싹에 대해 명령하는 기도를 하자고 이야기했고, 우리는 믿음의 말씀을 사용해서 기도하기 시작했습니다.

밀밭을 향해서 말라기 3장 11절, 시편 1장 3절, 그리고 신명기 28장 1-15절까지의 말씀을 읽었습니다. 하나님의 말씀에 우리의 믿음을 화합했고 하나님의 약속의 말씀을 고백했습니다. 그리고 비료도 다시 뿌렸습니다.

그 해 가을에 우리는 에이커당 50부셸의 밀을 수확했는데 다른 농장에서 수확한 밀의 양은 에이커당 70부셸이었으므로 그리 나쁜 수확은 아니었습니다.

우리가 했던 믿음의 행동은 믿음의 말씀을 고백했던 것과 비료를 뿌린 것과 밀이 자라기까지 기다리는 것이었습니다. 싹이 겨우 나기 시작했을 때 상식을 무시한 채 단지 좋은 수확을 거둘 것이라고 믿는다며 추수를 감행했더라면 아무것도 수확하지 못했을 것입니다. 농사를 짓는 일에서 우리의 상식을 사용해서 좋은 수확을 거둘 수 있었던 것이지요.

우리가 사업을 할 때 믿음으로 한다고 해도 사업의 실제적인 면을 무시할 수는 없습니다. 믿음과 함께 사업의 상식도 같이 사용하는 것입니다.

치유의 분야에 있어서, "당신이 믿음의 고백을 하면 이미 치유받은 것인데, 어째서 약을 복용하나요?"라고 이야기하는 사람들이 있습니다. 그들은 "당신은 이미 나은 병에 대해서 약을 먹고 있는 것입니다"라고 말합니다.

이렇게 생각해 봅시다. 만일 여러분이 병에 걸려서 치유를 부를 때에 단지 "나는 병이 없다"라고 말하는 것은 여러분을 낫게 하지 못합니다. 그러나 없는 것을 있는 것 같이 부르는 것은 성경의 원리입니다. 자신이 병에 걸렸다고 돌아다니며 말하는 사람은 없을 것입니다. 그렇게 하면 현재 있는 문제를 더욱 고착시킬 것입니다. 아플 때 건강을 부르는 것은 아픈 것을 부인하라는 의미가 아닙니다. 다만 질병에게 틈을 주지 말라는 것입니다. 병이 있는데도 그저 없다고 말하라는 것이 아니라 병이 우리 몸에 존재할 권리가 없음을 말하라는 것입니다.

병든 몸을 향해 하나님의 말씀을 고백하십시오. 이런 고백은 치유를 부르는 것입니다. 다만, 믿음이 실제로 이루어져야 비로소 수확할 때가 이르른 것이므로 그때까지는 약을 던져버리거나 안경을 밟아버리지 마십시오.

믿음이 개발된 수준만큼만 믿음을 사용하십시오. 제가 앞에서 예를 들었던 사람처럼 약을 복용하면서 완전히 건강해질 때까지 치유를 위해 계속 하나님의 말씀을 고백하게 되면 그분처럼 반드시 완전한 치유의 열매를 얻게 될 것입니다.

또 다른 예를 들어보겠습니다. 제 사무실 옆의 땅을 소유한 분이 땅을 팔려고 내놓았기에 제가 그 땅을 사겠다고 했는데 소유자는 제 제안을 거절했습니다. 제 제안은 꽤 괜찮은 것이었다고 생각했습니다. 저를 위해 일하는 부동산 중개업자가 저에게 말했습니다. "결국 당신이 그 땅을 사게 될 거예요. 제가 관심을 갖고 그 땅을 계속 살펴볼께요."

땅을 사겠다는 제안을 철회하지 않고 계속 유지한 채 그 땅을 둘러보러 갔고 예수님께서 누가복음 6장에서 말한 것처럼 그 땅에게 말했습니다.

> 내게 나아와 내 말을 듣고 행하는 자마다 누구와 같은 것을 너희에게 보이리라 집을 짓되 깊이 파고 주초를 반석 위에 놓은 사람과 같으니 큰 물이 나서 탁류가 그 집에 부딪히되 잘 지은 연고로 능히 요동케 못하였거니와(눅 6:47-48)

여기서 예수님께서 자신의 말씀대로 행한 사람은 그의 삶에 큰 폭풍이 불어도 요동치 않게 될 것이라고 예언하셨지요.

저도 예수님의 말씀대로 행하기로 하고 뽕나무에게 말하며 산에게 말하라고 하신 대로(눅 17:6, 막 11:23) 그 땅을 이리저리 다니며 그 땅에게 말했습니다. 없는 것을 있는 것 같이 부르는 것은 하나님 나라의 원리이지요. "땅아, 내가 너에게 명한다. 너는 하나님의 사업에 쓰이게 될지어다. 예수님께서 너는 내 권세에 복종해야 한다고 하셨다. 너는 내 소유가 될 것을 명한다. 예수님의 이름으로 나의 사역에 사용될지어다."

그 땅을 돌아다니며 그 땅에게 명했고, 하나님의 약속에 근거해서 그 땅을 주장했습니다. "예수님의 이름으로 명하노니 너는 내게 올지어다"라고 말했습니다.

그 땅에게 명함과 동시에 하나님께 기도도 했습니다. "아버지 하나님 이 땅을 구합니다. 이 땅이 내게로 올 수 있도록 해 주십시오. 그 땅이 제 것이 되게 하기 위해 제가 알고 있는 모든 것을 행했습니다. 그 땅을 사기에 아주 좋은 가격을 땅 주인에게 이미 제시했습니다."

그리고 그 뒤엔 하나님께 구하는 기도는 다시 하지 않았습니다. 다만, 고백하는 기도와 그 땅을 주신 하나님께 감사하는 기도는 계속 했습니다. 그 땅을 지나칠 때마다 "너는 나의 것이다. 예수 그리스도의 이름으로 내게 올 것을 명한다"라고 말했습니다.

몇 달 후 어느 날 사무실에 출근해보니 그 땅 앞에 "Production Credit Association 회사의 본점 건물 예정지"라는 커다란 안내판이 내걸려 있었습니다. 사무실로 돌아와 아내에게 물었습니다. "그 땅 앞에 안내판이 걸려있는 것 보았소?"

아내가 말했습니다. "예, 나도 보았어요."

그 안내판으로 인해 머리가 혼란스러워 졌습니다. 베드로가 보트에서 뛰어내려 물 위로 나갔다가 바람과 물결을 보고 두려워했던 것처럼 저도 그랬습니다. 그 일로 여러가지 생각을 했고 제 아내에게 이렇게 말하기도 했습니다. "그 땅 주인에게 가서 땅에 대해 이야기를 좀 해야 할 것 같은데."

그 땅을 소유하게 될 가능성이 거의 사라진 것처럼 생각되었습니다. 여러가지 생각이 계속 저를 괴롭혔습니다. 어느 날 집안을 걷다가 이 모든 일이 왜 일어났는지 알게되었습니다. 마귀가 그 안내판을 사용해서 제 믿음을 무너뜨리려고 한 것이었습니다. 즉시 이렇게 큰 소리로 외쳤습니다. "내가 뭘해야 할지 알겠군. **나는 손가락 하나도 까닥하지 않겠어**. 예수님께서 그 땅은 내 소유가 **될 것**이라고 하셨으니까."

이 일과 관련해서 제가 해야 할 믿음에 상응하는 행동은 아무것도 하지 않고 기다리는 것이었습니다. 제가 법원에 가서 "그 땅은 제 것입니다"라고 말하는 것은 어리석은 짓이었을 것입니다.

그들은 "그 땅의 소유권 증서는 어디 있소. 그 땅을 소유하기 전에는 그 땅의 소유권 증서를 가질 수 없소"라고 말했을 것입니다.

"그 땅이 내 것이라는 믿음은 틀림없지만, 아직 실재가 되지 않았을 뿐이오"라고 제가 말했다면 그들은 저를 형편없는 사람이라고 말하고 쫓아내었을 것입니다. 그런 행동은 실제 믿음의 열매가 맺히기 전에 완전한 추수를 하려는 행동일 뿐입니다. 그 시점에서 제가 할 수 있는 행동은 아무것도 없었습니다. 그때까지 제가 해야 할 행동은 모두 다 해두었으니까요. 그 땅을 사겠다는 제안을 해두었고, 그 땅에 대해서 명령하는 등 하나님의 말씀이 하라고 한 것을 모두 한 상태였지요. 기도도 했으므로 이젠 제가 말한 것과 행한 일 안에서 기다리는 것만이 제가 할 일이었습니다.

네 길을 여호와께 맡기라 그를 의지하면 그가 이루시고(시 37:5)

몇 주가 지나서 그들은 그 땅에 지을 건물의 설계도 모두 마쳤습니다. 저는 낚시를 하기 위해 화이트강에 있는 별장에 가 있었습니다.
집에 전화를 했을 때 아내가 이렇게 말했습니다. "부동산 중개인이 지금 당신과 통화를 하고 싶어해요."
그래서 제가 그 중개인에게 전화를 했습니다. 그가 제게 물었습니다. "선생님, 아직 그 땅을 사실 마음이 있으신가요?"
"그렇습니다."
"예전에 말씀하신 그 가격으로 땅을 사시겠어요?"
"그렇게 하지요."
"일이 재미있게 되었습니다. 건물을 지으려던 사람이 마음을 바꾸어 다른 거리에 건물을 짓기로 했답니다."
"당연히 그렇게 될 줄 알았습니다."
그때에 비로소 제가 믿음으로 기도했던 것이 열매를 맺은 것이지요. 중개인이 "며칠 안으로 매매 계약서를 작성하겠습니다. 오셔서 그 땅의 소유권 증서를 가져가세요"라고 말했습니다.
일이 어렵게 되어갈 때 제가 해야 할 일은 아무것도 하지 않고 기다리는 것 뿐이었습니다. 성경 말씀대로 모든 것을 하고 또 이세상의 규칙에 따른 일을 모두 마친 뒤에 우리가 할 일은 말씀 안에 머물면서 행한 것이 이루어질 것을 바라보며 기다리는 것뿐입니다(시 37:5). 마가복음 5장에 또 다른 예가 있습니다.

> 회당장 중 하나인 야이로라 하는 이가 와서 예수를 보고 발 아래 엎드리어 많이 간구하여 가로되 내 어린 딸이 죽게 되었사오니 오셔서 그 위에 손을 얹으사 그로 구원을 얻어 살게 하소서 하거늘 이에 그와 함께 가실새 큰 무리가 따라가며 에워싸 밀더라(막 5:22-24)

예수님은 즉시 야이로와 함께 갔습니다. 그와 함께 딸을 치료하러 가던 길에 혈루병 걸린 여인이 뒤에서 예수님을 만졌고 치유를 받았습니다. 그녀는 모든 사람에게 간증을 했습니다. 그녀가 일어난 일을 간증하느라 한 시간 이상 지체되었는데 그 사이에 한 사람이 야이로에게 와서 딸이 죽었다는 소식을 알렸습니다.

잠잠히 기다리는 것이 믿음의 행동인 때도 있습니다

야이로는 딸의 병을 고치기 위해 할 수 있는 일을 모두 다 했습니다. 그의 믿음의 수준은 예수님께서 그녀의 딸을 안수해 주시면 그녀가 나을 것이라는 믿음이었습니다. 야이로의 딸이 죽었다는 소식을 들었을 때 예수님께서는 **"두려워 말고 믿기만 하라"**(막 5:36)고 말씀하셨습니다.

무엇을 믿으라는 말씀이었습니까? 야이로가 가졌던 믿음, 즉 예수님이 딸에게 손을 얹으면 딸이 낫게 될 것을 믿으라는 것이었지요. 야이로가 가진 바로 그 믿음을 계속 굳게 믿으라는 말씀이셨습니다.

무슨 새로운 고백을 해야 할 때가 아니었습니다. 그랬더라면 혹 야이로는 두려움과 불신앙에 빠져 "예수님께서 이 여인을 치료하시느라고 지체하지 않으셨더라면 제 딸을 살릴 수 있었을 텐데요"라고 불평했을지도 모릅니다. 예수님께서는 그래서 야이로에게 "다른 것은 아무것도 하지 말고, 그저 믿기만 하라고 하신 것입니다. 야이로는 할 수 있는 일을 다 했습니다. 그때 그가 할 수 있는 믿음에 상응하는 행동은 조용히 입을 다무는 것이었습니다. 시편 37편 7절은 이렇게 말합니다. **"여호와 앞에 잠잠하고 참고 기다리라…"**

주 안에서 잠잠히 기다려야 할 때가 있습니다. 즉 말한 그대로 될 것을 믿고 잠잠히 기다리는 것이 믿음의 행동이라는 것입니다. 더 이상 다른 할 일이 있는 것이 생각나지 않으면 그저 기다리십시오.

에베소서 6장 13절 말씀이 바로 이것을 말하고 있습니다. **"…모든 일을 행한 후에 서기 위함이라."** 서십시오! 믿음 안에서 할 일을 모두 마친 뒤에는 약속 위에 서서 조용히 기다리십시오. 이때 믿음에 상응하는 행동은 이렇게 고백하는 것이 될 것입니다. "난 내가 해야 할 일을 알지. 내가 해야 할 일을 다했으니 주 안에서 잠잠히 기다리겠어."

물론 기다리기 전에 해야 할 일을 다해야 합니다. 아무것도 하지 않은 채 그저 기다리라는 말이 아닙니다. 잘못 가르치면 마치 아무것도 하지 않는 것이 언제나 좋은 결과를 가져오는 것으로 오해할 사람들이 많습니다. 단지 아무것도 하지 않는 것이 좋은 결과를 가져오는 것이 아닙니다. 물론 아무것도 하지 않는 것이 믿음에 상응하는 행동일 때가 있지만, 모든 경우에 항상 잠잠히 있어야 하는 것은 아닙니다.

열 명의 문둥병 환자들에게 적용해야 할 믿음의 행동은 잠잠히 기다리는 것이 아니라 제사장에게 **가는 것**이었습니다. 제사장에게 가는 도중에 깨끗하게 되었습니다. 때때로 믿음에 상응하는 행동이 **믿음으로 어떤 일을 하는 것**일 수도 있습니다. 반면 어떤 경우에는, 단지 자신이 고백한 대로 이루어질 것을 믿고 기다리는 것이 믿음에 상응하는 행동인 때도 있습니다.

믿음이 아직 충분히 성장하지 못한 분들이 어려움에 부딪히게 되었을 때 시작하게 되는 믿음의 고백은 많은 경우에 두려움 속에서 떠밀려서 하는 고백이 되어버립니다. 고백의 내용은 틀림없이 성경에서 가르치는 그 내용이지만, 믿음으로 하는 고백이 아니라 두려운 마음에서 하는 고백인 셈이지요. 하나님의 말씀을 고백하되 두려움으로 하는 것인데, 실제로 그렇게 하는 분들이 있습니다.

외견상 그것은 틀림없이 믿음의 말씀을 고백하는 것입니다. 그러므로 겉으로만 보고 그들이 믿음의 말씀을 고백하고 있다고 판단하기 어렵습니다. 겉으로는 그들이 믿음으로 행하고 있고, 올바른 말을 하고 있지만, 그들이 믿음으로 그렇게 하는 것인지 두려움으로 그렇게 하는 것인지는 알 수 없습니다. 그들이 진정으로 믿는 것이 무엇인지 알 수 없습니다. 그들이 믿음의 고백을 하지만, 다른 방법을 다 사용해 보고 어쩔 수 없이 마지막 수단으로 하는 경우가 많습니다. 이런 경우 그들은 믿음이 충분히 개발된 상태가 아니므로 그들은 믿음의 고백을 하면서도 실제로는 정반대의 부정적인 결말을 예상하고 있는 경우가 많습니다. 그들은 적은 믿음밖에 없으므로 너무 늦은 셈입니다.

믿음에 상응하는 행동을 하는 것은 어떤 경우든 꼭 필요합니다. 어떤 경우에는 믿음으로 무엇을 하는 것이며, 어떤 경우에는 아무것도 하지 않고 믿음으로 기다리는 것일 수도 있습니다.

하나님께서 그의 말씀 안에 믿음을 담아 놓으셨습니다. 하나님께서는 자신의 모든 말씀이 그대로 될 것을 믿고 계시며, 그 믿음으로 행하십니다. 믿음에 상응하는 행동은 두 가지 측면을 가지고 있습니다. 하나님 편에서 하셔야 할 일과 우리가 해야 할 일입니다. 우리는 우리가 해야 할 일을 해야 합니다. 하나님께서는 이미 하실 일을 끝내셨습니다.

하나님의 말씀은 영원히 하늘에 굳게 서 있습니다. 우리가 그 말씀을 이 땅에 세워야 합니다.

10
믿음의 동역자인 소망

믿음은 바라는 것들의 실상이요 보이지 않는 것들의 증거니
―히 11:1

믿음은 어떤 것의 실상입니다. 그런데 믿는 어떤 것이 실상이 되려면 그것을 소망해야 합니다. 때때로 사람들은 "단지 소망만 가지고는 아무것도 얻지 못한다"는 말을 합니다. 어떤 의미로는 이 말이 일리가 있습니다. 소망은 실상이 아니니까요.

그렇지만, 소망은 믿음이 역사하는데 있어서 매우 중요한 역할을 합니다. 소망은 설정된 목표와도 같습니다. 믿음은 바라는 것들의 실상인데 여기서 바라는 것이란 우리가 얻기를 소망하는 바로 그것을 말합니다. 그러므로 믿음은 우리가 얻기를 소망하는 바로 그것의 실상을 말합니다. 그런데 우리는 무엇을 얻기를 소망합니까? 하나님께서 이미 우리에게 주신 것을 얻기를 소망합니다.

그래서 히브리서 11장 6절에서 **"믿음이 없이는 하나님을 기쁘시게 하지 못하나니…"**(히 11:6)라고 말씀하신 것입니다. 하나님께서

는 우리에게 필요한 모든 것을 주시려고 예비해두셨는데 우리가 그 것을 누리지 못한다면 기뻐하실 수 없겠지요. 하나님께서 예비하신 것을 얻는 방법은 오직 믿음뿐입니다. 하나님께서 우리를 위해 무엇을 주시고자 하는 마음은 우리가 하나님을 알면 알수록 더욱 더 많이 얻게 됩니다. 하나님께서 우리를 위해 예비하신 것이 무엇인지 알아야 합니다. 그렇지 않으면 약속하신 그것을 얻기 위한 믿음도 가질 수 없을테니까요.

> 하나님과 우리 주 예수를 앎으로 은혜와 평강이 너희에게 더욱 많을지어다 그의 신기한 능력으로 생명과 경건에 속한 모든 것을 우리에게 주셨으니 이는 자기의 영광과 덕으로써 우리를 부르신 자를 앎으로 말미암음이라(벧후 1:2-3)

소망이 필요합니다

소망은 믿음과 함께 역사합니다. 여러분들이 이 책을 읽는 이유는 믿음과 소망에 대해 알기를 소망하기 때문입니다. 소망하기만 한다고 해서 믿음과 소망에 대한 지식을 얻지는 못하겠지만, 소망이 없었다면 아예 이 책을 읽지 않았겠지요.

아픈 사람이 치유기도를 받기 위해 줄을 서는 이유는 치유를 소망하기 때문입니다. 치유받을 소망이 없었다면 치유기도를 받으려 하지 않았을 것입니다. 믿음은 바라는 것들의 실상이므로 반드시 바라는 것이 있어야 실상이 있게 됩니다. 즉 소망은 실상이 있도록 할 근거가 되는 것입니다.

하나님의 말씀을 바르게 고백했던 사람들이 일찍 죽게 된 이유는 이 때문입니다. 어떤 분들은 이렇게 말합니다. "그 사람들이 왜 죽게 되었는지 이해할 수 없어요." 아마도 그들은 소망을 포기해버렸기 때문일 것입니다.

하나님의 말씀이 아브라함에게 소망을 갖게 했습니다

소망이 없었을 때 아브라함이 무엇을 했는지를 봅시다.

기록된 바 내가 너를 많은 민족의 조상으로 세웠다 하심과 같으니 그의 믿은 바 하나님은 죽은 자를 살리시며 없는 것을 있는 것같이 부르시는 이시니라 아브라함이 바랄 수 없는 중에 바라고 믿었으니 이는 네 후손이 이같으리라 하신 말씀대로 많은 민족의 조상이 되게 하려 하심을 인함이라 (롬 4:17-18)

소망이 없었을 때 아브라함은 소망을 바라고 믿었습니다. 오늘날에도 의학적으로 아무런 소망이 없는 사람들이 있습니다. 의사들은 할 수 있는 모든 일을 다 했습니다. 의사들이 이젠 더 이상 소망이 없다고 할 때에 아브라함처럼 행하십시오. 즉 하나님의 말씀에 의지하여 초자연적인 소망을 가지십시오. 아브라함은 하나님과 마음을 합하기로 결심했습니다. 우리가 하나님의 말씀을 고백하는 것이 바로 하나님과 마음을 합하기로 하는 것입니다. 하나님께서 우리가 누구인지에 대해 말씀하신 것을 우리 입으로 말할 때 하나님의 관점에서 세상을 바라볼 수 있게 됩니다.

누군가가 "이젠 희망이 없어. 포기하는 게 낫겠어"라고 말하는 상황이라면 즉시 하나님의 말씀을 찾아 소망을 얻으십시오. 소망이 사라진 곳이 육신의 질병이건, 재정적인 어려움이건, 영적인 어려움이건 상관 없습니다. 이 소망없는 상황 속에서 우리가 할 일은 즉시 하나님의 말씀을 찾아 소망을 얻는 것입니다.

소망은 목표를 명확히 해줍니다. 목표를 설정하는 것은 매우 중요합니다. 목표가 설정되지 않고, 어디로 가는지를 알지 못한다면 언제쯤 목표에 도달할지 어떻게 알 수 있겠습니까? 얼마나 더 가야 목적지에 도달할까요? 어디로 가야 할지, 어떻게 그곳에 가야 할지 모를 것입니다. 그러나 목표를 정함으로 길을 인도받을 수 있습니다.

믿음은 **바라는** 것들의 실상입니다. 믿음의 방향이 반드시 결정되어야 합니다. 어떤 분들은 이렇게 말합니다. "나는 하나님을 기다리고 있습니다. 나는 하나님이 무언가를 하실 것을 믿어요."

이들은 수년간 하나님을 기다리기만 하고 아무것도 하지 않습니다. 그들이 하나님을 기다리는 것이 아니라 오히려 하나님께서 줄곧 그들을 기다리셨습니다. 그들은 하나님을 기다리면서 결정을 미루고 있는 것이 아니라 이미 아무것도 하지 않기로 결정을 해버린 것입니다.

아무런 소망이 없는 중에도 아브라함은 소망하기로 *결정했습니다*. 하나님의 말씀을 믿기로 결정한 것입니다. 그리고 이렇게 하나님의 말씀에서 소망이 생겨납니다. 소망을 두어야 할 곳에 믿음을 두어서는 안 되며 믿음을 두어야 할 곳에 소망을 두어서도 안 됩니다. 소망은 *실상이 아닙니다*. 믿음이 바라는 것들의 실상입니다.

소망과 믿음은 같이 있어야 합니다. 그들은 협력하는 관계입니다. 믿음은 하늘로부터 내려오는 힘입니다. 하나님의 말씀을 들을 때 믿음이 생겨나며 이 믿음은 바라는 것들의 실상입니다.

하나님의 말씀의 씨를 뿌리는 것에 대해 배워야 합니다. 우리가 하나님의 말씀 – 하나님의 약속 – 을 말함으로, 우리 마음에 뿌리면 머지않아 싹이 나고 자라납니다. "**…처음에는 싹이요 다음에는 이삭이요 그 다음에는 이삭에 충실한 곡식이라.**" 마가복음 4장 28절에서 예수님께서는 우리의 마음을 하나님의 말씀이 심어지고 열매를 맺는 곳으로 예비해 두셨습니다.

성령께서 주시는 계시

우리는 지금 하나님의 말씀이 열매를 생산하는 장소인 우리의 심령(heart)에 대해 이야기하고 있습니다. 바울은 고린도전서에서 이에 대해 또 다른 점을 가르쳐줍니다.

> 기록된 바 하나님이 자기를 사랑하는 자들을 위하여 예비하신 모든 것은 눈으로 보지 못하고 귀로 듣지 못하고 사람의 마음으로 생각지 못하였다 함과 같으니라 오직 하나님이 성령으로 이것을 우리에게 보이셨으니 성령은 모든 것 곧 하나님의 깊은 것까지도 통달하시느니라 (고전 2:9-10)

"눈으로도 보지 못하고 귀로 듣지 못하고…" 많은 분들이 이 말씀은 "하나님께서 무엇을 하실 것인지는 아무도 모른다"는 가르침이라고 말해 왔습니다. 그러나 곧 이어지는 10절 말씀을 읽어보면, 당신은 "**하나님이 성령으로 이것을 우리에게 보이셨다**"는 것을 알게 될 것입니다.

하나님께서는 그분께서 자기를 사랑하는 자들을 위하여 예비하신 것들은 자연적인 오감의 영역을 통해 우리 마음에 전달되지 않는다는 것을 말씀하고 있습니다. 계시 지식은 결코 오감을 통해 우리에게 전달되지 않습니다. 하나님께서는 성령님을 통해 그것을 우리에게 계시하십니다.

성령께서 우리의 영과 더불어 증거하시고, 다른 방법으로는 도무지 알 수 없는 계시 지식을 계시해 주십니다. 하나님께서는 하시겠다고 말씀하신 모든 것을 행하실 것입니다. 또한 약속하신 모든 것을 행하실 것이며 우리의 믿음이 하나님의 말씀에 근거한 것이라면, 하나님께서 하실 것이라고 우리가 믿는 것을 모두 행하실 것입니다. 그런데 중요한 점은 하나님이 무엇을 하실 것인지는 사람의 눈을 통해서나 귀를 통해서 우리 마음에 전달될 수 없으며 오직 계시를 통해서만 전달됩니다. 하나님께서는 성령을 통해 우리에게 자신을 계시하십니다. 하나님께서 이미 계시하신 것도 사람의 오감을 통해 그렇게 하신 것이 아닙니다.

우리에게 무엇인가를 계시하시는 하나님의 특별한 통로가 있습니다. 계시는 때때로 우리 육신의 이성을 거치지 않고 전달됩니다. 성령을 통해 우리의 영에 직접 전달하는 것이지요. 성령께서는 우리의 선생님이시며 안내자이십니다.

사람의 영은 하나님의 깊은 것이라도 감찰합니다

고린도전서 2장 10절 말씀에 두 번 언급된 성령은 모두 대문자로 표시되어 있습니다.(원어성경이나 영어성경은 성령과 영을 모두

spirit으로만 표시하고 있으며, 다만 영어성경에서는 성령이라고 말할 때는 spirit의 S를 대문자로 표시. 역자 주) 10절 상반절 말씀 **"오직 하나님이 성령(the Spirit)으로 이것을 우리에게 보이셨으니…"**에서의 Spirit은 성령을 나타내는 것으로 생각합니다. 그러나 하반절 말씀 **"성령은 모든 것 곧 하나님의 깊은 것이라도 통달하시느니라"**에서의 spirit은 성령이 아니라 사람의 영, 즉 우리의 영을 말하는 것으로 생각합니다. 잠언에서는 이렇게 말씀합니다.

> 사람의 영혼(spirit)은 여호와의 등불이라 사람의 깊은 속을 살피느니라
> (잠 20:27)

사람의 영은 하나님께서 우리를 깨우치실 때 사용하시는 전구와도 같습니다. 하나님의 영은 우리의 영과 더불어 증거하시며 우리의 영을 깨우칩니다.

성령은 모든 것 곧 하나님의 깊은 것까지도 통달하시느니라. 우리 성경의 번역에도 불구하고 저는 하반절의 영은 성령이 아니라 우리의 영을 말하고 있는 것이라고 믿습니다. 왜냐하면 성령께서 하나님의 것을 살필 필요가 없기 때문입니다. 성령께서는 이미 하나님의 것을 알고 계십니다. 그러므로 하나님의 깊은 것을 살피는 것은 성령이 아니라 우리의 영입니다.

우리가 잠을 자는 동안에도 우리 마음에서는 우리가 뿌린 씨가 자라고 있습니다. 어떻게 이런 일이 일어나는지 알지 못할 것입니다. 우리가 할 일은 다만, 씨를 뿌린 뒤에 일상으로 돌아가 잠을 자고 아침에 일어나는 것이지요.

우리의 영은 하나님의 영이 알고 있는 것을 압니다

사람의 사정을 사람의 속에 있는 영 외에는 누가 알리요 이와 같이 하나님의 사정도 하나님의 영 외에는 아무도 알지 못하느니라(고전 2:11)

하나님의 영은 하나님의 모든 것을 아십니다. 그리고 우리의 영은 우리의 모든 것을 알지요. 우리의 영이 하나님의 영과 연결되는 순간 우리는 모든 지식의 근원에 연결된 것입니다.

우리가 세상의 영을 받지 아니하고 오직 하나님께로 온 영을 받았으니 이는 우리로 하여금 하나님께서 우리에게 은혜로 주신 것들을 알게 하려 하심이라(고전 2:12)

우리는 이 말씀을 고린도전서 2장 9절의 *"눈으로 보지 못하고 귀로 듣지 못하고 사람의 마음으로 생각하지도 못하였다"*라는 말씀과 연결해 보아야 합니다.

하나님께서 우리를 위해 예비하신 것은 우리 눈이나 귀로 보거나 들을 수 없지만 하나님께서 우리에게 계시로 알려주십니다. 성령의 계시를 통해 우리의 영에 그 지식이 전달됩니다. *우리의 영은 하나님의 깊은 것까지도 통달할 수 있습니다.* 그러므로 우리 마음에 씨를 뿌리고 나서 잠을 자는 동안에도 우리의 영은 하나님의 지혜와 계시를 살펴 우리가 뿌린 씨가 열매 맺도록 할 방법과 수단을 찾아냅니다.

그러다가 어느 날 아침에 잠을 깨면 성령께서 알려주신 생각이 우리 마음에 자리잡은 것을 알게 됩니다. 물론 어떻게 해서 그렇게 된 것인지는 알 수 없지요.

고린도전서 2장 12절에서 하나님께서 우리에게 영을 주신 이유는 하나님의 것을 우리에게 보이시기 위함이라고 말합니다.

우리가 이것을 말하거니와 사람의 지혜가 가르친 말로 아니하고 오직 성령께서 가르치신 것으로 하니 영적인 일은 영적인 것으로 분별하느니라 육에 속한 사람은 하나님의 성령의 일들을 받지 아니하나니 이는 그것들이 그에게는 어리석게 보임이요 또 그는 그것들을 알 수도 없나니 그러한 일은 영적으로 분별되기 때문이라(고전 2:13-14)

영적인 것을 분별하기

영적인 것은 영적인 것으로 분별해야 합니다. 일상에서 날마다 필요한 하나님의 것에 대한 계시 지식을 얻기 위해 우리 영은 날마다 하나님의 영과 접촉합니다. 이런 계시 지식은 우리 육신의 마음으로는 얻을 수 없으며 오직 사람의 영을 통해서만 얻을 수 있기 때문입니다.

우리의 육신은 하나님의 영에 속한 것을 받을 수 없지만, 우리의 영은 하나님의 영에 속한 것을 받습니다. 그 우리의 영이 생산기지입니다.

신령한 자는 모든 것을 판단하나 자기는 아무에게도 판단을 받지 아니하느니라(고전 2:15)

여기서 신령한 자란 누구를 말합니까? 영적인 것으로 영적인 일을 분별하며 모든 것을 판단하는 자입니다. 우리 속에 신령한 것이 있다면 그것은 우리의 속사람 즉 우리의 영입니다. 우리의 영이 모든 것을 판단합니다.

우리의 마음으로는 도무지 알 수 없는 다른 사람에 대한 정보를 우리의 영이 알게 되는 경우가 있습니다. 우리의 눈, 귀 같은 오감으로는 도저히 알 수 없는 정보입니다. 때때로 우리는 직감적으로 무엇인가를 감지합니다. 이유를 설명할 수는 없지만 우리는 우리가 그것을 안다는 것을 압니다.

자신의 영으로 인도받기

예를 들어 우리가 누군가를 만날 때 마치 우리 영이 속에서 "그 사람을 멀리해라. 그 사람과는 아무런 거래도 하지 말라."는 말을 하는 것 같을 때가 있습니다. 그 이유를 알 수 없습니다. 우리의 영은 즉시 핵심을 파악할 것입니다. 우리 영은 "모든 것을 검색"한 뒤에 무언가를 알아내고 우리에게 경고를 한 것입니다.

신령한 자는 모든 것을 판단하지만, 그 자신은 누구에게도 판단을 받지 않습니다. 우리의 영은 우리가 만나는 사람의 영의 상태를 감지합니다. 그러나 정작 우리 자신, 즉 우리의 이성은 우리가 만나는 상대방의 영 안에 무엇이 있는지 판단하지 못합니다. 우리의 이성은 다만 그들의 행동을 통해서만 그들을 판단할 수 있을 뿐입니다.

> 누가 주의 마음을 알아서 주를 가르치겠느냐 그러나 우리가 그리스도의 마음을 가졌느니라(고전 2:16)

우리는 성령께서 우리의 영을 통해 공급하시는 것을 통해 그리스도의 마음을 얻게 된 자들입니다.

사람의 영은 참으로 하나님의 등불입니다. 이 두 가지 생각을 하나로 묶어보겠습니다. 마가복음 4장 26절 말씀에서 사람의 마음은 땅으로 비유됩니다. 그 땅은 하나님의 말씀의 씨를 뿌리는 곳이며 씨가 자라는 곳입니다.

우리는 영을 통해 계시 지식을 얻습니다. 하나님께서 성령을 우리에게 보내셔서 하나님의 영에 속한 것을 얻을 수 있도록 하셨습니다. 마음은 하나님으로부터 오는 것을 받는 장소입니다.

우리가 하나님의 말씀을 고백할 때 씨가 뿌려지는 것입니다. 우리가 하나님의 말씀을 말할 때 썩지 않는 씨를 뿌리는 것입니다. 이 씨는 실패하지 않습니다. 그렇지만 우리의 행동 여하에 따라 추수를 거두게도 하고 실패하게도 합니다. 다시 말씀드려 씨앗 자체는 아무런 문제가 없지만, 우리가 어떻게 행동하느냐에 따라 씨앗을 통해 수확을 거둘 수도 있고 실패할 수도 있습니다.

게으른 사람은 자신의 멸망을 예언합니다

잠언 22장 13절에서 이렇게 말합니다.

게으른 자는 말하기를 사자가 밖에 있은즉 내가 나가면 거리에서 찢기겠다 하느니라(잠 22:13)

여기서 게으른 자란 아무것도 하려고 하지 않는 사람을 말합니다. 그저 자리에 앉아 이렇게 말합니다. "나는 잡혀 먹히고 말거야." 그는 달아나지도 않습니다. 최소한 다른 사람에게 자신을 데려가달라는 부탁 정도는 할 수 있을 텐데도, 그저 자신이 죽게 될 것이라고만 말하고 있습니다. 하나님의 말씀에 따라 행동하지 않는 사람은 사실은 무언가를 항상 하고 있는 것입니다. 예를 들어 그는 이렇게 말하고 있는 것입니다. "우리는 곧 큰 어려움에 빠질거야. 아무것도 그 어려움에서 우리를 구해낼 수 없지." "아마도 이 세상은 원자폭탄으로 인해 멸망하고 말거야. 지구멸망의 날이지." 이 게으른 사람이 하는 일은 자신의 멸망을 예언하는 것이지요.

이 세상의 것에 대한 지식을 통해 영적인 것을 쉽게 알 수 있습니다

우리는 하나님의 말씀을 우리 영안에 품어서 하나님께서 말씀하신 것을 열매 맺도록 할 수 있는 자들입니다. 소망은 목표를 확고히 해줍니다.

주의해야 할 것은 성경에서 소망을 발견하게 되면 그것을 즉시 우리의 자연적인 영역과 전혀 별개의 것처럼 분리해 버리는 경향이 있다는 것입니다. 예수님께서 씨 뿌리는 비유를 말씀하셨을 때 "말씀의 씨는 영적인 것이란다"라고 하시면서 땅과 상관없는 것처럼 분리하셨던가요?

영적인 것이라고 해서 그것을 우리가 사는 세상과 전혀 무관한 것으로 생각하는 것은 참으로 큰 잘못입니다. 하나님의 말씀은 영적인 것이지만, 이 땅에서 자라는 식물의 씨가 자라는 것처럼 자라납니다. 사람의 마음은 영적인 영역이지만, 식물이 자라는 땅과 같습니다.

우리 마음은 무엇을 생산해 내도록 설계되었음을 말하는 비유를 하나 들어보겠습니다. 이해하시기 쉽도록 우리가 사는 일상생활에 비유해 보겠습니다. 우리가 사는 집에는 냉방과 난방을 위한 장치가 설치되어 있습니다. 이 장치는 냉난방 시스템의 핵심입니다.

엔지니어들은 이 장치가 집의 냉난방을 적절하게 조절하도록 설계했습니다. 벽에 설치된 조절기를 통해 우리가 원하는 집의 온도를 맞춰 놓으면 이 장치들은 온도 조절기의 명령대로 열이나 차가운 공기를 보내어 집의 온도를 조절합니다. 온도 조절기는 마치 소망의 역할을 하고 있는 것입니다.

벽에 설치된 온도 조절기에 표시된 숫자는 온도를 나타냅니다. 예를 들어 집밖의 기온이 38℃인데 실내의 온도를 21℃로 조절하고 싶다면 벽에 붙은 조절기의 숫자를 21℃에 맞춰 놓으면 그만입니다. 그 뒤에는 냉난방 엔진 장치들이 일을 맡아 미리 맞춰 둔 온도에 이를 때까지 열심히 작동하게 됩니다.

실내 온도가 21℃에 이르게 하려고 금식을 하거나 하나님께 구할 필요는 없습니다. 냉난방 장치들은 조절기가 지시하는 것을 수행하는 방법을 알고 있습니다. 그렇게 설계되었으니까요. 단지 원하는 온도를 조절기에 맞춰 놓기만 하면 조절기가 냉난방 장치에 신호를 보냅니다. "실내 기온이 설정된 온도에 비해 높으니 찬공기를 보내라." 집밖의 기온이 38℃인데 실내의 온도를 21℃로 조정한다는 것은 이 조절기를 움직이는 것은 냉난방 장치에 숙제를 주는 것과 같습니다. 하지만 이 장치들은 그것을 해결하도록 설계되었으므로 이 장치들은 이런 과제를 해결할 방법을 잘 알고 있습니다.

그 장치들은 우리 옷을 빨아주거나 집을 청소하거나 요리를 할 수는 없지요. 그런 일을 하도록 설계된 것이 아니니까요. 다만 한 가지 일, 즉 조절기가 지시하는 온도를 달성하도록 설계된 장치입니다.

마음이 생산합니다

이 비유를 우리의 마음에 적용시켜보겠습니다. 냉난방 장치는 사람의 마음과 같습니다. 냉난방 장치를 온도 조절기가 움직이는 것처럼 마음이라는 장치를 작동시키려면 목표 즉 소망을 설정해야 합니다. 믿음은 바라는 것들의 실상입니다. 그리고 소망은 목표를 설정하는 것입니다.

소망은 우리의 머리 즉 이성을 통해 설정합니다. 반복적으로 말하는 것을 통해 목표가 설정됩니다. 소망을 설정하지 않으면 더 나은 삶에 대한 목표가 없는 것이며 오히려 부정적인 목표를 갖게 됩니다.

벽에 설치된 온도 조절기처럼 우리의 고백은 우리 영에 신호를 보냅니다. "예수 그리스도의 이름으로 고백하노니 예수님이 채찍에 맞으셨으므로 내가 나음을 입었도다. 나는 모든 율법의 저주에서 속량되었으므로 내 몸에 어떤 질병이 생기는 것을 금하노라." 이렇게 고백하는 것은 치유에 대한 우리의 목표를 설정하는 것과 같습니다.

그렇게 하는 것이 무엇을 하는 것인지 아시겠습니까? 어떤 사람들은 이렇게 말할 것입니다. "거짓말을 하고 계시군요. 여전히 아프잖아요." 여전히 아플지도 모릅니다. 하지만, 하나님의 말씀을 고백하는 목적은 목표를 설정하는 것이고 또 씨를 뿌리는 것입니다. 사람들은 우리의 고백을 이해하지 못할 것입니다. 여전히 몸이 아프면서도 어떻게 예수님께서 채찍에 맞으심으로 나음을 입었다고 고백할 수 있는지 이해하지 못할 것입니다. 그러나 현재의 상태가 어떻든지 우리는 목표를 설정해야 합니다.

앞에서 말한 비유를 다시 한번 생각해 보십시오. 외출해서 돌아오니 집의 실내 온도가 32℃였습니다. 실내 온도를 21℃로 맞추려고 온도 조절기의 온도를 21℃에 맞췄습니다. 누군가가 이렇게 말할 수도 있지 않겠습니까? "여보시오. 그렇게 하시면 안 됩니다. 지금 현재 기온이 21℃가 아닌데 조절기를 그렇게 맞추면 됩니까?"

이것은 거짓을 말하는 것이 아니지요. 냉난방 장치가 설계된 대로 움직이도록 조절하는 행위일 뿐입니다. 고백을 하는 이유도 이와 마찬가지입니다. 온도 조절기를 통해 원하는 온도를 부르고 있는 것입니다. 현재의 기온은 아직 그 수준에 이르지 못했지만, 실내 기온이 정해진 온도에 이르도록 부르는 것이지요. 냉난방 장치는 그렇게 움직이도록 설계되었으므로 그렇게 해야만 원하는 기온을 얻을 수 있습니다. 현재 기온이 32℃인데 조절기의 온도를 그저 32℃에 맞춘다면 아무런 변화도 일어나지 않습니다. 냉난방 장치는 일하지 않고 정지되어 있을 것이므로 아무런 결과도 얻지 못할 것입니다.

마음은 요청을 받는 그대로 충실히 일합니다

아무도 이 세상에서 우리가 온도 조절기를 21℃에 맞춘다고 시비를 걸 어리석은 사람은 없을 것입니다. 하나님의 약속에 목표를 설정하면 그렇게 할 것입니다. 어떤 사람은 우리가 거짓을 말한다고 시비를 걸겠지요. 사람의 마음(heart)이 어떻게 설계되었는지를 완전히 이해하려면 시간을 들여서 묵상해야 합니다.

온도 조절기의 기능을 이해하기는 쉽습니다. 그러므로 온도 조절기의 예를 살피는 것을 통해 믿음과 고백이 마음속에서 역사하는 것을 이해하는 것은 좀 더 쉬울 것입니다. 정말 우리 마음이 그렇게 기능하는지 이해가 잘 안될 수도 있고, 또는 그런 방식이 마음에 들지 않을지도 모르지만, 그렇더라도 그것은 그렇게 역사하도록 되어 있습니다.

아무도 우리가 방의 기온을 원하는 온도에 맞추려고 온도 조절기를 조정하는 것을 보고 시비를 걸지 않을 것이며, 거짓말을 하고 있다고 말하지도 않을 것입니다. 방의 온도는 곧 21℃에 이르게 될 것이라는 것을 잘 이해합니다.

사람의 마음(heart)은 냉난방 장치와 같습니다. 하나님께서는 마음에 무엇을 심든지 심은 대로 거두도록 설계하셨습니다. 우리는 고백을 통해 소망을 갖고 마음에 씨를 뿌릴 수 있습니다.

우리 목소리를 녹음해서 처음 들어보면 마치 다른 사람의 목소리인 것처럼 매우 낯설게 느껴진다는 것을 말씀드렸습니다. 그 목소리가 자신의 것이라고 믿기 어려울 것입니다. 그 이유는 평소에 우리는 자신의 목소리를 내이(Inner ear)를 통해 듣기 때문입니다. 우리는 자신의 목소리를 내이로 듣게 되고 이를 바로 우리의 마음(heart)에 전달하기 때문입니다.

녹음기에 녹음된 소리를 듣게 될 때는 그 소리를 외이(outer ear)를 통해 듣게 되므로 전혀 다른 목소리로 들리는 것이라는 것이지요.

하나님께서 우리를 그렇게 설계하셨습니다. 우리의 목소리는 우리가 원하는 것에 대한 신호를 마음속의 정원, 즉 땅에 전달합니다(눅 13:18,19). 그 안에서 우리가 말한 것을 생산할 것입니다. 하나님의 말씀을 고백할 때 우리의 마음도 새롭게 됩니다.

만일 어떤 사람이 온도 조절기를 21℃에 맞췄다가 다시 35℃로 올리고 또 다시 18℃로 낮춘다면 온도 조절기는 제대로 작동하지 않을 것입니다. 그러다간 퓨즈를 다 태워버릴 수도 있습니다. 온도 조절기는 극단적으로 마구 움직이도록 설계된 것 같지 않습니다. 그러므로 그렇게 하다가는 집의 전원이 차단되고 말 것입니다.

"어떤 정신나간 사람이 온도 조절기를 그렇게 마구 조작한단 말이오"라고 말하지도 모르지만, 주변의 많은 그리스도인들이 늘 그렇게 하고 있습니다.

어떤 날은 "하나님 영광 받으세요. 나의 모든 필요가 그리스도 예수 안에서 영광 가운데 풍성한 대로 채워졌습니다." 그러다가 며칠이 지나 환경을 바라보면서 "오 주님, 이제 아무런 소망이 없습니다. 빚이 너무 많아 도저히 갚을 수 없을 거 같아요. 어떻게 해야 할지 모르겠어요"라고 말합니다.

이런 태도는 온도 조절기를 마구 조작하는 것과 같습니다. 원하는 대로 한 번 조작한 뒤에는 내버려두어야 합니다. 우리가 지정한 온도에 이르기 위해 냉난방 장치는 밤낮으로 일해서 결국 그 목표에 이르게 될 것입니다. 충실한 종과 같이 아무 불평없이 일할 것입니다.

온도 조절기가 스스로 온도를 설정하지는 않습니다

온도 조절기가 우리에게 이렇게 말하는 것을 들어본 적이 있습니까? "아니야, 난 찬 공기를 보내지 않을거야. 너는 따뜻한 공기가 필요해. 그러니까 보일러를 작동시켜서 더운 공기를 보내줄게."

온도 조절기가 그렇게 했다면 이렇게 말할 수밖에 없을 것입니다. "온도 조절기가 어떻게 작동할지는 아무도 몰라. 자신이 원하는 대로 작동하거든."

온도 조절기는 그런 식으로 작동하지 않습니다. 온도 조절기는 일정하게 움직입니다. 항상 시키는 대로 정확히 움직입니다. 우리 마음도 이렇게 작동하도록 설계되었습니다.

> 사람의 영혼은 여호와의 등불이라 사람의 깊은 속을 살피느니라
> (잠 20:27)

> 네가 무엇을 결정하면 이루어질 것이요 네 길에 빛이 비치리라
> (욥 22:28)

마가복음 4장 26절은 마음이 이런 식으로 작동한다는 것을 보여줍니다. 그것은 사람이 땅에 씨를 뿌린 것과 같습니다. 목표를 설정하는 것입니다. 농부에게 씨앗은 목표를 설정하는 것과 같습니다. 밭에서 무엇을 수확하려고 하는지 알고 싶다면 그 밭에 무슨 씨를 뿌렸는지를 알아보면 됩니다. 씨를 뿌렸으면 그 작물을 수확하게 될 것입니다. 그 뒤엔 일상생활로 돌아가십시오. 하나님께 그 소망이 이루어지도록 구할 필요가 없습니다. 스스로 작동할 것입니다. 그렇게 작동하도록 설계되었으니까요. 실상은 그 씨앗 안에 들어 있습니다.

온도 조절기 자체는 엔진 장치가 아닙니다

냉난방 장치나 온도 조절기를 구경해 본 적이 없는 사람이 있다고 합시다. 방의 온도가 32℃일 때 우리가 온도 조절기를 21℃에 맞춰놓는 것을 보게 되고 실제로 방이 시원해졌다면, 그는 어떻게 해서 그렇게 된 것인지 몹시 궁금해 할 것입니다. 우리에게 묻겠지요.

"벽에 붙은 그 작은 상자가 뭔가요?"
"온도 조절기입니다."

"온도 조절기요? 그것을 어디서 구할 수 있습니까?"

이 사람이 무슨 생각을 할지 아실 것입니다. 철물가게로 달려가 온도 조절기를 삽니다. 집으로 돌아가서 벽에 그것을 설치합니다. 그리고 21℃에 온도를 맞춰놓고 기다립니다. 평생을 기다리기만 해야 할 것입니다. 목표를 설정하는 것 안에는 집안의 기온을 낮추는 능력이 없으니까요. 단지 목표를 설정하기만 하지요. 온도 조절기는 집을 시원하게 할 실상이 아닙니다. 다만 목표를 설정하지요.

믿음은 바라는 것들의 실상입니다. 다시 말해서 믿음은 우리가 소망하는 것을 이룰 수 있도록 하는 데 필요한 모든 것들의 실상입니다. 전원과 연결된 냉난방 장치는 온도 조절기가 요구하는 온도를 언제든 맞출 준비가 되어 있는 것입니다.

냉난방 장치는 스스로는 아무런 일도 하지 않습니다. 원하는 온도가 입력된 온도 조절기가 필요하며 그 온도 조절기를 조정해야 합니다. 우리의 소망도 목표를 설정합니다. 그러므로 항상 소망을 말하십시오.

우리의 마음에 정하는 목표는 믿음으로 소망을 말할 때 확정됩니다. 냉난방 장치가 원하든 원하지 않든 온도 조절기에서 신호가 오면 그 신호대로 움직이도록 되어 있습니다. 이런 식으로 우리가 지정해 둔 온도에 이를 때까지 쉬지 않고 일하는 것입니다.

우리의 소망이 정해지려면 고백해야 합니다

우리의 마음(heart)도 그런 식으로 작동합니다. 하나님의 말씀을 취하여 고백하는 것은 목표를 설정하는 것입니다. 하나님의 말씀 안에 담긴 하늘의 힘이 작용하여 마음으로 하여금 생산을 하도록 합니다. 더운 여름에 찬 공기를 실내로 불어넣던 그 힘이 겨울엔 더운 공기를 실내로 보냅니다.

목표를 설정하는 것(우리의 소망)은 더운 공기를 불어넣을 것인지, 찬 공기를 불어넣을 것인지를 결정하는 것입니다. 만일 우리가 거둔 수확에 만족하지 못한다면 목표를 제대로 설정했는지 그리고 뿌린 씨앗은 어떤지를 점검하십시오.

냉난방 장치는 우리에게 불만을 토하지 않습니다. 우리의 지시가 옳고 그른지를 판단하도록 설계된 것이 아닙니다. 우리가 무엇을 지시하든 그대로 작동하도록 설계된 것입니다.

예수님께서 우리 마음은 그렇게 작동한다고 말씀해주셨습니다. 하나님의 말씀을 말하는 것은 목표를 설정하는 것입니다. 우리는 오랫동안 영적인 것과 이 세상의 것들을 분리해서 생각하도록 가르침을 받아왔기 때문에 이 세상의 것들과 영적인 것 사이에 서로 아무런 연관이 없다고 생각하기에 이르렀습니다.

그러나 예수님은 아래의 말씀을 통해 그 둘을 하나로 합하셨습니다. **"…너희에게 겨자씨 한 알 만한 믿음이 있었더면…심기우라 말하였을 것이요…"**(눅 17:6)

또한 창세기 8장 22절에서 하나님께서 이렇게 말씀합니다.

> 땅이 있을 동안에는 심음과 거둠과 추위와 더위와 여름과 겨울과 낮과 밤이 쉬지 아니하리라(창 8:22)

성경은 계속해서 씨 뿌리는 것에 대해 말하고 있습니다. 씨를 뿌리면 거두게 됩니다. 사람이 무엇을 심든지, 그 심은 것을 거두게 되는 것입니다. 이것이 바로 역사하는 방법입니다.

마음 밭은 우리가 그 밭에 뿌린 씨앗이 옳은 것인지 그른 것인지를 판단하지 않습니다. 밭은 다만 뿌려진 씨를 그대로 생산해 낼 뿐입니다. 거듭난 사람의 영(마음)은 나쁜 것을 생산해 내지 않는다는 생각을 가지신 분들이 있습니다. 정말 그런가 스스로에게 물어보십시오. "왜 어떤 그리스도인들은 타락해서 죄에 빠지는 것일까?"

예수님께서 이렇게 말씀하셨습니다.

> 선한 사람은 그 쌓은 선에서 선한 것을 내고 악한 사람은 그 쌓은 악에서 악한 것을 내느니라(마 12:35)

제가 예수님의 말씀을 근거로 확신하는 것은 거듭난 사람일지라도 그의 마음속에 악을 쌓을 수 있다는 것입니다. 하나님께서는 어떤 것이든 하나님의 말씀과 일치하지 않는 것을 악으로 여기십니다(민 13:32). 야고보 사도는 이것을 이렇게 말합니다.

> 누구든지 스스로 경건하다 생각하며 자기 혀를 재갈 물리지 아니하고 자기 마음을 속이면 이 사람의 경건은 헛것이라(약 1:26)

우리의 혀가 우리 마음을 속일 수 있다는 말입니다.

땅은 다만, 심은 것을 생산할 뿐입니다

말씀을 전하는 사역을 시작하기 전까지 저는 30년 동안 농업에 종사해 왔었는데, 매년 콩 씨앗을 땅에 심었지만, 단 한 번도 땅이 저에게 이렇게 불평하지 않았습니다. "올해는 콩이 자라도록 하고 싶지 않습니다. 오이나 바나나가 자라게 하고 싶어요." 땅은 선택권이 없습니다. 다만 그 땅에 심어진 것을 생산해 낼 뿐입니다. 우리의 소망은 우리가 믿음을 말하도록 해줍니다.

어떤 분들은 우리가 무엇을 심든지, 무엇을 말하든지 달라질게 없다는 생각을 가지고 있습니다. "어찌되든 하나님께서는 내가 뭘 원하는지 아시니까 그것을 주실거야."

그것은 이렇게 말하는 것과 같습니다. "무를 심긴했지만, 땅은 내가 토마토를 수확하고 싶어하는지 알 테니까, 토마토가 자라날 거야."

이렇게 말하는 사람은 없을 것입니다. 아무도 그런 바보같은 생각을 하지는 않을 테니까요. 땅은 우리들이 무엇을 원하는가에 상관없이 우리가 심은 것을 생산해 냅니다.

우리의 마음 밭도 우리가 심은 것이 옳은지 잘못된 것인지를 판단하지 않습니다. 다만 우리가 심은 것(말하는 것)이 생산되도록 하는데 필요한 정보를 생산합니다. 그것이 옳은지 그른지 영향을 받지 않습니다.

마가복음 11장 23절은 일방통행이 아닙니다. 그러나 예수님께서는 믿음이 어떻게 역사하는지를 설명하시면서 긍정적인 방향으로만 말씀하셨습니다. 예수님은 우리가 믿음을 부정적인 방향으로 사용하기를 원치 않으셨기 때문에 긍정적인 방향으로만 말씀하신 것이라고 생각합니다.

> 내가 진실로 너희에게 이르노니 누구든지 이 산더러 들리어 바다에 던져지라 하며 그 말하는 것이 이루어질 줄 믿고 마음에 의심하지 아니하면 그대로 되리라 (막 11:23)

고백하도록 하는 또 다른 수단

무엇을 심으면 그것이 반드시 자라게 될 것을 믿으십시오. 말하는 것은 심는 것입니다.

우리의 목표를 산을 움직이는 것 즉 우리가 당면한 엄청난 문제를 없애는 것으로 정했다면 그 소망이 우리로 하여금 믿음을 말하도록 할 것입니다. 반면에 부정적인 방향으로는 아주 빠르게 역사합니다. 어떤 사람은 산을 앞에 놓고 이렇게 말합니다. "이 산은 날마다 커지는군. 도저히 넘어설 수 있을 것 같지 않아."

그들의 말대로 부정적인 방향으로 이루어질 것입니다. 왜냐하면 그들이 부정적인 믿음을 가지고 말했기 때문입니다. 믿음은 부정적인 방향으로는 더욱 빠르게 역사합니다.

어떤 사람이 이렇게 예언을 합니다. "일이 점점 악화되는군. 이 일은 해결할 수 없겠어. 빚이 너무 많아 도저히 갚을 수 없겠어. 이 교회는 다시 모이기 어렵겠어." 이렇게 말하는 사람들에게는 아무런 소망도 찾아볼 수 없습니다. 소망이 없으면 믿음이 실상을 나타나게 할 것도 없습니다.

그들이 마음에 무언가를 말하면 그들의 영은 하나님의 지혜의 보고에서 말하는 것이 이루어지도록 할 방법을 찾기 시작합니다.

냉난방 장치는 우리에게 따뜻한 공기가 필요한지 찬 공기가 필요한지 확인하지 않고 다만, 온도 조절기 즉 정해진 목표에서 오는 신호대로 반응할 뿐입니다. **소망은 우리 마음의 온도 조절기와 같습니다.** 그런데 소망이 없으면 마음 밭 즉 냉난방 장치로 보내지는 신호도 없는 것이므로 아무런 긍정적인 열매도 생산되지 않게 됩니다.

마음은 실상을 만들어 낼 준비를 다하고 있다고 해도 소망이 없으면 긍정적인 목표가 없는 것입니다. 소망은 우리로 하여금 하나님의 약속을 고백하도록 합니다. 그러나 두려움은 모든 일의 최악의 모습만을 말하도록 할 뿐입니다.

말하는 것 자체에 무슨 힘이 있지 않습니다. 말하는 것은 하나님의 원리에 따르는 것이지만, 결국 하나님의 약속을 이루어지도록 합니다.

몇 년 전 제가 이러한 진리를 알게되자, 즉시 고백을 시작했습니다. "나는 모든 저주로부터 속량되었습니다. 예수 그리스도의 이름으로 선포하노라. 어떤 질병도 내 몸에 생기는 것을 금하노라." 그때 저는 위궤양을 앓고 있었는데 매우 심해서 일주일에 이틀 또는 사흘 동안은 드러누워서 아무것도 하지 못했으며, 위궤양 증세를 완화시키는 약을 병째 들이마시고 있었습니다.

그래서 내 병과 관련된 하나님의 말씀을 고백하기 시작한 것입니다. 석 달쯤 지나서 말씀이 제 영에 각인되자 위궤양은 떠나갔습니다. 그 뒤로 몇 번 더 위궤양이 다시 찾아오려고 했지만 그때마다 고백했습니다. "안 되지. 예수 그리스도의 이름으로 나는 치유받았음을 선포하노라." 저는 완전히 치료받았고 질병의 저주에서 구원받았습니다. 그 뒤로도 계속해서 마귀를 대항하듯 질병에 대항했습니다.

약속의 열매가 나타나기까지 가져야 할 생각

저는 시행착오를 통해 질병에서 자유하게 되는 원리를 배웠습니다. 많은 실패를 경험했지요. 그러나 중단하지 않고 저주로부터 속량받게 되었음을 고백했습니다.

이렇게 고백했습니다. "나는 포이즌 아이비(식물과 접촉해서 발생하는 피부병, 우리나라의 옻 같은 질병, 역자 주)로부터 속량받았다." 그런데 포이즌 아이비가 피부에 닿을 때마다 저는 그 피부병을 앓곤 했습니다. 사슴사냥을 갈 때마다 포이즌 아이비로 어려움을 겪었지요. 그러자 어떤 분이 "당신의 고백은 아무런 효과가 없군요"라고 말했습니다.

그래서 제가 이렇게 대답했습니다. "아니요, 효과가 있답니다. 믿음이 역사하고 있습니다. 믿음이 역사하고 있다니까요."

저는 이렇게 말하면서 목표를 설정했습니다. 그리고 고백을 계속했습니다. 어떻게 되었냐고요? 포이즌 아이비에 다시 감염되었습니다.

제가 어떻게 했겠습니까? 집에 와서 칼라마인 연고(포이즌 아이비 증상 완화제. 역자 주)를 발랐고 상처가 말랐습니다. 그러고도 고백을 중단하지 않았습니다. 결과가 나타나기까지 이 일은 서너 차례 반복되었습니다. 말씀이 마음에 품어지고 열매가 맺혀지기까지는 시간이 필요합니다.

믿음은 마음이 하나님의 말씀을 품을 수 있는 능력을 주며, 말씀이 품어지면 그 약속의 열매를 보게 됩니다.

저는 거의 일년 동안 고백을 계속했는데, 드디어 어느 날 포이즌 아이비가 더 이상 저에게 아무런 증상도 일으키지 않게 되었습니다. 제가 포이즌 아이비로부터 속량되었음을 믿으면서 했던 믿음에 상응하는 행동은 이것입니다. 저의 주변 상황이 제가 포이즌 아이비로부터 속량받지 못했음을 말할 때마다 고백을 중단하지 않고 계속한 것이지요. 제 고백 내용은 하나님의 말씀이었습니다. "갈라디아서 3장 13절 그리고 신명기 28장 61절에 따르면, 나는 모든 질병의 저주로부터 속량되었다."

믿음의 동역자인 소망

하나님의 말씀은 모든 것을 극복합니다

어떤 사람들은 "정신은 물질을 지배한다."고 말합니다. 그렇지 않습니다. 하나님과 그의 말씀을 믿는 믿음만이 어려움을 극복할 수 있습니다.

말씀이 마음(영)에 심어지면 육신에 그 열매가 나타납니다. 그러나 처음부터 "나는 내가 말한 것이 완전히 이루어졌음을 믿고 그에 상응하는 믿음의 행동을 보이기 위해 포이즌 아이비를 맨손으로 뽑아버리겠어"라고 말한다면 곧 어려움을 겪게 될 것입니다. 고백을 시작하면 이제 목표를 설정하고 마음에 씨를 뿌린 상태이므로 열매 맺기까지는 시간이 필요합니다.

저는 완전한 열매가 나타나기까지는 제가 고백한 것에 대한 완전한 믿음의 행동을 하지 않았습니다. 일 년 후쯤 포이즌 아이비가 제 몸에 아무런 영향을 줄 수 없게 되었습니다. 그때 비로소 완전한 믿음의 행동을 할 수 있게 되었던 것입니다. 그러나 하나님의 말씀을 품어 갈라디아서 3장 13절 말씀이 제 몸에 열매를 맺기까지는 일 년 정도의 시간이 필요했습니다.

하루아침에 그렇게 되지는 않습니다. 그러나 부지런히 하나님의 뜻과 일치하여 그분의 말씀을 고백한다면 결국 그렇게 될 것입니다.

고백은 시간이 필요한 과정입니다

하나님의 말씀을 고백하는 것은 마음을 새롭게 하는 과정입니다. 믿음이 생기도록 합니다. 소망을 표현하는 행동입니다. 우리 마음이 우리가 고백하는 약속의 말씀을 품게되면 곧 열매를 맺게 됩니다. 우리의 건강이나 재정적인 안정 그 외에 우리 삶의 모든 면에서 이런 식으로 역사하는 것입니다.

그런데 시간이 필요합니다. 단계적으로 이루어지는 것이지요. 일시적인 것이 아니라 평생 가지고 가야 하는 삶의 방식입니다. 한 번 해본다는 마음가짐으로는 안 됩니다. 제가 그런 마음가짐으로 했다면 속량받았음을 고백한 뒤에 다시 포이즌 아이비에 감염된 순간 "고백은 아무런 효과도 없어"라고 말하고 포기해버렸을 것입니다. 저는 예수님의 말씀을 굳게 붙들었으므로 저에게 그런 일은 일어나지 않았습니다.

실천이 결과를 만들어 냅니다

성경의 원리를 배웠다면 연구하고 실천하십시오. 고백하는 도중에 상황이 개선되지 않고 악화된다고 해서 뒤로 물러서지 마십시오. 고백하는 것이 우리 속에서 충분히 개발될 때까지 계속 고백하고 말하십시오.

고백하는 도중에라도 필요하다면 약을 복용하십시오. 저도 포이즌 아이비로 인한 통증에서 벗어나기 위해 칼라마인 연고를 사용했습니다. 위궤양의 증상을 완화시키기 위해 위장약을 마셨습니다. 완전한 치유의 열매가 나타나기까지 증상을 완화시키기 위해 필요하다면 무엇이든 했습니다.

약을 먹는 것으로 인해 정죄에 빠지지 마십시오. 많은 사람들이 사단의 꾀임을 받아 그렇게 정죄를 받습니다. 누군가가 당신의 믿음의 수준을 고려하지 않고 보다 높은 믿음의 수준에 근거한 행동을 하라고 하더라도 내가 아직 그 수준에 이르지 못했다면, 그들의 말을 따르지 마십시오. 약은 우리를 치료하지 못하지만 증상은 완화시켜 줍니다.

이렇게 말할 수 있겠습니다. 약은 우리를 치료하지 못하지만, 그렇다고 믿음의 치유를 방해하지도 않습니다. 믿음과 소망은 함께 동역하는 관계입니다. 우리에겐 그 둘 모두 필요합니다.

나의 수준에서 시작하십시오. 상식을 사용하십시오. 자신의 믿음의 수준에서부터 시작하십시오. 날마다 하나님의 말씀을 고백하십시오. 믿음은 자라날 것이며 믿음이 열매 맺는 속도가 점점 빨라질 것입니다.

11
믿음과 고백 –
어떻게 이것이 역사하는가

하나님의 말씀을 고백하는 것이 왜 역사하는지 그 이유를 알아보려고 합니다. 만일 여러분이 누군가에게 하나님의 말씀을 고백하라고 하면, 그것이 무엇을 하라는 것인지에 대해 사람마다 다른 해석을 합니다. 어떤 사람은 엉뚱하게도 자신이 은행빚을 갚지 못하게 되었을 때 은행원에게 가서 성경 말씀을 인용하라는 말로 해석할지도 모릅니다.

하나님의 말씀을 고백한다는 것은 하나님께서 나 자신에 대해 하신 말씀을 내 입으로 내 자신에게 말하라는 것입니다. 은행원에게 가서 말씀을 들려주는 것이 아니며 우리 이웃에게 말씀을 들려주라는 것도 아닙니다. 하나님께서는 우리 자신이 그 말을 듣기를 원하십니다.

고백은 '같은 것을 말한다' 또는 '인정하다' 라는 의미입니다. 하나님의 말씀을 고백한다는 것은 하나님의 말씀이 진리임을 인정한다는 것입니다. 고백은 하나님께서 이미 약속의 말씀을 통해 우리에게 주신 것을 소유하는 방법입니다. 많은 사람들이 이 진리를 알지 못하고 있습니다. 어떤 사람들은 도로 오른편에 있는 도랑에 빠지고 또 어떤 사람들은 반대편 도랑에 빠집니다. 이 원리를 제대로 이해하지 못하기 때문입니다.

믿음과 고백을 제대로 이해한다면 도랑에 빠지지 않고 그것을 자신의 삶에 제대로 적용할 수 있을 것입니다.

"믿음과 고백은 지나치게 기계적인 느낌을 줍니다. 마치 우리가 하나님에게 어떤 일을 하도록 강요하는 것처럼 들립니다"라고 말하는 분도 있습니다.

그런 것이 아닙니다. 이것은 믿음이 역사하도록 하나님께서 정해놓으신 방법입니다. 유일한 방법은 아닐지라도 하나님께서 성경에 기록한 방법입니다. 성경의 씨 뿌리는 자의 비유에서 예수님이 하신 말씀을 읽어보시기 바랍니다.

> 그런즉 씨 뿌리는 비유를 들으라. 아무나 천국 말씀을 듣고 깨닫지 못할 때는 악한 자가 와서 그 마음에 뿌려진 것을 빼앗나니 이는 곧 길 가에 뿌려진 자요(마 13:18-19)

같은 비유에 대한 마가복음 4장 14-20절까지의 기록은 마태복음과 조금 다릅니다. 마태복음의 기록과 마가복음 4장 15절의 기록을 비교해 봅시다.

> 말씀이 길 가에 뿌려졌다는 것은 이들을 가리킴이니 곧 말씀을 들었을 때에 사단이 즉시 와서 그들에게 뿌려진 말씀을 빼앗는 것이요(막 4:15)

마가는 하나님의 말씀이 뿌려지면 즉시 사단이 와서 말씀을 빼앗는다고 말합니다. 마태복음을 읽지 않은 채 마가복음만을 읽으면 사단은 자신이 원할 때면 언제든지 우리 마음에서 하나님의 말씀을 훔쳐갈 수 있다고 생각할 수 있습니다. 아닙니다. 사단은 그렇게 할 수 없습니다.

마태복음 13장 19절은 이렇게 기록되어 있습니다. **"…아무나 천국 말씀을 듣고 깨닫지 못할 때는…"** 사단이 사람들에게서 하나님의 말씀을 쉽게 빼앗아 갈 수 있는 때는 사람들이 하나님의 말씀을 이해하지 못할 때입니다. 그들은 들었지만, 이해하지 못했습니다. 우리가 우리 마음 밭에 뿌려진 하나님의 말씀을 이해하면 사단은 더 이상 그 말씀을 훔쳐갈 수 없습니다. 우리에게서 그 말씀을 빼앗아 갈 수 없습니다. 마리아가 언니 마르다를 돕지 않고 예수님 발 앞에 앉아 말씀을 들을 때에 이를 걱정하는 마르다에게 예수님께서 하신 말씀의 요점이 바로 이것입니다.

> 주께서 대답하여 이르시되 마르다야 마르다야 네가 많은 일로 염려하고 근심하나, 몇 가지만 하든지 혹 한 가지만이라도 족하니라 마리아는 이 좋은 편을 택하였으니 빼앗기지 아니하리라 하시니라(눅 10:41-42)

예수님께서는 마리아가 들은 말씀은 사단이나 그 누구도 빼앗아 갈 수 없다고 말씀하십니다. 예수님께 들은 가르침을 마리아가 잘 이해했음을 알 수 있습니다. 이런 이유 때문에 잘 가르치는 것이 매우 중요합니다. 정확히 가르친다면 보다 많은 사람들이 이해할 것이며, 사단은 결코 그것을 빼앗아가지 못할 것입니다.

하나님의 말씀을 고백하는 것이 역사하는 이유들 중 일곱 가지 중요한 것들을 말씀드리겠습니다.

첫 번째 이유

하나님의 말씀을 고백하는 것이 역사하는 이유는 그것이 하나님의 나라에 씨를 뿌리는 방법이기 때문입니다.

> 또 이르시되 하나님의 나라는 사람이 씨를 땅에 뿌림과 같으니 그가 밤낮 자고 깨고 하는 중에 씨가 나서 자라되 어떻게 그리 되는지를 알지 못하느니라(막 4:26-27)

하나님의 방법을 처음부터 끝까지 이해할 필요는 없지만, 그 방법을 우리 생활에 적용할 수는 있어야 합니다. 이것은 하나님의 원리 중 하나입니다. 우리의 삶 속에서 역사하도록 하려면 하나님의 말씀에 순종해야 하며, 하나님께서 하라고 하신 일을 해야 합니다. 믿음의 고백을 굳게 붙드십시오.

하나님의 말씀을 이해하면 많은 도움이 됩니다. 말씀을 연구하고 묵상하십시오. 하나님의 말씀을 더욱 많이 이해하면, 사단도 우리에게서 말씀을 빼앗아가기가 더욱 어려워질 것입니다.

하나님의 말씀을 들었을 때 기쁨으로 받는 때가 있습니다. 그러나 그 말씀으로 인해 환난이나 핍박이 다가오면 시험에 들게 됩니다. 이렇게 되는 가장 큰 이유는 말씀을 충분히 이해하지 못했기 때문입니다.

하나님의 나라의 원리를 좇아 씨를 뿌리면 우리 삶의 어떤 분야에서도 성공합니다. 우리가 하나님의 말씀을 고백(말)할 때 우리는 씨를 뿌리는 것입니다.

마가복음 4장 26절에서 하나님의 나라는 **"…사람이 씨를 땅에 뿌**

림과 같다."고 하셨습니다. 씨는 하나님이 뿌리시는 것이 아니라 사람이 뿌립니다. 하나님께서 씨를 준비해 주시기는 하시지만, 뿌리는 일은 우리에게 맡겨졌습니다.

마가복음 4장이나 마태복음 13장의 씨는 특별히 하나님의 말씀입니다. 그러나 마태복음 12장 35절을 통해 알 수 있는 것은 우리는 하나님의 말씀뿐 아니라 사단의 말도 뿌릴 수 있다는 것입니다.

그러므로 우리가 무엇을 고백하느냐가 매우 중요합니다. 하나님께서 말씀하신 것이라면 그것은 변경될 수 없는 확정된 진리입니다만 우리가 그것을 우리 마음에 심지 않는 한, 그 진리는 우리 삶에 적용되지 않습니다. 먼저 그 말씀에 동의하고 믿어야 하며 그 말씀에 우리의 믿음을 화합하여 말로 고백해야 합니다. 하나님의 나라에 씨를 뿌리는 것은 하나님께서 우리에게 맡기신 일입니다.(눅 17:5,6,고후 4:13).

저를 대신해서 그것을 해줄 수 있는 사람은 없습니다. 우리 각자가 하나님의 말씀을 고백해야 합니다. 우리 입으로 고백할 때 그 말씀은 우리 마음에 뿌려진 씨가 됩니다. 믿음은 우리 마음에서 역사합니다. 우리 머리에서 역사하는 것이 아닙니다.

> 내가 진실로 너희에게 이르노니 누구든지 이 산더러 들리어 바다에 던져지라 하며 그 말하는 것이 이루어질 줄 믿고 마음에 의심하지 아니하면 그대로 되리라(막 11:23)

이 원리를 배우십시오. 말하는 것만으로는 우리 삶에 열매를 맺을 수 없습니다. 말하는 것은 첫 단계일 뿐입니다. 하지만 열매를 얻기 위해서는 반드시 말하는 것이 필요합니다. 먼저 말하지 않는다면 어떻게 말하는 것을 얻을 수 있겠습니까?

육신의 생각은 하나님의 법에 굴복치 않습니다

이성(머리) 즉 육신적인 생각은 하나님의 말씀이 아니라 우리의 말을 이루려는 도구입니다. 믿음은 마음에서 역사합니다. 믿음은 우리의 머리를 통해 역사하는 것이 아닙니다. 어떤 사람은 머리를 통해 믿음이 역사하도록 애를 씁니다. 머리만 아프게 할 뿐입니다. 바울은 로마서 8장에서 이에 대한 가르침을 줍니다.

> 육신의 생각은 하나님과 원수가 되나니 이는 하나님의 법에 굴복치 아니할 뿐 아니라 할 수도 없음이라 (롬 8:7)

이 말씀 중 하나님의 법은 믿음의 법을 말합니다. 육신의 생각은 하나님의 법에 따라 움직일 수 없습니다. 육신의 생각은 그렇게 하도록 설계되지 않았기 때문입니다. 육신의 생각은 인간적인 목표를 설정합니다. 그리고 그 목표를 생각합니다. 우리가 말하는 것은 생각하고 묵상하는 것을 통해 얻어진 것입니다.

무엇을 말한다고 해서 항상 그 일이 일어나는 것은 아닙니다. 그러나 말하지 않고는 얻을 것이 거의 없습니다. 말하는 것을 통해 목표가 설정되기 때문입니다. 믿으면 말하게 되고 말하면 믿게 됩니다.

두 번째 이유

하나님의 말씀을 고백하는 것이 역사하는 이유는 그것이 믿음이 생기도록 하기 때문입니다.

하나님의 말씀을 고백하는 것은 우리 마음 속에 있는 하나님의 나라에 씨를 뿌림으로 우리의 소망을 정하는 것입니다. 또한 하나님의 말씀을 고백하면 믿음이 생겨납니다(롬 10:17).

어떤 분야에서든지 마찬가지입니다. 육체의 질병을 치유하는 일에도, 재정적인 어려움을 극복하는 일에도, 어떤 영적인 문제에도 이 원리는 똑같이 적용됩니다. 우리 자신이 어떠하다고 하신 하나님의 말씀을 큰 소리로 고백하십시오. 말씀을 선포하고 말하고 고백하면 믿음은 생겨나도록 되어 있습니다.

믿음은 바라는 것들의 실상이요 보이지 않는 것들의 증거니(히 11:1)

그러므로 믿음은 들음에서 나며 들음은 그리스도의 말씀으로 말미암 았느니라(롬 10:17)

성경은 말씀을 들어본 적이 있다고 해서 믿음이 생겨난다고 하지 않았습니다. 사람들은 종종 이런 오해를 합니다. "내가 예전에 말씀을 들어본 적이 있지. 예전에 한 번 말씀을 고백했었다네."

믿음은 말씀을 듣고, 듣고, 듣고, 듣고, 듣고, 또 들을 때 생겨납니다. 계속되는 과정이지만, 반드시 믿음은 생겨나도록 되어있습니다. 바라는 것은 실상이 아니지만, 믿음은 어떤 것들의 실상입니다. 소망에는 실상이 없지만, 믿음은 바라는(소망하는) 것의 실상입니다. 물론 바라는(소망하는) 것도 매우 중요합니다. 믿음이 실상을 만들어 내려면 소망 즉 목표를 설정하는 것이 필요하므로 소망이 없으면 실상을 만들어낼 수 없기 때문입니다.

하나님께서는 반드시 약속을 지키시는 분이므로 우리가 할 일은 다만, 소망을 정하는 일 – 씨를 뿌리는 일 – 믿음이 생겨나게 하는 일 – 즉 하나님의 약속을 고백해야 합니다. 하나님의 말씀에 동의하십시오. 우리 입도 하나님의 말씀에 동의해서 고백하도록 하십시오. 하나님의 말씀을 들으면 하나님을 믿게 되므로 믿음이 생겨납니다. 이와 마찬가지로 사단의 말을 듣게 되면 사단에 대한 믿음도 생겨납니다. 사단의 말을 계속 듣는 사람은 하나님을 믿는 믿음이 생기지 않는 것을 고민하게 될 것입니다. *사단의 말을 듣게 되면 두려움이 생겨납니다.* 믿음은 바라는 것들의 실상입니다. 믿음의 반대가 두려움이므로, 그 두려움은 *바라지 않는 것들의 실상이 되게* 합니다. 욥기를 읽으면 이것이 실제임을 알 수 있을 것입니다. 욥이 이렇게 말했습니다.

> 내가 두려워하는 그것이 내게 임하고 내가 무서워하는 그것이 내 몸에 미쳤구나(욥 3:25)

욥은 단지 두려워하기만 한 것이 아니라 두려움을 아주 깊이 발전시키는 상태에 이르렀습니다. 두려움이든 믿음이든 그 깊이를 발전시키면 시킬수록 그 열매가 나타나는 속도가 증가됩니다. 무엇을 말하느냐에 따라 우리의 말은 믿음을 가져오기도 하고 두려움을 가져오기도 합니다. 하나님의 말씀은 믿음을 가져오지만 같은 말이라도 우리의 말은 두려움을 가져옵니다. 우리말 속에 두려움이 있다면 두려움을 다른 이에게 전달합니다. 우리말 속에 믿음이 있다면 다른 이에게 믿음을 전달합니다.

세 번째 이유

하나님의 말씀을 고백하는 것이 우리의 마음을 하나님의 말씀으로 새롭게 하기 때문에 하나님의 말씀은 역사합니다.

우리가 예수님을 영접해서 거듭나더라도 우리 마음은 거듭나지 못한 채 예전 상태로 있다는 것을 아십니까? 로마서 12장 2절의 말씀이 이것을 말하고 있습니다.

> 너희는 이 세대를 본받지 말고 오직 마음을 새롭게 함으로 변화를 받아 하나님의 선하시고 기뻐하시고 온전하신 뜻이 무엇인지 분별하도록 하라(롬 12:2)

바울은 로마교회 성도들에게 편지를 썼습니다. 바울은 믿는 자들에게 그들의 마음에 무엇을 하라고 가르치고 있습니다. **"…이 세대를 본받지 말고 오직 마음을 새롭게 함으로 변화를 받아…"**

하나님의 말씀에 동의해서 하나님의 말씀을 고백하는 것은 마음을 변화시켜 우리가 하나님처럼 생각할 수 있도록 합니다. 그 결과 우리의 말하는 태도가 하나님께서 말씀하시는 모습을 닮도록 합니다. 또한 우리로 하나님께서 행하는 모습을 닮도록 합니다. 두려움 없이, 걱정 없이, 패배자가 아니라 승리자의 모습으로 살도록 합니다.

우리 마음이 새롭게 되지 않으면 아직 물 위를 걸을 준비가 되지않은 채 물 위를 뛰어든 베드로의 모습을 닮게 될 것입니다.

베드로는 준비도 되기 전에 물 위로 뛰어내렸습니다. 믿음의 말을 할 수는 있었습니다만, 아직 물 위를 걸을 믿음은 없었습니다. 환경이 베드로를 이겼습니다. 예수님께서 "오라"고 말씀하셨지만 그 말씀은 베드로가 물 위를 걸을 정도의 믿음을 갖도록 하기엔 충분하지는 못했습니다. 중요한 점은 베드로의 마음이 새롭게 되지 않았으며, 결국 자신이 하고 있는 일과는 아무 상관도 없는 일(풍랑과 파도)이 의심을 주도록 허용했던 것입니다.

베드로가 보트에서 내려 물 위를 걸었지만, 큰 파도와 바람이 몰아치는 주변 상황을 보기 시작했습니다.

베드로가 물 위를 걷는 것을 방해할 수 있는 일이 일어났나요? 아무것도 없었습니다. 자신이 물 위를 걷는데 아무런 방해도 되지 않는 것임에도 불구하고 베드로는 그것들로 하여금 그의 믿음을 가져가 버리도록 허락했기 때문에 베드로는 물 속으로 가라앉기 시작했습니다.

조금 더 생각해 봅시다. 베드로는 그때까지 단 한 번도 사람이 물 위를 걷는 것을 본 적이 없습니다. 그런데 예수님이 지금 물 위를 걸으시는 것을 본 것입니다. 그것도 큰 파도가 일고 바람이 몹시 부는 날이었습니다. 베드로가 그 모습을 보고 마음에 생각해야 했던 옳바른 생각은 이런 것이었어야 합니다. '흠 예전에 사람이 물 위를 걷는 것을 본 적이 없는데, 예수님이 걸으시네, 아마 이렇게 바람이 불고 큰 파도가 일어날 때에만 사람이 물 위를 걸을 수 있나 보다.' 예수님께서 "오라"고 말씀해 주셨는데도 베드로는 마음이 새롭게 되지 않았습니다.

> 바람을 보고 무서워 빠져 가는지라 소리 질러 이르되 주여 나를 구원하소서 하니(마 14:30)

우리가 허락하면 두려움은 언제든 우리를 주위 상황에 굴복하도록 만들어 버립니다. 그러므로 하나님의 지식으로 우리 마음을 새롭게 해야 합니다. 그렇게 하면 주위 환경을 하나님 말씀보다 더 높이 두지 않게 될 것입니다. 마음을 새롭게 하는 것은 매우 중요한 것이므로 바울이 골로새서 3장에서 이야기한 대로 그렇게 하십시오.

> 너희가 서로 거짓말을 하지 말라 옛사람과 그 행위를 벗어 버리고 새 사람을 입었으니 이는 자기를 창조하신 이의 형상을 따라 지식에까지 새롭게 하심을 받는 자니라(골 3:9-10)

네 번째 이유

하나님의 말씀을 고백하면, 우리는 계속 답을 얻기 때문에 하나님의 말은 역사합니다.

만일 우리가 항상 어려움에 직면해서, 그 어려움에 대해 말하고 기도 중에 어려움을 입에 담으면 우리는 그 어려움을 믿게 될 것입니다. 우리가 주변 사람에게 우리의 어려움에 대해서만 말하면 정말 어려움이 우리를 찾아올 것입니다. 주님께 기도하면서 "주님 제게 이런 어려움이 있는데 제가 극복할 수가 없어요. 시간이 갈수록 점점 문제가 심각해지네요"라고 말한다면 틀림없이 매우 심각한 어려움에 부딪힐 것입니다.

우리는 어려움만을 봅니다. 아침에 일어나서 어려움을 생각하고, 밤에 잠자리에 들 때에도 어려움을 생각합니다. 우리는 어려움 속에서 먹고 자고 살아갑니다. 어려움들이 우리들을 갉아 먹습니다. 우리 시간들 우리 생각들 우리 기도를 갉아먹는 것입니다. 믿음은 들음에서 납니다. 어려움에 대한 큰 믿음이 생겨날 것이며 해결책에 대한 믿음은 조금도 없게 될 것입니다.

우리가 우리 마음을 새롭게 해서 하나님의 말씀을 고백하므로 해결책을 늘 앞세우기 시작하면 누군가로부터 이런 비난을 받게 될지도 모릅니다. "당신은 그저 어려움을 무시하고 있는 것에 불과합니다."

그 반대입니다. 우리가 하는 것은 어려움을 무시하는 것이 아니라 어려움에 더욱 관심을 갖고 어려움에 대해 무엇인가를 하는 것입니다. 만일 이런 비난을 받는다면 이 성경 구절을 그 사람에게 들려주십시오.

> 아무것도 염려하지 말고 오직 모든 일에 기도와 간구로 너희 구할 것을 감사함으로 하나님께 아뢰라 그리하면 모든 지각에 뛰어난 하나님의 평강이 그리스도 예수 안에서 너희 마음과 생각을 지키시리라 종말로 형제들아 무엇에든지 참되며 무엇에든지 경건하며 무엇에든지 옳으며 무엇에든지 정결하며 무엇에든지 사랑할만하며 무엇에든지 칭찬할만하며 무슨 덕이 있든지 무슨 기림이 있든지 이것들을 생각하라 (빌 4:6-8)

8절은 **"종말로 형제들아"**로 시작합니다. 다른 모든 것들의 결론을 말하려는 것입니다. 무엇에든지 참되며 무엇에든지 경건하며 무엇에든지 옳으며 무엇에든지 정결하며 무엇에든지 사랑할만하며 무엇에든지 칭찬할만하며 무슨 덕이 있든지 무슨 기림이 있든지 *이것들을 생각하라.*

모든 사람들이 지각에 뛰어난 하나님의 평강을 얻기 원합니다. 그러나 성경에서 가르쳐 주는 평강을 얻는 방법을 따르려는 사람은 많지 않습니다. 그들은 지름길을 원하는 것 같습니다. 평강을 *구하면서*

도 어려움만을 말하며 기도 중에 어려움을 말합니다. 어려움을 말하면 말할수록 어려움에 대한 부정적인 믿음도 더욱 커져갈 것입니다.

어려움을 끼고 살면서 어려움을 극복할 수는 없습니다. 어려움을 말하는 것에서 벗어나서 해결책을 말하기 시작해야 합니다. 하나님의 말씀은 항상 우리 앞에 해결책을 가져다줍니다. 우리의 태도가 달라질 것입니다. 우리가 다른 사람처럼 변할 것입니다. 늘 어려움을 말하는 삶은 그렇지 못합니다. 어려움에 대한 믿음도 커져가고 결국 어려움 속에서 인생을 마감하게 될 것입니다.

그러므로 내가 너희에게 말하노니 무엇이든지 기도하고 구하는 것은 받은 줄로 믿으라 그리하면 너희에게 그대로 되리라(막 11:24)

우리가 무엇을 얻을 것이라고 하셨습니까? 우리가 구하는 것을 얻게 된다고 하십니다. 기도 중에 어려움을 말하시겠습니까? *기도한 것을 얻게 되실 것입니다.* 기도 중에 어려움을 말할 필요는 없습니다.

그러므로 그들을 본받지 말라 구하기 전에 너희에게 있어야 할 것을 하나님 너희 아버지께서 아시느니라(마 6:8)

이사야서에서 하나님께서 말씀하십니다.

너는 나로 기억이 나게 하고 서로 변론하자 너는 네 일을 말하여 의를 나타내라(사 43:26)

기도 중에 하나님께 그분이 말씀하신 것을 기억하시도록 하십시오. 하나님께 하나님께서 하신 말씀을 생각나도록 하십시오. 하나님께서 약속을 잊으셨기 때문에 그렇게 하라는 것이 아닙니다. 하나님을 위해서 그렇게 하라는 것이 아닙니다. *우리가 도움을 얻기 위해 그렇게 하라는것입니다.* 우리가 그렇게 한다고 해서 하나님의 믿음이 자라겠습니까? 그렇게 할 때 우리의 믿음이 자라기 때문에 그렇게 하라시는 것입니다. 하나님의 말씀은 하나도 헛되이 돌아오지 않을 것입니다.

기도 중에 해결책을 말한다면 우리 믿음이 자라날 것입니다. 그러나 *어려움을 말하는 것은 두려움만을 자라게 할 뿐입니다.* 어떤 성도님들은 기도하면서 오히려 자신의 믿음을 파괴해 버립니다. 그렇게 하는 것은 하나님의 뜻이 아니며 하나님이 그렇게 하라고 하지도 않으셨습니다. 믿음을 파괴하려는 것이 기도의 목적이 아닙니다. 기도는 해결책 – 무엇이든 우리가 구하는 그것 – 을 얻으려는 것입니다. 저는 어려움을 원치 않기 때문에 *기도 중에 어려움을 말하지 않습니다.*

저도 그리스도인이 된 후 거의 20년간 종교적인 기도생활을 해왔는데 솔직히 거의 응답받지 못했습니다. 몇 번 받았지만 우연히 그렇게 된 것이라는 인상을 받았을 뿐입니다.

어떤 분이 이런 삶을 이렇게 표현했습니다. 참 좋은 예라고 생각합니다. 텍사스주의 달라스에서 포트워스까지의 거리는 35마일정도 됩니다. 달라스에서 포트워스로 가기 위해 자동차를 타고 출발했는데 3일을 운전했는데도 도착하지 못했다면 엉뚱한 길을 달리고 있다는 것을 인정해야지요. 이 이야기가 제 기도생활이 어떤 것이었는지를 말해줍니다.

종교적인 기도생활을 20년간 했음에도 아직 도착지에 이르지 못했습니다. 그러나 기도는 문제를 말하는 것이 아니라 답을 말해야 한다는 것을 성경에서 알게 되었을 때, 단 2주만에 과거 20년 동안 받았던 기도응답보다 더 많은 기도응답을 받게 되었지요.

제 경험과 가르침이 여러분이 20여년의 기도생활을 허비하지 않도록 도와줄 것입니다. 기도 중에 어려움을 말하지 말고 답을 말하십시오.

> 내 입에서 나가는 말도 헛되이 내게로 돌아오지 아니하고 나의 뜻을 이루며 내가 보낸 일에 형통함이니라(사 55:11)

누가 하나님의 말씀으로 하나님의 뜻을 이루게 할 것이며, 누가 하나님의 명하여 보낸 일에 형통하도록 하겠습니까. 하나님은 우리가 그렇게 하기를 기대하고 계십니다. 하나님의 말씀을 고백하는 것은 우리 믿음을 자라게 하며, 마음을 새롭게 하며, 하나님의 나라에 씨를 뿌릴 것입니다. 하나님께서 우리를 힘들게 하시려는 것이 아니라 우리를 평안하게 하시려고 말씀을 고백하게 하시는 것입니다.

다섯 번째 이유

하나님의 말씀을 고백하는 것은 우리의 마음을 새롭게 하기 때문에 역사합니다.

잠언 4장 20-23절은 이 주제에 대한 좋은 가르침을 줍니다.

> 내 아들아 내 말에 주의하며 내가 말하는 것에 네 귀를 기울이라 그것을 네 눈에서 떠나게 하지 말며 네 마음속에 지키라 그것은 얻는 자에게 생명이 되며 그의 온 육체의 건강이 됨이니라 무릇 지킬만한 것보다 더욱 네 마음을 지키라 생명의 근원이 이에서 남이니라(잠 4:20-23)

생명의 근원이며 생명의 힘의 원천인 우리 마음을 더욱 부지런히 지켜야 할 사람은 우리 자신입니다. 마가복음 4장은 우리 마음이 돌짝밭이 될 수도 있고 가시밭이 될 수도 있다고 말합니다. 그러므로 우리 마음이 변화되는 것이 중요합니다.

밭은 밭에 있는 돌에게도 할 수 있는 모든 것을 제공합니다. 씨에게 제공하는 영양분과 수분을 돌에게도 공급합니다. 그러나 돌은 아무것도 생산해 내지 못합니다. 돌에겐 생명이 없으니까요. 돌은 오히려 씨앗에게서 수분을 빼앗아갑니다. 씨 뿌리는 자의 비유를 보면 돌짝밭에 떨어진 씨가 아무것도 생산하지 못한다고 말합니다. *밭은 돌에게도 씨에게 주는 것처럼 시간과 공간과 물을 줍니다. 그러나 돌은 생명이 없습니다.* **하나님의 말씀은** 썩지 않는 씨이며 영적 생명으로 가득차 있습니다. 밭에서 돌과 가시떨기를 제거하고 썩지 않는 하나님의 씨를 뿌리면 우리 마음은 변화합니다.

여섯 번째 이유

하나님의 말씀을 고백하는 것이 믿음의 법칙을 작동시키기 때문에 역사합니다.

믿음은 하나님께서 정하신 하나의 법칙입니다. 로마서 3장 27절에서 말하는 법이 그것입니다.

> 그런즉 자랑할 데가 어디냐 있을 수가 없느니라 무슨 법으로냐 행위로냐 아니라 오직 믿음의 법으로니라 (롬 3:27)

믿음은 법입니다. 로마서 8장에도 바울은 같은 법에 대해 말합니다.

"…육신의 생각은 하나님과 원수가 되나니 이는 하나님의 법에 굴복하지 아니할 뿐 아니라…" 여기서 원수라는 말은 도무지 같이 지낼 수 없는 적대관계에 놓인 자를 말합니다. 우리 마음이 믿는 것을 우리의 이성은 도무지 믿을 수 없습니다. 우리의 이성은 산을 명하여 움직이게 하는 것을 도무지 믿을 수 없습니다. 믿음은 우리의 이성과 함께 동행할 수 없으며 우리 마음과만 동행할 수 있습니다.

만일 우리가 마음을 새롭게 한다면, 우리는 이성이 믿음을 더 이상 방해할 수 없는 그런 곳에 이르게 될 것입니다.

> 기록된 바 내가 믿었으므로 말하였다 한 것 같이 우리가 같은 믿음의 마음을 가졌으니 우리도 믿었으므로 또한 말하노라(고후 4:13)

우리는 믿는 것을 말합니다. 우리는 말하는 것을 반복할 때마다 더욱 강하게 믿게 됩니다. 이런 과정을 통해 믿음이 생겨나는 것입니다. 이렇게 하는 것은 믿음의 법칙뿐 아니라 믿음의 영을 움직이도록 하는 것입니다.

마가복음 11장 23절은 누가복음 17장 6절과 같은 의미입니다.

> 내가 진실로 너희에게 이르노니 누구든지 이 산더러 들리어 바다에 던져지라 하며 그 말하는 것이 이루어질 줄 믿고 마음에 의심하지 아니하면 그대로 되리라(막 11:23)

> 주께서 이르시되 너희에게 겨자씨 한 알만한 믿음이 있었더라면 이 뽕나무더러 뿌리가 뽑혀 바다에 심기어라 하였을 것이요 그것이 너희에게 순종하였으리라(눅 17:6)

이 두 말씀은 어떻게 하면 믿음의 법칙이 작동하는지를 가르쳐 줍니다. 믿음의 법칙이 말만으로 역사하는 것은 아니지만 말하는 것은 필수적인 요소가 됩니다.

　이런 이유 때문에 우리가 말씀을 고백할 때 주변 환경이 세상적인 기준으로 판단해서 그것이 거짓이라고 말할지라도 고백을 계속해야 합니다. 어떤 것이 하나님의 말씀 안에서 진리이면 그것은 우리 주변의 환경 속에서도 반드시 진리가 되어야 합니다. 하나님께서 말씀하신 것이므로 반드시 그렇게 될 것입니다. 어떤 어려운 상황이든 그것을 완전히 바꿔버리기 위한 하나님의 말씀이 필요한데 하나님께서는 이미 그런 말씀을 모두 다 말씀해 놓으셨습니다. 그러므로 이제 우리 스스로가 믿음의 법칙을 작동시키는 일만 남은 것입니다.

　이렇게 말하는 사람들이 있습니다. "어디서부터 시작해야 하나요?"

　현재 서 있는 위치에서부터 시작하십시오. 결코 다른 사람의 믿음의 수준에서 시작하려고 하지 마십시오.

　믿음의 고백에 대한 가르침을 따르려는 많은 분들이 시작 단계에서부터 어려움을 겪습니다. 그들은 자신의 믿음의 수준보다 높은 위치에서 시작하려고 합니다. 1층 건물도 없이 3층부터 지으려는 것과 같은 것입니다. 현재의 수준에서부터 시작하십시오. 시내로 차를 몰고 들어가면서 주차할 공간을 얻기 위한 믿음의 고백부터 시작하십시오. 작은 일에서부터 믿음을 개발하는 것을 시작하십시오. 아직 그 수준에 이르지 못한 믿음을 가지고 백만 달러를 얻기 위한 믿음의 고백을 시도하지 마십시오. 처음엔 작은 것에 대한 고백부터 시작하십시오. 마침내 하나님께서 더욱 큰 것을 주실 것이란 믿음에 이르게 될 것입니다. 경험을 쌓다보면 어떻게 하면 믿음이 역사하고 어떻게 하면 역사하지 않는지를 배우게 될 것입니다.

두려운 마음으로 하나님의 말씀을 고백하시는 분도 있습니다. 외견상 그 고백에는 아무런 문제가 없어 보입니다. 옳은 고백을 하는 것 같아 보이지만, 그 고백의 배경에는 두려움이 있습니다.

믿음의 고백은 믿음으로 실행되어야 합니다. 이를 위해 믿음의 고백은 중간에서 멈추지 말고 지속적으로 해야 합니다. 믿음의 고백을 처음 시작하는 단계에서부터 고백에 대한 믿음을 가지고 시작하는 사람은 없습니다. 하나님의 말씀을 고백하는 것이므로 옳은 고백을 한다는 것을 알지만 아직 믿음은 생기지 않은 상태입니다. 그러나 말하고 고백하고 선포하는 일을 오랫동안 계속한다면 믿음은 생겨날 것입니다. 지속적인 고백으로부터 마침내 믿음이 생기는 것이니까요.

일곱 번째 이유

하나님의 말씀을 고백하는 것이 역사하는 이유는 믿음의 고백은 천사로 하여금 일하도록 만들기 때문입니다.

믿음의 고백을 할 때 천사가 그 고백을 듣고 있다는 것을 모르시는 분이 많습니다. 성경은 사도행전 7장 53절을 통해 율법이 천사에 의해 전해졌다는 것을 밝혀줍니다. 히브리서 1장 말씀을 통해 천사는 율법을 전해준 존재보다 더욱 가깝게 우리에게 다가옵니다.

> 어느 때에 천사 중 누구에게 내가 네 원수로 네 발등상 되게 하기까지 너는 내 우편에 앉아 있으라 하셨느냐 모든 천사들은 섬기는 영으로서 구원받을 상속자들을 위하여 섬기라고 보내심이 아니냐 (히 1:13-14)

누구든지 구원받을 후사(거듭난 사람)가 되면 천사가 그를 위하여 섬깁니다. 초자연적인 존재인 천사, 즉 하나님께서 섬기는 영이 우리를 위해 여기 이곳에 기다리고 있는 것입니다.

계시록 22장에서는 사도 요한이 천사를 '함께 종된 자'로 기록하고 있습니다.

> 이것들을 보고 들은 자는 나 요한이니 내가 듣고 볼 때에 이 일을 내게 보이던 천사의 발 앞에 경배하려고 엎드렸더니 그가 내게 말하기를 나는 너와 네 형제 선지자들과 또 이 두루마리의 말을 지키는 자들과 함께 된 종이니 그리하지 말고 오직 하나님께 경배하라 하더라(계 22:8-9)

천사가 사도 요한에게 한 말의 의미는 이것입니다. "내게 경배하지 마세요. 나는 당신의 종입니다." 이제 천사에 대해 잘 알아야 합니다. 천사들은 우리의 종입니다. "**…나는 너와 네 형제 선지자들과 또 이 책의 말을 지키는 자들의 종이니…**" 우리가 계속 하나님의 말씀을 고백하는 한 천사들은 우리의 종의 역할을 다할 것입니다.

그러나 천사가 종이라고 해서 우리 자동차의 엔진오일을 갈아주지는 않습니다. (그런 것까지 가르칠 필요가 없다고요? 가르쳐야 합니다. 어떤 사람들은 천사가 우리의 종이라는 이야기를 듣고 지나치게 나아갑니다.) 천사들은 우리가 하는 이야기를 듣고 있습니다. 우리의 말은 그들의 활동에 큰 영향을 주기 때문입니다.

하나님의 나라는 모든 것을 다스립니다

하나님께서는 때때로 천사를 통해 우리에게 메시지를 전달합니다. 그래서 소식을 전하는 자라고 불리웁니다. 그러나 어떤 때는 하나님이 아니라 우리가 천사에게 일을 시킬 때가 있습니다. 시편 103편은 이에 대한 가르침을 줍니다.

> 여호와께서 그 보좌를 하늘에 세우시고 그 정권으로 만유를 통치하시 도다 능력이 있어 여호와의 말씀을 이루며 그 말씀의 소리를 듣는 너희 천사여 여호와를 송축하라(시 103:19-20)

정권(Kingdom)으로 "만유를 통치하신다"는 구절에 유의하십시오. 정권(Kingdom)이 어디에 있습니까? 하나님의 나라는 우리 안에 있습니다(눅 17:21). 하나님의 보좌는 하늘에 있지만 그의 나라(하나님의 나라)는 만유를 통치하십니다.

또한 천사는 하나님의 명령(말씀)을 이룹니다. 하나님의 명령이 무엇입니까? 다윗은 하나님의 말씀이 그분의 계명이며 율법이라고 했습니다. 마가복음 11장 23절을 통해 하나님께서 우리에게 하신 말씀은 우리들의 문제, 즉 산을 향해 "제거될 것"을 말하고 말한 그대로 될 것이라고 믿으면 말한 대로 될 것이라고 하셨습니다. 천사들은 하나님께서 무엇을 말씀하셨는지 잘 알고 있습니다. 그리고 천사들이 이 땅에 있는 이유는 하나님의 말씀을 실행하기 위해서입니다. 하나님의 말씀을 잘 알고 있는 천사들은 그 하나님의 말씀이 우리의 입을 통해 나올 때 그것을 듣습니다. 우리의 입을 통해 나오는 말이 하나님의 말씀과 일치할 때 그 말이 천사들을 움직이도록 하는 것입니다.

만일 우리가 하나님의 말씀을 말한다면, 그것은 곧 천사에게 내가 말한 것이 이루어지도록 하라는 명령을 내리고 있는 것입니다. 시편 103편 20절에 하나님의 말씀을 듣는 천사에 대한 말씀이 있습니다. 우리는 천사들이 하나님의 말씀을 들을 수 있도록 말할 수 있습니다.

우리가 하나님의 말씀을 말하면, 천사는 우리가 말하는 것을 듣습니다. 그러므로 우리가 소리를 내어 말해야 합니다.

예수님께서 이렇게 말씀하셨습니다.

> 주라 그리하면 너희에게 줄 것이니 곧 후히 되어 누르고 흔들어 넘치도록 하여 너희에게 안겨 주리라 너희가 헤아리는 그 헤아림으로 너희도 헤아림을 도로 받을 것이니라(눅 6:38)

사도 바울은 적게 심는 자는 적게 거두고 많이 심는 자는 많이 거둔다고 했습니다(고후 9:6). 약속의 말씀을 입으로 소리 내어 고백하면 우리의 말에 늘 귀를 기울이고 있던 천사가 우리 입을 통해 나오는 말씀을 듣습니다. 하나님 말씀은 우리가 마음으로 믿고 의심하지 않으면 우리가 말하는 것을 가질 것이라고 말합니다. 우리가 말하는 것을 의심하지 않고 마음으로 믿으면 천사가 우리가 말한 것을 우리 것이 되도록 할 것입니다. 물론 몇 주일이나 몇 달 또는 몇 년이 걸릴 것입니다. 그러나 분명 이루어질 것을 믿고 안식하고 기다리십시오. 천사가 하나님의 말씀에 귀를 기울입니다. 시편 107편 2절에서 다윗이 말한 대로 고백하십시오.

> "여호와의 속량을 받은 자들은 이 같이 말할지어다…"

이렇게 고백하기 시작하십시오.

> "하나님, 율법의 저주에서 속량받게 해주신 것 감사합니다. 이제 어둠의 권세로부터 자유롭게 되었습니다. 감사합니다. 이제

예수 그리스도의 이름으로 선포합니다. 나는 들어가도 복을 받고 나가도 복을 받는 사람이 되었습니다. 내 식탁이 복을 받고 내 음식 창고도 복을 받습니다. 나를 해하려는 무기는 어떤 것이든 성공하지 못하지만, 감사하게도 내가 하는 일은 무엇이든 성공하게 되었습니다. 할렐루야! 나는 시냇가에 심겨진 나무 같습니다."

이렇게 말하는 것은 성경에 글로만 기록되어 있던 하나님의 말씀을 음성으로 바꾸어 줌으로 천사들에게 할 일을 지시하게 되는 것입니다. 하나님의 말씀을 말함으로 천사들에게 영향력을 행사합니다. 하나님께서 천사들에게 하신 것처럼 우리도 그렇게 하는 것입니다.

12
우리의 고백이 역사하도록 하려면

"내가 한 말을 나에게 기억나게 하라"고 하나님께서 우리에게 말씀하셨습니다(사 43:26). 하나님께서 스스로 하셨던 말씀을 잊으셨기 때문이 아니라 우리가 하나님 말씀을 잊지 않게 하시려고 이렇게 말씀하신 것입니다. 하나님의 말씀을 고백하는 일에 스스로를 훈련시키십시오. 우리 자신에게 큰 유익이 됩니다.

하나님께서 여호수아에게 이렇게 조언을 해주셨습니다.

> 이 율법책을 네 입에서 떠나지 않게 하고 주야로 그 안에 있는 것을 묵상하여 그 안에 기록된 모든 것 대로 지켜 행하라 그리하면 내가 너의 길을 번영하게 만들 것이고 네가 좋은 성공을 이루리라(킹제임스역, 수 1:8)

여호수아가 지켜 행하도록 지시받은 사항은 그 안에 기록된 모든 것입니다. 다시 말씀드리면 기록된 모든 것을 말하고 묵상하고 또 행하라는 것이지요. 우리가 우리의 길을 번영하게 만들 때 모든 일을 지혜롭게 할 수 있게 됩니다. 어떤 번역본은 *"네 삶의 모든 일에서 지혜롭게 거래할 수 있을 것"* 이라고 번역하였습니다.

번영은 미련한 자에게는 재앙이 됩니다

번영에 대한 가르침을 비난하는 사람들은 "번영이 당신을 파괴할 것"이라고 주장합니다. 그러나 성경의 정확한 가르침은 번영은 미련한 자에게만 재앙이 된다는 것입니다(잠 1:32). 하나님께서 가르쳐주신 방법대로 하나님의 말씀을 고백해서 우리의 길을 형통하게 하면, 우리의 일상생활에서 모든 거래를 지혜롭게 할 것입니다. 번영은 축복입니다. 저주가 아닙니다. 하나님의 정하신 방법으로 얻게 되는 번영은 축복입니다.

하나님의 말씀을 고백할 때 그 고백하는 내용은 우리의 목표를 정하고 마음 밭에 씨를 뿌리는 것입니다. 나아갈 방향을 정해줍니다. 도착지점을 확정합니다. 우리가 어디로 가는지 알지 못한다면, 언제 도착할지 어떻게 알 수 있겠습니까? 얼마나 걸려야 그곳에 도착할까요? 하나님의 말씀을 고백하는 것은 하나님의 뜻에 따른 우리 인생의 바른 목적을 정하는 것입니다.

저의 소책자인 「God's Creative Power Will Work For You」가 여러분에게 도움이 될 것입니다. 그 책에 성경적인 고백문들을 모아두었습니다. 하나님께서 저에게 고백을 하라고 하셨는데 고백의 내용은 성경에 기록된 제가 누구인지에 대한 것입니다.

저는 그 당시 농부였으므로 제 농장의 뒤쪽에 있는 밭을 오르락내

리락하면서 하나님께서 제가 어떤 사람인지를 알려주신 성경 말씀을 고백했습니다. 큰 소리로 외쳤던 그때의 고백이 제 인생을 바꿨습니다.

우리 마음이 우리 목소리를 들을 수 있도록 큰 소리로 고백하십시오. 믿음이 생겨날 것입니다. 믿음은 들음으로 말미암으니까요.

믿음은 읽음으로 생겨나는 것이 아닙니다. 그런데 많은 분들이 그렇게 생각합니다. 성경에는 읽음으로 믿음이 생겨난다는 말이 없습니다. 성경은 믿음은 하나님의 말씀을 들음으로 말미암는다고 말합니다.

저는 수개월 동안 하나님의 말씀을 고백했습니다. 그 말씀이 제 인생을 완전히 바꿨습니다. 매우 부정적인 태도를 가지고 있었을 때 말씀을 고백하기 시작했는데, 하나님의 말씀은 몇 개월 후에 저의 태도를 완전히 바꾸었지요. 하나님의 말씀은 누구라도 바꿀 것입니다.

당신 자신을 훈련하십시오

우리가 누구인지를 말해주는 하나님의 말씀을 고백하도록 자신을 훈련하는 방법을 알려드리겠습니다. 거듭난 우리가 어떤 사람이 되었는지를 고백하다 보면 이제껏 자신의 입으로 한 말 중 가장 거짓된 내용을 고백한다는 생각이 들 것입니다. 그러나 그 내용은 하나님께서 하신 말씀입니다. 그리고 하나님께서는 우리가 그런 사람이 될 것을 믿고 계십니다. 하나님께서는 현재의 우리 모습을 보시는 것이 아니며 성경 말씀이 우리가 어떤 사람이라고 말씀하신 대로 우리를 보십니다.

이제 성경적인 고백이 어떤 것인지 제시해 보겠습니다. 이 고백은 우리로 하여금 하나님께서 우리에 대하여 생각하시는 방법대로 생각하도록 할 것입니다. 저는 로마서 3장에 기록된 사도 바울의 말씀을 좋아합니다.

> 어떤 자들이 믿지 아니하였으면 어찌 하리요 그 믿지 아니함이 하나님의 미쁘심을 폐하겠느냐 그럴 수 없느니라 사람은 다 거짓되되 오직 하나님은 참되시다 할지어다(롬 3:3-4)

혹 어떤 분이 자신의 상황을 살펴보고 이렇게 말할지도 모르겠습니다. "상황이 너무 어려워서 하나님의 영광 가운데 풍성한 대로 나의 모든 쓸 것이 채워졌다고 믿기 어렵군."

믿어지든 안 믿어지든 하나님께서 그렇게 될 것이라고 말씀하셨습니다. 우리는 하나님의 말씀에 순종해야 합니다. 우리 생각을 하나님의 말씀에 맞추도록 하십시오. 다만 한 가지 기억하실 것은 성경에 그것이 기록되어 있는 것만으로는 우리 삶에 적용되지 않습니다. 우리가 누구인지에 대한 하나님의 말씀에 우리가 동의할 때 비로소 그 말씀이 내 삶에 영향을 미치게 됩니다.

각자의 상황에 맞는 고백들

아래에 제시하는 고백은 한 예에 불과합니다. 이 고백문을 가지고 다니며 "난 이 고백문을 고백하기만 하면 돼"라고 말하지 마십시오. 우리는 자신이 처한 상황에 맞게 하나님께서 지시하시는 방향대로 자신의 고백문을 만들어야 합니다.

나는 그리스도의 몸이다. 그러니 사단아, 너는 내게 아무런
힘을 쓸 수 없다. 나는 악을 선으로 이길 수 있다(참조; 고전
12:27, 롬 12:21).

이 고백은 모두 성경을 근거로 한 고백입니다. 저는 그리스도의 몸입니다. 바울도 이렇게 말했습니다. "이제 너희는 그리스도의 몸이요." 교회는 오늘날 이 땅에 있는 유일한 그리스도의 몸입니다. 이것을 고백하십시오. 우리가 그리스도의 몸입니다.

나는 하나님에게서 태어났고 사단을 이겼다. 세상의 그 어떤
것들도 내 안에 계신 세상의 그 어떤 것보다 크신 하나님을
이길 수 없다(참조; 요일 4:4).

주님께서 저와 함께 하시니, 저는 어떤 악한 것들도 두려워하
지 않습니다. 주님의 말씀과 성령님께서 저를 위로해 주십니다
(참조; 시 23:4).

각자의 상황에 맞게 이 고백을 기도문이나 고백문으로 수정해서 사용하십시오. 3-4주 동안 이 고백을 하게 되면, 우리의 영에 매우 큰 영향을 줄 것입니다.

억압을 당하는 일이 내게서 멀어질 것이다. 두려움도 내게
가까이 오지 못할 것이다(참조; 사 54:14).

이런 말을 하는 사람이 있습니다. "글쎄요, 그런데 저는 언제나 다른 사람으로부터 손해를 보고, 또 두려움도 떠나지를 않네요."

이런 사람은 더욱 이 고백을 해야 합니다. 주님께서 바로 이런 분을 위해 이 말씀을 예비해 두셨습니다. 두려워하기 때문에 억압을 당하기도 합니다. 이 고백을 계속하십시오. "억압을 당하는 일이 내게서 멀어질 것이다. 두려움도 내게 가까이 오지 못할 것이다."

하나님의 말씀과 일치하지 않는 사실들을 변화시키십시오

두려움에 떨며 학대를 받는 사람은 이렇게 말하곤 합니다. "내가 그런 고백을 한다면 그것은 거짓말을 하는 것이지요."

하지만 하나님께서 이렇게 말하라고 하셨습니다. 야고보서 3장 14절은 "…진리를 거슬러 거짓말하지 말라."고 하셨습니다. 어쩌면 이 사람이 처한 상황은 하나님의 말씀과 일치하지 않는 모습이 많이 있을 것입니다. 아마도 늘 두려워하는 사람일 것입니다. 억압을 당하고 있을 것입니다. 사실일 것입니다. 그렇다고 해도 그 사실이 하나님의 말씀과 일치하지 않는다면, 그 사실을 말하는 것은 거짓을 말하는 것과 같습니다. 오직 하나님의 말씀만이 진리입니다. 어떤 학대도 임할 수 없으며, 두려움도 나와 상관이 없다고 하신 분은 하나님이십니다. 하나님께서는 우리를 보실 때 그런 존재로 보십니다. 하나님의 말씀은 비록 아직 눈에 보이지 않을 때라도 여전히 진리입니다.

사실과 진리는 다릅니다. 사실이라고 해도 거짓되고 헛된 것이 있습니다.

요나가 이렇게 말했습니다

무릇 거짓되고 헛된 것을 숭상하는 자는 자기에게 베푸신 은혜를 버렸 사오나(욘 2:8)

그러므로 "억압을 당하는 일이 내게서 멀어질 것이다. 두려움도 내게 가까이 오지 못할 것이다"라고 고백해야 합니다.

이런 말을 하는 사람이 있습니다. "실제로 두려워하면서 '내게 어떤 학대도 임할 수 없고 두려움도 나와 상관이 없다'고 고백하는 것은 거짓을 말하는 것이야."

아닙니다. 진리를 말하는 것입니다. 실생활에서는 아직 그렇게 되지 않았을지 모르지만, 그렇기 때문에 고백을 하는 것이지요. 없는 것을 부르고 있는 것입니다. 성경에서 말하는 고백이 바로 이런 것입니다. 고백은 없는 것을 있는 것처럼 부르는 것입니다.

> 나의 의로움은 여호와께 받은 것이므로, 나에게 해를 입히려는 계획은 어떤 것이라도 성공하지 못한다. 나는 시냇가에 심겨진 나무 같으므로 내가 하는 일은 무엇이든 성공하게 되었다(참조; 사 54:17, 시 1:3).

이런 내용이 진리와 거리가 먼 것처럼 생각될지 모르지만, 이 고백 내용은 믿는 자들에게 참된 진리입니다. 현재 우리의 삶은 이 진리와 일치되는 모습이 아닐 것입니다. 그렇기 때문에 이 진리를 고백해야 하는 것이지요. 우리가 고백하는 내용은 하나님께서 우리에게 하신 말씀입니다.

나는 하나님 곧 우리 아버지의 뜻을 따라 이 악한 세대에서 구원을 받았다(참조; 갈 1:4).

이 고백 내용처럼 성경은 우리가 구원을 얻는 것이 하나님의 변함없는 뜻이라고 말합니다.

그리스도께서 하나님 곧 우리 아버지의 뜻을 따라 이 악한 세대에서 우리를 건지시려고 우리 죄를 인하여 자기 몸을 드리셨으니(갈 1:4)

어떤 악한 일도 내게 임하지 못하며, 어떤 재앙도 내가 거하는 곳에 가까이 오지 못한다. 주께서 천사들에게 명하셔서 나의 모든 길에서 나를 보호하도록 하시기 때문이다. 나의 길에는 생명이 있고 사망이 없다(참조; 시편 91:10,11, 잠 12:28).

이 고백을 들으면 시험에 드는 분이 있습니다. "이봐요, 당신에겐 사망이 없다고 말하는 건가요." 그렇지만 잠언 12장 28절을 그대로 인용한 것입니다.

의로운 길에 생명이 있나니 그 길에는 사망이 없느니라(잠 12:28)

의로운 자들은 영적으로 죽는 일은 없습니다. 저는 예수님이 다시 오실 때까지 우리들이 살아 있게 될 것이라는 말을 하고 있는 것이 아닙니다. 그렇지만 이것은 하나님께서는 우리에 대하여 하신 말씀입니다. "어떤 악한 일도 너에게 임하지 않을 것이다." 시편 91편에 이 말씀을 기록하셨습니다. 이 말씀은 성경에 기록되어 있지만, 성경에 기록되었다고 해서 그것만으로 우리 삶에 그대로 이루어지는 것이 아닙니다.

말씀이 우리 삶에 유익이 되도록 하십시오

말씀이 우리 삶에서 실재가 되도록 해야 합니다. 이를 위해 하나님께서 여호수아에게 하라고 하신 것이 여호수아 1장 8절에 있습니다. "이 율법책을 입에서 떠나지 말게 하라." 율법책은 그 당시 여호수아가 가졌던 하나님의 말씀이었습니다. 하나님께서 여호수아에게 계속 그 율법을 말하라고 가르치셨습니다. 계속 고백하는 것은 고백의 내용이 역사하도록 하는 방법입니다. 고백 내용이 현실과 전혀 다른 내용일지라도 그 고백이 진리로 생각될 때까지 고백을 계속해야 합니다.

> 나는 믿음의 방패를 손에 들고 악한 자가 나를 향해 쏘는 모든 불화살을 소멸시킨다(참조; 엡 6:16).

우리 손에 들어야 하는 것은 믿음의 방패입니다. 어떤 분들은 의심의 방패를 들고 하나님의 모든 축복을 막아내기도 합니다. 우리도 자칫하면 이 진리가 가르치는 것과 정반대의 행동을 할 수 있습니다.
하나님의 뜻은 우리가 믿음의 방패를 들고 악한 자의 모든 불화살을 소멸시키는 것입니다. 우리는 이 약속을 위해 부름을 받았습니다.

> 그리스도께서 나를 율법의 저주에서 구원해 내셨으니 율법의 저주인 어떤 질병도 내 몸에 머무는 것을 금한다. 예수 그리스

도의 이름으로 명하노니, 질병의 원인이 되는 모든 균들, 바이러스는 내 몸에 닿는 즉시 모두 죽을지어다. 내 육체의 모든 장기들과 피부는 하나님께서 창조하신 대로 완벽하게 기능할지어다. 예수 그리스도의 이름으로 모든 장기들이 잘못 기능하는 것을 금지시키노라(참조; 갈 3:13, 롬 8:11, 창 1:31, 마 16:19).

"어떻게 그렇게 고백할 수 있다는 말인가요?"

"간단합니다. 입을 여세요. 그리고 고백하세요."

"지금 그것을 물어보는 것이 아니지 않습니까? 성경 어떤 구절을 근거로 그런 고백을 한다는 것인가요?"

마가복음 11장 23절은 우리가 말하는 것을 믿고 의심하지 않으면 말하는 것을 가지게 될 것이라고 가르칩니다. 말하는 것을 가질 수 있다고 하셨는데 말하지 않을 이유가 어디 있습니까? 성경이 말하고 있습니다.

어떤 분은 이런 말을 할지 모릅니다. "당신에게 그렇게 금지할 권한이 있나요? 마치 하나님인 것처럼 행동하시는군요"

예수님은 우리가 이 땅에서 무엇이든지 매면 하늘에서도 매일 것이요. 이 땅에서 무엇이든 풀면 하늘에서도 풀려지게 될 것이라고 하셨습니다. 우리는 정사와 권세와 이 어두움의 세상 주관자들을 묶을 수 있습니다. 내 몸이 잘못 기능하는 것을 왜 막을 수 없겠습니까?

"이미 몸이 아프게 되었으면 어떻게 하지요?"

구애받지 말고 계속 고백하십시오. 내가 처한 상황이 어떠하든지 하나님의 말씀을 고백하십시오. 필요하면 약을 복용하십시오. 약을 먹을 때마다 매번 고백도 같이 하십시오. "나는 치유를 받았음을 믿노라."

> 내가 하나님께 순복하고 예수의 이름으로 마귀를 대적하므로
> 마귀가 나를 피해 달아납니다(참조; 약 4:7).

이것은 우리에 대한 하나님의 말씀입니다. 마귀가 우리를 피해서 달아난다는 것처럼 느껴지지 않겠지만, 하나님의 말씀은 사단이 달아난다고 말합니다. 먼저 하나님의 말씀이 옳음을 인정하고 그 말씀을 계속 고백해서 마음이 새롭게 되고 가슴이 변하도록 하십시오. 언젠가는 아침에 일어나서 "사단아, 내가 예수 그리스도의 이름으로 너를 대적하노라"라고 고백했을 때 "야호, 정말 사단이 도망가는구나"라고 말하게 될 날이 올 것입니다.

저에게 그런 일이 일어났을 때 참으로 기뻤습니다. 그래서 이렇게 생각했습니다. "하나님께 영광을 드립니다. 하나님의 말씀에 순복하니 능력이 생기는구나." 하루아침에 그렇게 되지는 않습니다. 몇 주나 몇 달 동안 고백을 계속해야 합니다. 우리의 상황이 어떠하든 고백을 멈추지 마십시오.

예수님께서도 말씀으로 사단을 이기셨습니다

예수님께서 이런 방법으로 광야에서 사단의 시험을 이기시고 사단을 패배시켰다는 것을 아십니까? 예수님은 하나님께서 하신 말씀만을 사용하셨습니다. 다른 말은 전혀 사용하지 않으셨습니다. 예수님은 하나님의 말씀을 사용하셔서 사단을 물리치셨습니다. *사단의 왕국을 흔들어 회복 불능의 상태로 만들어 버리신 것입니다.* 다시는 예수님께 대항하지 못했습니다. 우리가 이 고백의 원리를 잘 붙들면 사단은 우리에

게도 대항하지 못할 것입니다. 우리는 하나님의 말씀을 고백할 권세를 가지고 있습니다. 하나님께서 그것을 우리에게 약속하셨으니까요.

> 가난 대신에 우리에게 부요를 주셨고, 질병 대신에 우리에게 건강을 주셨으며, 죽음 대신에 우리에게 영생을 주셨다(참조; 고후 8:9, 사 53:5, 요 10:10, 요 5:24).

가난하거나 병든 분은 하나님께서 주신 이 고백을 계속하십시오.

> 나의 하나님께서 그리스도 예수 안에서 영광 가운데 풍성한 대로, 나의 모든 쓸 것을 채우시므로 나에게는 부족함이 없다 (참조; 빌 4:19).

우리에게 무언가 부족한 일이 있을 수 있습니다. 실제로 어떤 일이 일어나든지 상관하지 마시고 하나님께서 주신 우리가 어떤 자임을 말하는 이 말씀을 고백하십시오. 침실로 들어가 그 안에 머물면서 큰 소리로 이 고백을 계속하십시오. 속삭이지 마십시오. 글을 읽는 것처럼 고백하지 마십시오. 큰 소리로 외치십시오. 마음이 듣도록 고백하십시오.

저의 세미나에 참석하셨던 어느 여자분이 이 고백을 굳게 붙들었습니다.

"제가 기도하기를 원합니다. 하나님의 말씀을 고백하기 원합니다." 그녀는 이렇게 말하면서 자리에서 벌떡 일어나 이렇게 고백하기 시작했습니다. "아버지 감사합니다. 내 남편이 구원받았습니다. 남편은 성령 충만하게 되었습니다. 내 아이들이 모두 구원을 얻었습니다. 우리 집은 믿는 가정이 되었습니다." 그녀는 자신의 가정이 믿는 가정이 된 것으로 인해 하나님을 찬양했습니다. 정말로 그것에 대해 행복해 했습니다. 그녀가 고백을 마치고 자리에 앉자, 옆에 앉아 있던 다른 여자분이 "네 남편이 구원받았구나. 난 여태 몰랐어"라고 말했습니다.

그 여자분은 현재 그렇다는 것을 말한 것이 아니라 없는 것을 있는 것같이 불렀던 것인데, 옆에 앉아 있던 여자분은 정말로 이미 그렇게 된 것으로 오해를 한 것입니다. 그렇기 때문에 우리의 고백을 모든 사람이 듣도록 할 필요가 없습니다. 다른 분들이 오해할 수 있습니다.

여하튼 몇 년 후 그 남편은 실제로 구원받았고, 성령 충만도 받았습니다. 그 여자분은 하나님의 방법대로 없는 것을 있는 것처럼 불러서 일 년이 못 되어 열매를 거둔 것입니다.

다시 한번 강조하고 싶습니다. 고백의 열매를 하루아침에 거둘 수는 없지만 하나님의 방법을 따라 계속 고백하면 틀림없이 열매를 거두게 될 것입니다.

고백은 하나님의 말씀이 역사하도록 하는 첫 단계입니다. 성경을 바탕으로 한 고백문 목록을 만들어서 여러분의 마음을 바꾸고 여러분의 생각을 하나님의 말씀에 일치시키기를 권면드립니다.

13
없는 것을 있는 것처럼 부르기

성경의 원리 중에서 현대의 그리스도의 몸된 교회에게 가장 절실한 원리는 '없는 것을 있는 것 같이 부르는' 원리입니다. 그럼에도 불구하고 종교적인 마음을 가진 사람들 사이에서는 이 원리에 대해 논란이 많고 또 오해도 지독히 많습니다.

충고 드리고 싶은 것이 있습니다. 하나님의 방법을 이해하고 알기 원하는 마음을 가지고 이 주제에 대해 공부하십시오. 종교적인 마음을 가진 분들에게는 이상하게 들리는 원리일 것입니다. 이 원리에 대해 하나님께서 말씀하신 것과 행하신 것을 알게 되기 전까지는 이 원리에 대해서 옳다, 그르다는 판단을 미뤄 두십시오.

이 책은 여러분의 남은 생애에 매우 중요합니다. 기도를 많이 하면서 읽으십시오. 이 책은 여러분의 영이 해방을 받고 재정적으로 번영되도록 하기 위해 기록한 책입니다.

형제들아 너희를 부르심을 보라 육체를 따라 지혜 있는 자가 많지 아니하며 능한 자가 많지 아니하며 문벌 좋은 자가 많지 아니하도다 그러나 하나님께서 세상의 미련한 것들을 택하사 지혜 있는 자들을 부끄럽게 하려 하시고 세상의 약한 것들을 택하사 강한 것들을 부끄럽게 하려 하시며 하나님께서 세상의 천한 것들과 멸시 받는 것들과 없는 것들을 택하사 있는 것들을 폐하려 하시나니(고전 1:26-28)

하나님께서 이런 방법을 선택하셨습니다. 많이 읽어보신 성경 구절일지라도 성경에 이런 구절이 있었던가 싶은 구절일 것입니다. 하나님께서 드러난 것들을 폐하시기 위해 선택하신 방법은 드러나지 않는 것(세상의 관점으로는 보이지 않는 것)들을 들어 사용하시는 것입니다. 폐한다는 말은 제로(zero)로 만든다는 것입니다. 즉 있는 것(존재하는 것)들을 없는 것으로 만든다는 것이지요.

이것은 성경의 원리입니다. 하나님께서 선택하신 방법이지요. 하나님께서 정하신 방법이므로 저도 따라합니다. 하나님께서는 어떻게든 원하는 것을 하실 수 있는 분이시지만, 이런 방법을 사용하시기로 선택하신 것이지요. 없는 것(눈에 보이지 않는 것)을 사용하시기로 결정하셨습니다. 볼 수도 없고, 느낄 수도 없고, 맛을 보거나 냄새를 맡을 수도 없으며, 들을 수도 없는 영적인 힘을 사용하셔서 있는 것을 폐하기로 즉 제로로 만들어 버리기로 하셨습니다. 즉 하나님의 말씀과 일치하지 않는 것들을 없는 것으로 만드는 방법으로 눈에 보이지 않는 영적인 힘을 선택하신 것입니다. 만일 여러분에게 문제가 있다면 여러분은 그것을 볼 수 있습니다. 그러므로 그것은 자연적인 영역의 것입니다. 눈에 보이는 것들에 대해서는 믿음을 사용하여 그것을 변화시킬 수 있습니다.

같은 믿음의 영

기록된 바 내가 믿었으므로 말하였다 한 것같이 우리가 같은 믿음의 마음을 가졌으니 우리도 믿었으므로 또한 말하노라… 우리의 잠시 받는 환난의 경한 것이 지극히 크고 영원한 영광의 중한 것을 우리에게 이루게 함이니, 우리가 주목하는 것은 보이는 것이 아니요 보이지 않는 것이니 보이는 것은 잠깐이요 보이지 않는 것은 영원함이라 (고후 4:13,17-18)

눈에 보이지 않는 영역은 강력한 영역입니다. 눈에 보이지 않는 것들은 하나님의 영원한 원리의 지배를 받습니다.

하나님께서 정하신 원리가 이것입니다. 성경의 처음부터 끝까지 이 원리가 나타납니다. 예수님께서 그분의 모든 사역에 사용한 원리인데 그것은 '없는 것을 있는 것같이 부르는 원리'입니다. 로마서 4장에서 바울이 하나님에 대해서 설명한 내용이 있습니다.

기록된 바 내가 너를 많은 민족의 조상으로 세웠다 하심과 같으니 그가 믿은 바 하나님은 죽은 자를 살리시며 없는 것을 있는 것으로 부르시는 이시니라 (롬 4:17)

하나님께서는 없는 것을 마치 있는 것처럼 부르셨습니다. 이 말씀을 고린도전서 1장 28절 말씀과 비교해 보십시오. *"하나님께서 세상의 천한 것들과 멸시받는 것들과 없는 것들을 택하사 있는 것들을 폐하려 하시나니"* 이렇게 하는 것이 하나님의 방법입니다. 있는 것을 폐하는 영적인 힘을 부르십시오. 없는 것을 있는 것같이 부르십시오. 그것이 지금 있는 것을 대신할 것입니다.

바울은 우리가 선으로 악을 이길 것이라고 말했습니다. 우리가 없는 것을 있는 것같이 부르기 시작하면 *어떤 분들은 우리가 있는 것의 존재를 부인한다고 생각합니다.* 또 어떤 분들은 문제의 해결책을 고백하는 것은 현재 존재하는 문제를 부인하는 것이라고 비난합니다. 아닙니다. 고백은 현존하는 문제를 부인하는 것이 아니라 없는 것을 있는 것같이 부르는 성경의 원리입니다.

있는 것을 없는 것같이 부른 것이 아닙니다

없는 것을 있는 것 같이 부르는 것과 있는 것을 없는 것 같이 부르는 것은 큰 차이가 있습니다. 하나님의 방법은 없는 것을 부르는 것입니다. 없는 것이 나타나도록 부르는 것입니다. 그렇게 함으로써 현존하는 문제들을 무효화하는 것입니다.

문제가 있는데도 불구하고 문제가 있다는 것을 부인하라는 것이 아닙니다. 질병이 있는데 질병이 있다는 것을 부인하라는 것이 아닙니다. 그렇다고 해서 아프다는 것을 고백하라는 것도 아닙니다. 믿음의 고백을 오해해서 몸이 아픈데도 "난 아프지 않다"라고 고백하는 분이 있습니다. 아픈 것을 부인한다고 해서 낫지는 않습니다. 솔직히 그것은 거짓말입니다. 이런 거짓말과 고백은 다릅니다.

고백은 없는 것을 있는 것처럼 부르는 것입니다. 만일 아프다면 이렇게 고백할 것입니다.

> 예수님께서 채찍에 맞으심으로 나는 나음을 입었다. 나는 어둠의 권세로부터 구원을 얻었다. 나는 율법의 저주에서 속량되었다.

그러므로 예수 그리스도의 이름으로 내 몸은 질병이 없으며 강건하게 될 것을 부르노라.

이런 고백을 하는 것이 몸이 아프다는 것을 부인하는 것은 아니지요. 내 몸에 그런 질병이 있을 권리를 부인하는 것입니다. 그리고 건강을 부르고 치유를 불렀습니다. 이렇게 하는 것이 하나님이 정하신 방법입니다.

마귀가 행동하는 것처럼 행동하지 마십시오

우리가 이렇게 하는 것을 보면서 마치 하나님처럼 행동한다고 비난하는 분이 있습니다.

감사한 일입니다. 그래서 저는 그런 분들께 "대단히 감사합니다"라고 말합니다.

저는 정말 사단이 아니라 하나님처럼 행동하고 싶습니다. 제가 하나님처럼 말하는 것이 하나님처럼 행동하는 것이라면 사단의 말을 하는 사람은 사단처럼 행동하는 것이 되겠지요.

사단의 말을 따라서 한다면 사단의 말에 동의하는 것입니다. 사단의 말은 늘 이런 식입니다. "너 많이 아프지? 곧 죽게 될거야. 다시 건강을 회복하기는 어려워."

겉으로 보기에 사단의 말이 옳은 것 같아 보여도 그 말을 따라서 말하지 마십시오. 그는 늘 거짓말만 합니다. 소망이 없어 보여도 소망이 없다고 말하지 말고 하나님의 말씀 속에서 소망을 얻으십시오.

아브라함은 하나님처럼 행했습니다

바랄 수 없는 중에, 아브라함은 바라고 믿었습니다. 아브라함은 하나님의 말씀을 소망으로 삼았습니다. 아브라함은 하나님께서 자신이 어떤 사람인지 알려주신 대로 고백하기 시작했습니다. "나는 많은 민족의 아버지라네." 하나님께서 아브라함의 이름을 바꾸셔서 그가 이런 고백을 하도록 하셨습니다. 그는 이렇게 말해야 했습니다. "내 이름은 아브라함이다. 아브라함의 의미는 열국의 아버지란 뜻이다."

믿음은 하나님의 말씀을 들음으로 말미암습니다. 아브라함이라는 단어를 통해 하시는 하나님의 말씀은 "너는 열국의 아버지다"이었습니다. 그 말씀을 주셨을 때 아브라함은 열국의 아버지가 아니었습니다. 그렇지만 하나님은 그렇다고 하셨습니다. 하나님께서 무엇을 하신 것입니까? 하나님께서는 없는 것을 부르신 것입니다. 하나님께서는 아브라함의 이름을 아브람에서 아브라함으로 바꿔주심으로 하나님의 말씀을 고백하도록 하신 것입니다.

사가랴는 하나님처럼 행동하지 못했습니다

하나님께서는 사가랴에게도 말씀하셨습니다. 그러나 사가랴는 아브라함과 다르게 행동했습니다.

천사가 그에게 이르되 사가랴여 무서워 말라 너의 간구함이 들린지라 네 아내 엘리사벳이 네게 아들을 낳아 주리니 그 이름을 요한이라 하라 사가랴가 천사에게 이르되 내가 이것을 어떻게 알리요 내가 늙고 아내도 나이 많으니이다 천사가 대답하여 이르되 나는 하나님 앞에 서 있는 가브리엘이라 이 좋은 소식을 전하여 네게 말하라고 보내심을 받았노라 보라 이 일의 되는 날까지 네가 말 못하는 자가 되어 능히 말을 못하리니 이는 내 말을 네가 믿지 아니함이거니와 때가 이르면 내 말이 이루리라 하더라(눅 1:13,18-20)

위 말씀을 좀 더 자세히 풀어보겠습니다. 하나님께서 사가랴에게 천사를 보내셔서 그의 기도가 응답되어서 그의 아내가 아이를 갖게 될 것을 알리도록 했습니다. 그런데 사가랴는 이렇게 말했습니다. "당신 말이 진실하다는 것을 어떻게 알겠습니까? 그 증거를 보여주셔야 합니다."

"좋소, 증거를 보여주겠소. 당신은 내가 전한 일이 이루어질 때까지 말을 하지 못하게 될 것이오."

하나님께서 아브라함과 사가랴를 대하셨던 방법이 달랐습니다. 하나님께서 하신 말씀을 의심하는 사람이 있었는데 하나님께서 그에게 이렇게 말씀하시는 것 같습니다. "내가 한 말이 이루어지도록 하려면 이 친구의 입을 막아야 하겠어."

결국 천사가 아홉 달 동안 사가랴의 입을 막았습니다. 그러나 아브라함에 대해서는 하나님께서 이름을 바꾸어 주셔서 하나님께서 말씀하신 것을 아브라함이 말하도록 하셨습니다.

하나님께서는 없는 것을 있는 것 같이 부르시는 방법을 선택하셨다고 말씀드렸습니다. 그런데 이것을 오해하셔서 있는 것을 부인하는 사람들이 있습니다. 예를 들어 이렇게 말할 수도 있습니다. "나는 내가 폐에 병이 있다는 것을 부인 할거야." 그리고는 폐에 병이 없다고 계속 고백을 합니다. 혹시 그 병을 부인함으로 그 병에서 낫는다고 해도, 암에 걸려 죽게 될 수도 있습니다. 그렇게 하는 것은 옳은 것이 아

니다. 하나님의 방법은 없는 것을 있는 것같이 부르는 것입니다. 있는 것을 없다고 부인하라는 것이 아닙니다. 하나님의 방법은 아직 열매 맺지 않은 것을 열매 맺은 것처럼 부르는 것입니다.

고백은 거짓말이 아닙니다

질병에 걸렸을 때 하나님의 방법대로 치유를 얻으려면 이렇게 고백해야 할 것입니다.

> 하나님, 감사합니다. 성경 말씀에 따르면 예수님께서 채찍에 맞으심으로 저는 나음을 얻었습니다. 그리고 율법의 저주에서 속량받았습니다. 율법의 저주는 가난, 질병 그리고 영적인 죽음입니다. 베드로전서 2장 24절은 예수님이 채찍에 맞으심으로 내가 나음을 입었다고 말씀합니다. 그러므로 이것을 선포하며, 예수님의 이름으로 고백합니다.
> 믿음은 들음에서 난다. 나는 내 몸에게 건강하게 되라고 부른다. 몸아, 내 말을 듣고 있지? 내가 너에게 예수 그리스도의 이름으로 건강하게 되라고 명한다.

"몸이 아직 아프면서 그렇게 말하는 것은 거짓을 말하는 것이지요"라고 말할지도 모르겠습니다.

물론 아직은 몸이 아프지만, 곧 건강해질 것을 부르고 있는 것 뿐입니다.

"몸이 아픈데 어떻게 몸이 건강하다고 말할 수 있나요?"

그렇게 몸이 아프기 때문에 더욱 더 그렇게 말해야 합니다. 실제로 건강해지도록 부르는 것입니다. 이미 건강하신 분들은 자신이 건강하다고 말할 필요가 없습니다.

그렇지만 이렇게 하는 것은 "나는 병에 걸리지 않았어. 몸이 아프지 않다"라고 말하라는 것이 아닙니다. 거짓을 말하는 것과 없는 것을 있는 것 같이 부르는 것에는 차이가 있습니다. 누군가를 믿게 하려고 내가 가진 것이 없음에도 '나는 가졌다'라고 말한다면 그것은 거짓입니다. 그러나 개인적으로 고백하는 것 즉 "하나님 감사합니다. 내 몸은 건강합니다. 나는 치유받았습니다. 나는 구원받았습니다. 질병으로부터 해방받았으므로 내 몸은 건강하게 될지어다"라고 고백하는 것을 누군가가 들은 것이라면 그는 단지 없는 것을 있는 것처럼 부르는 나의 고백을 들은 것일 뿐입니다. 내가 그 사람을 속인 것이 아니고 다만 그 사람이 내 고백을 들었을 뿐이지요. 우리의 고백은 다른 사람에게 들으라고 하는 것이 아닙니다. 우리 고백은 다른 사람에게 무슨 유익을 주려고 그 사람을 향해 말한 것이 아니라 우리 자신의 유익을 위해 우리 자신에게 고백한 것입니다. 차라리 내 고백을 듣지 않았더라면 좋았을 것입니다. 나는 단지 없는 것을 있는 것같이 부르는 고백을 했을 뿐인데 그 말을 듣고 오해를 했으니 안 듣느니만 못하게 된 것입니다.

상식을 무시하지 마십시오

실제로 마을의 모든 사람에게 빚을 지고 있는 어떤 분이 이런 고백을 합니다. "하나님 감사합니다. 내게 아무런 빚도 없음을 고백하려고 합니다." 로마서 13장 8절 말씀 즉 **"피차 사랑의 빚 외에는 아무에게**

든지 아무 빚도 지지 말라…"에 붙들려 있는 사람이 많습니다. 그들은 이렇게 말합니다. "하나님께 영광을 돌립니다. 예! 주님 정말 빚을 없애는 것이 제가 하려는 것입니다. 아무에게도 어떤 빚도 지지 않겠습니다." 그런데 그 사람이 공과금이 잔뜩 밀린 채로 빚을 지지 않겠다며 공과금을 내지 않는다면 결국엔 신용을 잃고 자기 집에서 쫓겨나게 될 것입니다.

그렇게 하는 것은 좋은 간증이 아니지요. 이런 분이 "나의 하나님이 영광 가운데 풍성한 대로 나의 필요를 채우실거야"라고 고백을 할 때 이것을 들은 어떤 분은 이렇게 의심할 것입니다. "저 사람의 필요도 채워주지 못하는 하나님은 어떤 하나님일까?"

빚을 지고 있는 상태에서 아무런 조치도 없이 모든 빚에서 자유롭게 되는 것은 불가능합니다. 믿음의 고백은 현재의 수준에서부터 시작해야 합니다. 빚을 모두 갚기 전에 이런 고백을 하는 것은 시기상조입니다. 이 성경 구절에 너무 구애받지 마십시오. 신명기 말씀 중에 "…네가 여러 나라에 꾸어 줄지라도 너는 꾸지 아니하겠고…"(신 15:6)라는 구절이 있습니다. 돈을 꾸는 것이 잘못된 것이라면 빌려주는 것도 잘못입니다. 누군가가 빌려주지 않으면 돈을 꿀 수 없을 테니까요.

만일 하나님께서 여러분에게 직접 돈을 꾸지 말라고 하셨다면 돈을 꾸는 것이 잘못이지만, 로마서의 이 말씀은 사실 세금에 관한 말씀입니다.

> 너희가 조세를 바치는 것도 이로 말미암음이라 그들이 하나님의 일꾼이 되어 바로 이 일에 항상 힘쓰느니라 모든 자에게 줄 것을 주되 조세를 받을 자에게 조세를 바치고 관세를 받을 자에게 관세를 바치고 두

려워할 자를 두려워하며 존경할 자를 존경하라 피차 사랑의 빚 외에는 아무에게든지 아무 빚도 지지 말라 남을 사랑하는 자는 율법을 다 이루었느니라(롬 13:6-8)

이 말씀은 조세를 바칠 것을 바치고 관세를 바칠 것을 바치라는 말씀입니다. 세금을 납부하는 것에 저항하지 말고 소득세를 내라는 말씀입니다.

그런데 빚을 잔뜩 진 어떤 사람이 고백을 한다면서 "하나님께 영광을 돌립니다. 나는 빚이 없습니다. 모든 빚은 다 갚아졌습니다"라고 한다면 그는 있는 것을 없다고 부인하는 것에 불과합니다. 그렇게 하는 것은 하나님의 방법이 아닙니다. 없는 것을 있는 것처럼 부르시는 것이 하나님의 방법이지요. 혹시 빚을 다 갚게 될지도 모르지만 그는 굶어 죽게 될 수 있습니다. 사실 굶어 죽는 대부분의 사람은 빚이 없습니다. 빚을 없애는 것이 해결책은 아닙니다.

어떻게 하는 것이 해결책입니까? 하나님의 방법은 없는 것을 있는 것 같이 부르는 것입니다. 위의 빚진 사람에게 없는 것은 풍성한 공급입니다. 그러므로 그는 말씀에서 풍성한 공급하심을 약속한 구절을 찾는 것이 해결책이 될 것입니다. 그리고 그 말씀을 활성화 하기 위해 하나님께서 하신 말씀에 순종해야 합니다. 이렇게 고백해야 할 것입니다.

> 내가 주었으므로 후히 되어 누르고 흔들어 넘치도록 하여 갚아 주실 것이다. 나의 하나님께서 그리스도 예수 안에서 영광 가운데 풍성한 대로 나의 모든 쓸 것을 채우실 것이다.

나는 주는 자이며, 하나님의 말씀의 원리에 따라 행하는 자이
므로, 나는 풍성하게 심고 풍성하게 거둘 것이다. 하나님께서
나에게 모든 은혜를 넘치게 해주신다.

예수 그리스도의 이름으로 내가 말하노니 나는 풍성함을 가지
고 있다. 모든 좋은 것들이 내게 임하며, 나는 나가도 복을 받
고 들어와도 복을 받는다. 내 식탁이 복을 받아 늘 좋은 음식이
차려지고 내 음식창고도 복을 받아 백곡이 가득하다. 올해 말
까지 내가 지불해야 할 모든 것이 지불되어지고 선교를 위해
천만 원을 헌금할 수 있도록 풍성함이 임할 것이다.

이 고백을 누가 지나가다 듣고서 "흠, 당신은 거짓을 말하고 있어. 내가 알기론 당신은 자동차 할부금도 내지 못하고 있잖아"라고 말할지도 모르지만 그렇기 때문에 더욱 더 이 고백을 쉬지 않고 해야 합니다. 없는 것을 있는 것 같이 부르고 있는 것입니다.

원리를 따라 행한 뒤에 열매 맺기를 기다리십시오

하나님께서 약속하신 것을 고백함으로 열매를 얻는 데는 몇 주나 몇 달 또는 몇 년의 시간이 필요합니다. 그러나 반드시 열매를 거둘 것이므로 우리의 빚을 모두 갚고 먹을 것을 사며 선교헌금을 할 수 있게 될 것입니다.

다른 면으로는 있는 것을 없는 것처럼 부인하게 되면 오히려 좋지 않은 결과를 얻게 될 수도 있습니다. 어떤 사람이 이렇게 말합니다.

"내가 사고 싶은 차를 발견했어요. 지금 가지고 있는 차를 팔면 내 맘에 드는 새 차를 살 충분한 돈을 마련할 수 있을 것 같아요." 그런데 이 사람이 믿음의 고백에 대한 가르침을 잘못 이해하고는 자신이 지금 차를 가지고 있다는 것을 부인하기 시작합니다. "지금 내가 가지고 있는 차가 팔리게 될 것을 확실히 믿으니까 이미 나에겐 차가 없다고 고백해야지." 그리고는 이렇게 고백합니다. "나는 차를 가지고 있지 않아. 나에게는 차가 없어." 그의 친구가 와서 차에 대해 물어봐도 이렇게 대답합니다. "난 차가 없어."

어느 날 아침에 일어나보니 누군가가 그의 차를 훔쳐갔습니다. 정말로 그는 차가 없게 된 것입니다. 이렇게 하는 것은 옳지 않습니다. 있는 것을 없다고 하는 것은 문제를 일으키며 믿음이 아닙니다. 그리고 하나님의 방법도 아닙니다.

하나님의 방법은 이렇게 말하는 것입니다.

> 아버지, 예수 그리스도의 이름으로 이 차를 살 사람을 달라고 하나님께 구합니다. 이 차를 살 사람을 저에게 보내주십시오. 이 차가 필요한 사람이 있을지어다. 이 차는 그 사람의 삶의 필요를 채워주게 될 것이고, 내가 이 차를 팔기를 원하는 만큼 이 차를 간절히 원하는 사람이 있을지어다.

> 아버지 하나님, 천사를 보내어 그 사람을 저에게로 인도해 주십시오. 아버지, 감사합니다. 이 차를 살 사람을 만나게 해주셔서 감사합니다. 내 차는 그 사람에게 팔렸음을 인하여 감사드립니다.

그리고 차가 있는 곳으로 가서 말하십시오. "차야, 나는 너에게 팔리라고 명한다. 너의 모습을 매우 좋아하는 사람이 생길 것이다. 너를 보고 반할 것이다. 예수 그리스도의 이름으로 팔릴 것을 믿음으로 명한다."

이런 고백이 거짓이 아니란 것을 어떻게 알수 있습니까?

이런 고백은 없는 것을 있는 것같이 부르는 것입니다. 비록 아직 그 차의 소유권을 가지고 있지만 보이지 않는 믿음의 영적인 힘을 취하여 보이는 것을 없는 것으로 만드는 것입니다. 우리가 몸의 건강을 부르면 그 반대의 효과로 질병이 없어질 것입니다. 우리의 재정의 부요함을 부르면 부족함이 사라질 것입니다. 있는 것을 없애는 결과를 가져옵니다.

이 원리는 실천하려고 하면 성경의 그 어떤 원리보다 비난을 많이 받게 되는 원리입니다. 그러나 이것은 하나님의 방법입니다. 이 원리를 모르는 그리스도인들이 매우 많습니다.

하나님께서 행동하셨을 것처럼 행동하십시오

우리가 하나님의 말씀을 고백하면 '하나님처럼 행동한다' 는 비난을 받게 됩니다.

그러나 우리가 하고 있는 것은 만일 하나님께서 우리와 같은 상황에 놓여 있다면 행하실 바로 그 행동을 따라 하는 것입니다. 그들의 비난처럼 우리가 하나님이 되려고 하는 것이 아닙니다. 만일 하나님께서 파셔야 할 차가 있으셨다면 팔리라고 명하셨을 것입니다. 창세기 1장 2,3절에 어둠을 보시고는 "빛이 있으라"고 명하셨던 것처럼 말입니다. 하나님께서는 원하시는 것을 말씀하십니다. 하나님께서는 없는 것을 있는 것처럼 부르셔서 있는 것을 없애버리십니다. 제가 이 방법을 만들어 낸 것이 아니라는 말입니다. 다만 성경을 통해 이 방법을 알았습니다. 그리고 제 삶에서 그것이 옳다는 것을 입증했습니다.

우리 삶에 이 원리를 적용하는 방법을 좀 더 말씀드리겠습니다. 어느 부인이 자신의 남편을 위한 기도를 하는 것을 들었습니다. "제 남편을 위해서 기도해주세요. 제가 남편을 위해 25년간 기도해왔는데 그는 도리어 점점 더 나빠지고 있답니다. 이젠 제가 교회를 가자고 해도 거절합니다."

그 부인은 25년간 하나님께 기도를 하면서도 똑같이 부정적인 말로 기도해 온 것입니다. 남편이 점점 더 나빠지고 있다고, 그리고 이젠 교회조차도 가질 않는다며 기도를 했습니다. 그녀는 25년간 문제만을 기도해 온 것입니다. 만일 그녀가 기도할 때 성경이 말하는 해결책을 말하며 없는 것을 있는 것 같이 불렀다면, 제가 확신하건데 그녀의 남편은 25년 전에 구원받았을 것입니다.

그런데 그녀는 그저 있는 것을 있는 것처럼 불렀다고 할 수 있겠지요. 많은 그리스도인들이 기도할 때 이런 잘못을 행합니다. 있는 것을 있는 그대로 말함으로 현재의 상태를 25년간 굳게 다진 셈입니다. 이미 되어진 현재의 상태를 말해서 무슨 소용이 있겠습니까? 많은 분들이 자신이 영적인 사람이라고 생각하며 어리석은 행동을 합니다. 그들은 이렇게 말합니다. "나는 언제든지 현재의 상태를 정확히 말한답니다. 당신도 그래야 합니다." 현재의 상태를 말하는 것은 하나님의 방법이 아닙니다. 없는 것을 있는 것처럼 말해야 합니다. 그 열매가 나타날 때까지 그렇게 해야 합니다.

자신의 약점을 고백하는 습관을 버리세요

지혜에게 너는 내 누이라 하며 명철에게 너는 내 친족이라 하라(잠 7:4)

어떤 분들은 이렇게 말합니다. "나는 왜 이렇게 어리석지." 그 사람이 과거 25년간 그렇게 말해왔다면 그의 말대로 틀림없이 어리석은 사람이 되었을 것입니다. 그 사람은 그렇게 말함으로 하나님의 지혜가 그의 영에 접근하지 못하도록 막은 셈입니다. 하나님께서는 위의 잠언 말씀을 통해 우리에게 지혜와 명철을 부르라고 하십니다. 지혜가 필요하시면 지혜를 부르십시오. 우리에게 하나님의 지혜가 있음을 선포하십시오.

자주 어리석은 결정을 한다면 *하나님의 지혜가 내 안에 있음을 고백하십시오.* 현재의 상태를 말하지 마십시오. 말씀에 근거해서 원하는 것을 말하십시오.

이렇게 고백하는 것은 어리석은 일입니다. "나는 어리석은 결정을 하지. 늘 잘못된 결정을 한다네." 많은 사람들이 자신은 정직한 성품이므로 사실만을 말한다고 생각하며 이렇게 말합니다. 다른 사람에게도 그렇게 하라고 말합니다. 어떤 사람은 이렇게 말합니다.

"내 형편을 사실대로 말하고 있네만, 나는 한 번도 헌금을 낼 만큼 넉넉한 삶을 살지 못했어. 어디로 사라지는 건지 모르겠는데 돈이 생기는 즉시 사라져서 선교헌금도 내지 못했지. 나는 돈을 모을 사람이 아니야."

놀랍지 않습니까? 25년간 이렇게 말해온 것입니다. 돈은 달아날 것이고 사라지는 것처럼 보일 것입니다.

이렇게 말씀하셨던 분이라면 앞으로는 이렇게 고백하십시오.

> 나는 항상 모든 일에 모든 것이 넉넉하다. 내 삶은 풍성하며 모든 좋은 것에 부족함이 없다. 내 돈은 매달 증가하며 새는 일이 없이 언제나 내게 머물러 있다. 나는 주는 사람이므로 언제나 넉넉한 돈을 가지고 있다.

혼자 있을 때 자신에게 이렇게 고백하고, 이웃에게 가서 이렇게 말하지는 마십시오. 그들은 당신이 거짓말을 하고 있다고 말할 테니까요. 자신에게 이렇게 고백함으로 우리 마음이 새로워지고 믿음이 생기게 될 것입니다.

반드시 기억하실 것은 우리의 고백은 하나님과 나와의 일입니다. 고백은 반드시 하나님의 말씀에 근거를 두어야 한다는 것입니다. 우리의 고백은 지금 그것이 존재하느냐 존재하지 않느냐와는 아무런 상관이 없습니다. 하나님의 약속과 말씀에 근거해서 부를 수 있는 것이냐 아니냐가 중요한 것입니다.

하늘에 속한 원리

없는 것을 부르는 것은 성경적인 방법이며 하늘에 속한 원리입니다.
있는 것을 부인해서 없는 것같이 부르라는 것이 아님을 다시 한번 강조합니다. 그렇게 하는 것은 하나님의 방법이 아닙니다.
하나님의 방법은 지금은 없는 것이지만, 하나님께서 말씀을 통해 약속하신 것이라면 주저없이 그것을 고백하는 것입니다.

이렇게 말하는 사람이 있습니다. "나는 없는 것을 있는 것처럼 부른다고 그렇게 되리라는 것을 믿지 않습니다." 하지만 그의 삶을 잘 살펴보면 그 사람도 늘 없는 것을 있는 것처럼 부르고 있음을 알 수 있습니다. 주로 부정적인 면에서 그렇게 합니다. 그들의 말은 이런 식입니다. "잘 보게, 이제 저기 가는 저 차가 내 바로 앞에 딱 멈춰 설 테니까." "보라고, 이번 달엔 틀림없이 집 할부금을 내지 못할 거라고 내가 말했었지?" "어쩐지 네가 저 차를 사면 넌 실직할 것 같은데."

이런 사람들이 우리가 긍정적인 차원에서 없는 것을 있는 것처럼 부르면 우리를 비난합니다.

아직 닥치지도 않은 것을 걱정하는 것은 부정적인 면에서 없는 것을 있는 것처럼 부르는 것입니다. 그런데 그 반대로 긍정적인 면에서 없는 것을 있는 것같이 부르면 사람들은 우리를 비난합니다. 그것도 경건하다고 하는 사람들이 더욱 심하게 비난합니다. 그들은 이렇게 말합니다. "자넨 단지 환상의 세계에 빠져 있는 것이네." 그러고선 즉시 돌아서서 그들도 부정적인 면으로 없는 것을 있는 것같이 불러댑니다. "나는 있는 것을 그대로 말하는 것 뿐이야. 난 언제나 진실하지." 그들은 자신들이 속고 있다는 것을 모릅니다.

사실일지는 모르지만 현재 상황을 있는 그대로 말할 필요는 없습니다. 그렇게 하는 것은 하나님의 방법이 아닙니다. 그들은 나쁜 것이 없음에도 불구하고 마치 있는 것처럼 부르고 있는 것입니다. 계속 그렇게 하면 나쁜 것이 실제로 나타날 것입니다. 마치 욥의 경우처럼 두려워하던 일이 임하게 될 것입니다.

말씀대로 행하기

없는 것을 있는 것같이 부르는 것은 마가복음 11장 23절에 기록된 대로 해야 합니다. "…누구든지 이 산더러 들리어 바다에 던져지라 (말)하며…그(말한) 대로 되리라" 만일 우리가 산에게 "들리어라"라고 말하면 긍정적인 고백을 하고 있는 것입니다. 아마도 그렇게 말한 것으로 인해 비난을 받게 될 것입니다만, 그렇게 비난하는 사람은 산을 보고 이렇게 말합니다. "아이고 산이 있구나. 산이 날마다 커져가네. 도저히 극복할 수 없겠는데. 너는 언제나 내가 가는 길에 나타나 내 인생을 가로막는구나."

물론 방향은 정반대이지만, 그 사람은 자신과 똑같이 행동하는 사람을 비난하고 있는 것입니다.

"없는 것을 있는 것처럼 부르는 것은 현실을 부인하는 것이네"라며 비난하기도 합니다.

그러나 현실을 부인하는 것이 아니라 현실이 어떻게 바뀌어야 하는지를 말하고 있는 것입니다. 하나님께서 아브라함에게 없는 것을 있는 것같이 부르는 방법을 가르쳐주셨던 것을 기억하실 것입니다. 아브라함이 한 것은 현실을 부인한 것이 아니었으며 하나님께서 아브라함이 누구라고 말씀하신 것에 동의하고 확언했을 뿐입니다.

아브라함은 이렇게 말하지 않았습니다. "나는 늙지 않았어. 나는 젊어, 나는 늙은 것이 아니야." 아브라함은 자신이 늙었다는 것을 부인하지 않았습니다. 하나님께서 아브라함에게 큰 민족을 이루게 하리란 약속을 주신 것은 아브라함의 나이 75세 때였습니다(창 12:2). 그리고 창세기 17장 1-12절에서 하나님께서 아브라함에게 다시 나타나셔서 그의 이름을 아브람에서 아브라함으로 바꿔주십니다. 아브라함은 열국의 아버지라는 뜻입니다.

하나님께서는 아브라함의 이름을 바꾸어주셔서 모든 사람에게 자신이 열국의 아버지라고 말하도록 하셨지요. 아브라함은 아버지가 되리라는 약속을 받은 후 25년이 지나서 비로소 실제로 아버지가 되었습니다. 25년 동안 아브라함은 늙어갔습니다. 열국의 아버지가 되리라는 말씀을 받았을 때는 이미 아들을 낳기 어려운 나이가 되었습니다. 그렇지만 늙었다는 것을 부인하지는 않았습니다. 다만 하나님의 말씀에 동의하고 그 말씀을 따라서 말했습니다. 그가 "나는 아브라함입니다"라고 말할 때마다 "나는 열국의 아버지입니다"라고 고백한 셈입니다. 하나님께서 이름을 고쳐주셔서 열국의 아버지임을 고백한 뒤에 일 년이 못 되어 약속한 아들을 갖게 되었습니다. 믿음은 들음에서 납니다.

사라는 잉태할 힘을 받았습니다

성경은 사라에 대해서 특별히 언급하고 있습니다

믿음으로 사라 자신도 나이가 많아 단산하였으나 잉태할 수 있는 힘을 얻었으니 이는 약속하신 이를 미쁘신 줄 알았음이라(히 11:11)

사라가 잉태할 힘을 얻게 된 것은 믿음을 통해서 였습니다. 아브라함에게 적용된 원리가 사라에게도 똑같이 적용된 것입니다.

신약성경은 좀 더 정확한 계시를 줍니다

하나님께서는 아브라함에게는 계시해 주지 않으셨지만, 신약을 통해 우리에게는 계시해 준 믿음에 대한 계시가 몇 개 있습니다. 이 계시 즉 원리를 적용하는 방법을 아는 것은 매우 중요합니다. 이 원리를 모르거나 잘 이해하지 못하면 현재 존재하는 것을 부인하는 잘못을 행하게 됩니다. 이 원리는 현실을 부인하는 것은 아닙니다. 다만, 현실을 중시하지 않는 것입니다. 현실에 대해서 자주 이야기 할 필요가 없습니다. 특히 하나님의 말씀과 일치하지 않는 현실이라면 더욱 그렇습니다. 이야기를 많이 하면 할수록 이야기하는 것을 더욱 믿게됩니다. 또한 믿으면 믿을수록 그것에 대해 더욱 많이 말하게 됩니다. 믿음이나 두려움이나 들음에서 비롯됩니다.

하나님께서 정하신 방법은 없는 것을 있는 것같이 불러서 있는 것을 없애는 방법입니다. 그런데 아직도 많은 분들이 이렇게 말하는 것을 듣습니다. "나는 있는 그대로를 말하고 있어. 당신도 그래야 한다고 생각해. 만일 내가 다르게 말한다면 나는 거짓을 말하는 거야 그러므로 있는 그대로 말하는 것이지."

자신의 애완동물을 부를 때는 다르게 행동합니다

정말 그 사람들이 자신들이 주장하는 대로 살고 있을까요? 그 사람이 강아지를 키우고 있다고 가정해 봅시다. 아침에 강아지에게 먹이를 줄 시간이 되어서 강아지 밥을 가져왔는데 강아지가 어디로 갔는지 보이지 않습니다. 만일 그 사람이 자신이 말한 대로 사는 사람이라면 이렇게 말해야 할 것입니다. (자신은 보이는 대로만 말하는 사람이라고 했으니) "우리집 강아지가 여기 없네, 우리집 강아지가 여기 없어. 오 주님 강아지가 없네요. 정말 없습니다. 사실입니다."

그 사람은 아침 내내 말합니다. "강아지가 없어."

마침 이웃 사람이 와서 그 사람에게 묻습니다. "뭐하시는 거예요?"

"예, 저는 현실을 말하고 있답니다. 강아지가 여기 없네요. 어디로 가버렸어요."

이웃 사람이 묻습니다. "강아지 이름을 불러보셨어요?"

"안 됩니다. 현실만을 말해야 하니까, 그래서는 안 되요. 강아지가 여기 없네. 강아지가 가버렸어."

물론 강아지가 그곳에 없는 것이 사실입니다. 그런데 이름을 부르기 전까지는 그곳에 나타나지 않을지도 모릅니다. 아무도 이런 우스꽝스러운 행동을 할 사람은 없을 것입니다. 세상에 누가 그렇게 행동하겠습니까.

그 사람도 자기가 강아지에게 밥을 주려고 했을 때 보이지 않으면 어떻게 할지는 명확합니다. 이렇게 했을 것입니다. "멍멍아! 어디 있니? 이리 와!" 강아지가 보이지 않으면 그렇게 했겠지요.

강아지가 그곳에 보이지 않을 때 "멍멍아 어디 있니? 이리 와라!"라고 하는 것이 거짓을 말하는 것입니까? 그는 언제나 사실만을 말한다고 합니다. 그렇다면 그가 강아지를 부르려면 "멍멍아, 저쪽에! 멍멍아, 어딘가에!"라고 해야겠지요. 애완동물을 그렇게 부르는 바보는 없을 것입니다.

그런데 왜 하나님의 원리를 적용하려고 하면 자신이 애완동물을 부르던 일을 잊어버리고 비난을 하는지요. 그 이유는 간단합니다.

영적인 원리와 세상의 원리는 전혀 다르다고 생각하기 때문에 그렇게 하는 것입니다. 영적인 원리는 세상의 원리와 연결되어 있습니다. 세상의 것을 부르면 그것은 실재가 됩니다. 씨를 심을 때 더 많은 씨를 부르고 있는 것입니다. 심고 거두는 법칙은 하나님의 방법입니다. 씨를 심는 것은 그 때에는 아직 보이지 않지만 거두게 될 것을 부르고 있는 것입니다.

현실 그대로를 말하는 것과 현실이 아닌 것을 말하기

우리는 보통 강아지가 보이지 않으면 강아지가 나타날 때까지 "멍멍아! 어디 있니? 이리 와라"라고 부릅니다. 있는 것만을 말한다는 그 사람도 자신의 애완동물을 부를 때는 그곳에 없어도 부를 것입니다. 그 사람이 강아지에게 먹이를 주러 갔을 때 강아지가 그곳에 있다고 합시다. 그가 자신의 원리에 충실하려면 그곳에 앉아서 이렇게 말해야 할 것입니다. "이곳에 강아지가 있네. 이곳에 강아지가 있어." 이웃 사람이 와서 말합니다. "뭐하세요?"

그는 이렇게 말하겠지요. "지금 눈에 보이는 그대로를 말하고 있어요. 강아지가 여기 있어요. 강아지가 여기 있어서 그것을 말하는 겁니다."

그렇게 하는 사람은 없을 것입니다. 강아지가 그곳에 있는데 강아지를 부를 이유가 없으니까요. 그렇게 말하지 않아도 모든 사람이 다 압니다.

중요한 것을 다시 강조하고 싶습니다. 이렇게 말하는 분이 있다고 합시다. "재정적으로 매우 어렵다네. 필요한 것을 살 수 없을 것 같아.

늘 돈이 들어오기 한 달 전에 돈이 다 떨어져 버리지. 돈을 모으지를 못하겠어. 돈을 저축하려고 하면 아이들이 갑자기 아파서 치료비로 다 나가고 말지. 매년 1월이 되면 온 가족이 감기에 걸리거든." 이분은 현실만을 말하고 있습니다. 이렇게 하면 날이 갈수록 현실을 굳게 다져가서 현실에서 빠져나올 수 없게 됩니다.

이 사람은 뭘하고 있는 것입니까? 이 사람은 이미 있는 것을 부르고 있는 것입니다. 이미 있는 것을 확실하게 다지고 있는 것이지요.

이 사람도 자신의 강아지를 부를 때는 이렇게 하지 않을 것입니다. 고양이를 부를 때 이렇게 하지 않을 것입니다. 원하지 않는 것에 대해서만 그렇게 하는 이유는 뭔가요? 그 사람도 집이 곤궁한 것을 원하지 않을 것입니다. 집이 가난한 것을 원하지 않을 것입니다. 가족이 병에 걸리는 것을 원하지 않을 것입니다. 그런데 왜 그런식으로 부릅니까? 왜 성경이 말하고 있는 우리에게 있어야 할 것을 부르지 않습니까? 하나님께서 주시겠다고 약속하신 것, 즉 우리가 원하는 것을 부르십시오. 현재의 상황을 바꾸려면 하나님의 방법을 사용하십시오.

이렇게 하는 것이 하나님의 방법임을 기억하십시오. 우리는 우리의 삶에서 무엇이든 원하는 방법을 선택할 자유가 있습니다. 하나님의 방법을 선택하는 것이 더 나은 방법일 것입니다.

우리의 생각에 동의하지 않는 분이 많이 있습니다. 그들은 우리가 거짓을 말한다고 생각합니다. 그러나 그 사람들도 개나 고양이를 부르는 것 같은 일상 생활 속에서는 우리와 같은 원리에 따라 행동합니다. 그런데 영적인 것에 대해서는 철저하게 하늘의 마음을 가져 이 세상에서 살 필요가 없는 사람이 되어버립니다. 그들이 혼란을 겪는 이유는 이 원리에 대해 충분히 연구하고 묵상할 기회가 없었기 때문입니다.

자연적인 것들에 있어서, 이미 존재하는 것을 부를 사람은 없습니다. 기르는 개나 고양이가 보이지 않을 때, 부르려면 발을 구르거나 "쯧쯧"하는 소리를 내며 부릅니다. 가정이 궁핍해진다면 궁핍에게 가라고 명하십시오. 그리고 하나님의 말씀을 고백함으로 풍성한 삶을 부르십시오. 그저 앉아 현실만을 말하지 마십시오. 하나님께서 약속하신 방법대로 그것을 부르십시오. 약속이 우리의 현실이 되게 하십시오.

원하는 것들

질병을 치유받으려면 원하는 것을 부르십시오.

그러므로 내가 너희에게 말하노니 무엇이든지 기도하고 구하는 것은 받은 줄로 믿으라 그리하면 너희에게 그대로 되리라(막 11:24)

"*그대로 되리라*"고 말씀하신 것에 유의하십시오. 이미 가지고 있는 것을 부르는 것은 어리석은 일이라는 것은 누구나 알고 있습니다. 누구나 없는 것을 부를 것입니다. 너무 간단한 원리입니다. 너무 간단해서 도리어 놓치기 쉽습니다. 하나님은 처음부터 이런 방법을 사용하셨고 지금도 사용하고 계십니다. 성경을 보면 처음부터 끝까지 이 원리를 사용하십니다. 하나님께서 처음부터 이 원리를 시작하셨고 또 행하시고 계십니다. 예수님도 이 세상에 계신 동안 내내 이 원리에 따라 사역하셨습니다. 이 원리는 성경의 진리 중 가장 뛰어난 것들 중 하나입니다. 그러나 잘못된 가르침 때문에 사단이 우리의 눈을 가려버리고 말았습니다. 사단은 많은 사람들에게 없는 것을 있는 것처럼 부르는 것은 거짓이라는 생각을 심었습니다.

강아지나 고양이를 부르면 달려옵니다. "강아지나 고양이 비유는 이해하겠지만 그것을 우리의 질병이나 건강에까지 적용하는 것은 지나친 것 아닌가요"라고 말하는 분이 있을 것입니다. 글쎄요, 그 말은 개나 고양이가 우리 몸보다 더 똑똑하다는 말인 것 같습니다.

산(문제)은 우리 말에 순복할 수밖에 없습니다

마가복음 11장 23절에서 예수님은 무엇이든 말하는 것이 이루어질 줄 믿고 마음으로 의심하지 않으면 말한 대로 될 것이며 말한 것을 가질 것이라고 하셨습니다.

예수님은 우리에게 없는 것을 부르는 방법을 가르쳐주신 것입니다. 산이 서 있는 곳으로 가서 산이 아직 그곳에 있을 때 이렇게 말하십시오. "들리어 바다에 던져지라." 뽕나무가 있는 곳으로 가서 "뿌리가 뽑혀 바다에 심기어라"라고 말하십시오. 우리가 원하는 것을 성경적인 근거를 가지고 말하고 있는 것입니다. 문제가 산 같이 크더라도 반드시 복종할 것입니다. 산 같은 문제라도 복종 외엔 다른 선택의 여지가 없습니다.

우리 자신을 살펴야 합니다

성경의 약속들은 우리를 향한 하나님의 뜻입니다. 그렇지만 성경에 기록되어 있는 약속이라도 기록된 것만으로는 우리 삶에 이루어지지 않을 것입니다. 우리가 그것을 불러야 합니다. 자신을 살펴야 합니다. 수년 동안 무엇인가를 불러왔습니다. 그렇게 불러온 결과가 현재의 우리의 모습입니다. 잘못된 것을 불렀을 것입니다. 없는 것을 불렀을 수도 있지만 부정적인 방향으로 그렇게 했을 것입니다. 현재의 상황을 바꾸기 위해서 해야 할 일은 단지 없는 것을 부르되 긍정적인 방향으로 부르는 것입니다.

하나님의 말씀은 모든 것을 극복합니다

누군가 이렇게 말합니다. "그것은 단지 적극적인 생각이나 정신력에 의한 물질 지배를 말하는 것이군요."

그렇지 않습니다. 이것은 하나님의 원리이며, 하나님의 말씀의 능력이 물질을 다스리는 것입니다. 하나님께서 그렇게 역사하도록 정하신 하나님의 방법입니다. 우리는 하나님의 형상을 따라 창조되었습니다. 그러므로 하나님의 원리에 따라서 살 수 있습니다.

하나님의 원리에 따라 살려면 그것을 어느 정도 이해하고 있어야 합니다. 이해가 부족하면 사람들이 하는 말에 의해 흔들릴 수 있기 때문입니다. 그들은 당신이 하나님의 원리에 따라 사는 것이 아니라 거짓말을 하는 것이라고 속일 것입니다.

그들은 이 원리가 하나님의 방법이라는 것을 잘 모르고 있습니다. 만일 그들이 며칠만이라도 이 원리를 따라 살아본다면 다시는 예전의 삶으로 돌아가려 하지 않을 것입니다. 하지만 그들의 눈은 가려져 있고, 그들의 말은 그들의 마음을 속입니다. 없는 것을 있는 것같이 부르는 것을 배우고 익히십시오. 이렇게 하는 것은 고백을 통하여 하나님께서 약속하신 것들을 실재가 되게 하여 기존의 것들을 폐하는 하나님의 방법입니다.

하나님께서 약속하신 것들을 부르는(고백하는) 것에 대해 이야기하고 있습니다. 우리가 이 약속을 통해 원하는 것을 얻는 것에 대해 하나님께서는 조금도 꺼리는 마음이 없으시며, 오히려 그 반대로 이미 모두 우리에게 주셨습니다.

예수님께서 이 땅에 계실 때에도 이 원리를 따라 사셨습니다. 요한복음 2장에 갈릴리 가나의 혼인잔치 이야기가 나오지요. 혼인잔치 도중에 포도주가 모자라게 되었습니다.

> 그의 어머니가 하인들에게 이르되 너희에게 무슨 말씀을 하시든지 그대로 하라 하니라 거기에 유대인의 정결예식을 따라 두세 통 드는 돌항아리 여섯이 놓였는지라 예수께서 그들에게 이르시되 항아리에 물을 채우라 하신즉 아귀까지 채우니 이제는 떠서 연회장에게 갖다 주라 하시매 갖다 주었더니 (요 2:5-8)

하인들이 항아리 아귀까지 물을 채웠습니다. 그저 물이지요. 커피도 아니고, 포도쥬스도 아니고, 그저 물을 채웠습니다. 그들 모두가 그것이 물이란 것을 알고 있었습니다. 요한도 알고 있었고, 베드로도 알고 있었습니다. 예수님도 항아리 아귀까지 채워진 것은 물이란 것을 아셨습니다.

물이 포도주로 불리었습니다

그런데 예수님이 그 물을 포도주라고 부르셨습니다. 예수님은 이렇게 부르는 일에 우리보다 훨씬 더 잘 개발되신 분이었습니다. 아버지 하나님께서 하신 것처럼 행하셨습니다. 우리가 지금까지 이야기하던 그 원리대로 하셨던 것 아닌가요? 그렇다고 당장 나가서 물을 휘발유로 만들라는 이야기가 아닙니다.

제가 말씀드리려는 것은 예수님께서 원리를 따라 행하셨다는 것입니다. 예수님께서 우리에게 물을 포도주로 만들라거나 포도주를 물로 만들라고 하신 적이 없습니다. 그렇지만 이 원리를 우리의 모든 필요를 채우는데 사용할 수는 있습니다.

예수님께서 이렇게 말씀하셨습니다.

이제는 떠서 연회장에게 갖다 주라 하시매 갖다 주었더니 (요 2:8)

소꿉놀이 같다는 말을 하는 사람이 있습니다.

이렇게 말하는 사람이 있을 것입니다. "그렇게 고백하는 것을 보니 '믿음놀이'를 하는 것 같아 보이네요. 믿음놀이를 하는 세상에 사시는 것 같네요."

성경은 예수님의 첫 기적에 대해 뭐라고 말합니까? "이 처음 소꿉놀이를 행하시니라"라고 하셨나요? 아닙니다. 성경은 이렇게 말합니다.

예수께서 이 처음 표적을 갈릴리 가나에서 행하여…(요 2:11)

'믿음놀이'를 하는 것 같다고 말할지도 모릅니다. 또 많은 분들이 달리 여러 가지로 이야기할지도 모릅니다. 특히 자신들의 보잘것없는 독단적인 교리에 사로잡힌 경건하다고 하는 분들이 이 세상에서 가장 사악한 사람들입니다.

성경이 말하는 원리에 따라 사십시오. 그렇다고 물을 휘발유나 포도주로 바꾸려고 하지는 마십시오. 예수님께서 하신 것을 통해 배우십시오. 예수님은 포도주가 부족하게 되었을 때 그저 앉으셔서 "이 잔치에 포도주가 부족하구나. 포도주가 부족하게 되었어"라고 말씀하지 않으셨습니다. 물을 가져오라고 하시고 그것을 포도주로 부르셨습니다. 그곳에 있던 물을 사용하셔서 필요한 것을 부르셨습니다. 포도주가 아닌 물을 통해 부족한 것 즉 포도주의 결핍을 없애셨습니다.

누가복음 13장에 회당에서의 이야기가 기록되어 있습니다.

> 열여덟 해 동안이나 귀신 들려 앓으며 꼬부라져 조금도 펴지 못하는 한 여자가 있더라 예수께서 보시고 불러 이르시되 여자여 네가 네 병에서 놓였다 하시고 (눅 13:11-12)

예수님께서 그 여인을 부르셔서 "병에서 놓였다"고 말씀하셨습니다. 그렇게 하셨는데도 그 여인은 여전히 구부러진 상태로 있었습니다. 예수님께서 무엇을 하고 계신가요? 믿음놀이를 하고 계신다고 생각하시나요? 아닙니다. 예수님은 먼저 없는 것을 있는 것처럼 부르셨던 것입니다. 기적을 부르셨던 것입니다.

하나님께서는 행하시기 전에 말씀을 하셨습니다

성경을 연구해 보시면 하나님은 어떤 일을 하시기 전에 반드시 먼저 말씀부터 하셨던 것을 알 수 있습니다. 그렇게 하는 것이 하나님께서 일하시는 방법입니다. 언제나 말씀부터 하신 후에 일을 행하셨습니다. 지금도 하나님께서 어떤 일을 하시려면 말씀이 필요합니다. 그러므로 믿음의 기도를 통해 말씀이 선포되거나 예언되거나 고백되어져야 합니다.

예수님께서 등이 구부러진 자에게 나았다고 말씀하셨습니다

이사야는 예수님이 이 땅에 오시기 750년 전에 처녀가 잉태하여 아이를 낳을 것이라고 예언하였습니다. 이것은 예언이었습니다. 하나님께서는 이와 같이 어떤 일을 하시기 전에 반드시 그것에 대해 예언을 하십니다. 예수님도 같은 원리를 따르셨습니다. 등이 구부러진 여인에게 예수님은 "네가 네 병에서 놓였다"고 말씀하셨습니다. 그러나 그 여인은 여전히 등이 구부러진 채로 있었습니다. 예수님은 없는 것을 있는 것같이 부르셨던 것입니다.

안수하시니 여자가 곧 펴고 하나님께 영광을 돌리는지라(눅 13:13)

예수님은 먼저 그녀를 예수님이 바라는 모습으로 부르셨습니다. 믿음은 언제나 폭풍을 뚫고 앞을 볼 수 있습니다. 믿음은 결과를 미리 바라봅니다. 예수님께서 그녀를 부르셨을 때 믿음의 결과를 미리 볼 수 있었습니다. 그래서 그녀를 자신이 원하시는 모습, 즉 허리가 펴진 여인으로 부르셨던 것입니다.

요한복음 1장에 베다니 마을의 나사로에 대한 이야기가 기록되어 있습니다.

이에 그 누이들이 예수께 사람을 보내어 이르되 주여 보시옵소서 사랑하시는 자가 병들었나이다 하니 예수께서 들으시고 이르시되 이 병은 죽을 병이 아니라 하나님의 영광을 위함이요 하나님의 아들이 이로 말미암아 영광을 받게 하려 함이라 하시더라(요 11:3-4)

예수님께서 먼저 "이 병은 죽을 병이 아니라"고 말씀하십니다. 이 말씀에 대해 무슨 생각이 드십니까? 좀 더 읽으셨던 분은 아셨겠지만, 나사로는 죽었습니다.

예수님께서는 죽은 자를 살았다고 부르셨습니다

예수님께서는 나사로의 그 병이 죽음에 이르는 병이 아니며 하나님의 영광을 위한 것이며 하나님의 아들이 이로 인하여 영광을 받게 하려는 것이라고 하셨습니다. 어떤 분은 "예수님께서 나사로가 병들어 죽어 하나님께 영광이 되었다고 하신 것"이라고 말합니다.

나사로가 병든 것은 하나님의 뜻이 아니었습니다. 나사로가 죽는 것도 하나님의 뜻이 아니었습니다.

이 말씀을 해석하면서 왜 나사로의 질병과 죽음이 하나님의 영광이 될 것이라고 볼 수 없는지를 말씀드리겠습니다. 성경을 읽을 때 가장 중요한 규칙은 문자 그대로 읽어야 한다는 것입니다. 그런데 나사로가 죽지 않을 것이라고 하셨던 4절의 예수님 말씀은 문자 그대로 해석하기 어렵습니다. 이미 나사로는 죽었으므로 문자 그대로 해석한다면 예수님께서 거짓말을 하신 셈이 됩니다. 그러나 거짓말과 고백 즉 없는 것을 있는 것같이 부르는 것은 다릅니다. 문자 그대로 해석하면 예수님이 거짓을 말씀하신 것이 되며, 거짓은 죄이므로 예수님이 죄를 지으신 것이 됩니다. 그러나 성경은 예수님은 죄가 없으시다고 말씀합니다. 그러므로 예수님의 말씀을 다른 각도로 이해해야 합니다.

예수님은 마지막 결과를 부르신 것입니다

예수님께서는 일의 결과를 말씀하시는 것입니다. 즉 나사로가 결국 죽지 않게 될 것을 말씀하시는 것이지요. 이 사건의 결말로 인하여 하나님께서 영광을 받으시게 되었습니다. 하나님께서 영광을 받으신 것은 나사로가 병들거나 죽어서가 아니라 죽음에서 일어났기 때문입니다. 아프거나 죽는 것은 하나님께 영광이 되지 못합니다. 살아난 것이 하나님께 영광이 됩니다. 하나님께서 그를 다시 살리셨습니다. 나사로가 죽는 것이 하나님의 뜻이었다면 예수님은 그의 아버지의 사역을 깨버린 셈입니다. 예수님이 이 땅에 오신 목적은 "**…마귀의 일을 멸하려 하심**"입니다(요일 3:8). 예수님께서 나사로를 살리신 것은 마귀의 일을 멸하신 것입니다.

예수님의 예를 따르려면 예수님께서 베다니 마을로 출발하실 때의 모습에서 배울 것이 있습니다.

예수님은 고백 때문에 오해를 받으셨습니다

이 말씀을 하신 후에 또 이르시되 우리 친구 나사로가 잠들었도다 그러나 내가 깨우러 가노라 제자들이 이르되 주여 잠들었으면 낫겠나이다 하더라 예수는 그의 죽음을 가리켜 말씀하신 것이나 저희는 잠들어 쉬는 것을 가리켜 말씀하심인 줄 생각하는지라 (요 11:11-13)

제자들이 예수님께 "나사로가 잠들었으면 낫겠나이다"라고 말했을 때 예수님은 그들이 자신의 말을 오해하고 있다는 것을 아셨습니다. 사실 예수님이 나사로가 잠들었다고 말씀하셨을 때 예수님은 없는 것을 있는 것같이 부르시는 중이었습니다. 나사로는 잠든 것이 아니라 죽었습니다. 예수님도 그가 죽었다는 것을 아셨습니다. 통신수단이 발달하지 않았던 때였으므로 나사로가 죽었다는 소식이 예수님의 일행에게 전달되려면 하루 정도 걸렸습니다. 예수님은 이틀을 더 묵으신 후 베다니로 향하셨습니다. 베다니까지는 하룻길이었습니다. 베다니로 가시던 중에 "나사로가 잠들었다"고 하신 것이지요.

예수님께서 이 말씀을 하신 이유는 나사로에 대한 말씀을 계속 선포하심으로 처음에 나사로가 죽지 않을 것이라고 하셨던 말씀이 취소되지 않도록 하신 것입니다. 그런데 내막을 모르는 제자들이 오해를 한 것이지요.

예수님께서 일이 어떻게 된 것인지 설명하시면서 나타나지 않은 것을 부르셨습니다

예수님께서는 베다니로 가시는 길에 상황을 명확히 설명하셨습니다. **"나사로가 죽었다"**(14절). '죽었다' 라는 표현은 킹제임스 성경의 표현입니다(개역개정 성경도 같음. 역자 주). 그러나 어떤 성경 번역본(Interlinear Greek-English New Testament)에는 "나사로가 죽는다"라고 표현되어 있습니다. 킹제임스 성경은 과거시제지만 이 번역본은 현재시제입니다. 예수님께서 나사로가 죽는다라고 하셨습니다. '어떤 사람이 죽었다' 는 것과 '어떤 사람이 죽는다' 는 표현에는 차이가 있습니다. 예수님의 예에서 그 차이를 알 수 있습니다. 예수님은 죽으셨지만(현재시제) 죽어버리신 것(과거시제)은 아닙니다.

예수님은 아직 나타나지 않은 것을 부르셨습니다. 나사로는 자는 것이 아니라 죽었지만, 예수님은 그가 잔다고 하셨습니다. 예수님은 죽음을 받아들이지 않으셨습니다. 물론 죽은 사실을 부인하신 것은 아닙니다. 다만 나쁜 소식이 전해졌을 때 자신이 선포하신 것 이외의 것이 확정되지 않도록 하셨던 것입니다.

이 예화를 통해 예수님께서 가르치시려는 것은 우리에게 모든 죽은 자를 살리라는 것이 아니라, 없는 것을 있는 것 같이 부르는 원리에 대한 것입니다.

예수님이 베다니에 이르렀을 때 이렇게 말씀하셨습니다.

> 예수께서 이르시되 돌을 옮겨 놓으라 하시니 그 죽은 자의 누이 마르다가 이르되 주여 죽은지가 나흘이 되었으매 벌써 냄새가 나나이다 (요 11:39)

그가 죽은지 나흘이 되었다는 사실은 예수님께서 나사로가 죽었다는 소식을 듣기 전에 나사로가 이미 죽었거나 들은 직후 죽었음을 증명해줍니다. 예수님이 도착하시자 사람들이 예수님께 나사로가 죽은 지 나흘이 되었다고 말했습니다. 예수님은 나사로가 죽은 것을 알고 계셨습니다.

예수님은 무덤을 막고 있는 돌을 치우라고 하십니다.

> 돌을 옮겨 놓으니 예수께서 눈을 들어 우러러 보시고 가라사대 아버지여 내 말을 들으신 것을 감사하나이다 (요 11:41)

예수님께서는 나사로에 대해서는 아무 말씀도 하지 않으신 채 하나님께서 그의 말을 들으신 것에 감사하셨습니다. 사흘 전에 예수님께서 하셨던 말씀에 대한 감사입니다. 예수님께서는 이렇게 말씀하신 것입니다. "아버지 제가 사흘 전에 믿음으로 선포한 것을 들어주셔서 결국엔 나사로가 죽지 않고 하나님께 영광을 돌리게 하시니 감사합니다."

원리를 따르십시오

이 원리를 따르는 것을 배우고 익히십시오. 만일 누가 와서 "숙모가 아프셔서 병원에 가셨는데 곧 돌아가실 것 같아"라는 소식을 전해 준다면 즉시 당신의 믿음을 최대한 사용해서 담대하게 믿음의 고백을 하십시오. "예수 그리스도의 이름으로 숙모님이 살아나시고 돌아가시지 않게 될 것을 믿노라."

"그런데도 끝내 돌아가시면 어떻게 하지요?"

우리는 우리가 가진 믿음을 최대한 사용했습니다. 우리의 최선을 다한 것이지요.

때로는 믿음의 수준에 따라 우리 믿음으로 어떻게 할 수 없는 일들이 있습니다. 아니면 숙모님께서 하늘나라로 가시기를 원하셨을 수도 있습니다. 그렇다면 우리는 숙모를 막을 수 없습니다. 그녀가 원하는 것을 우리가 막을 수 없습니다.

이런 일에 우리가 반드시 이해해야 할 것이 있습니다. 믿음을 사용하면서 그 결과로 인해 정죄받지 말아야 합니다. "내가 누구를 위해 기도했는데 그 사람은 죽고 말았어"라고 자책할 필요는 없습니다. 모든 상황에서 우리가 할 일을 다하면 그것으로 족합니다. 우리가 모든 상황을 다 통제할 수 있는 것이 아닙니다.

중보 기도를 한 사람이 자신의 수명보다 일찍 죽는 것을 지켜보는 것은 괴로운 일이지만, 그것은 각 개인의 선택입니다. 우리에겐 다른 누군가의 선택을 막을 권리는 없습니다.

예수님께서는 마지막 결과를 확정하셨습니다

나사로의 무덤에서 예수님은 하나님 아버지께 이렇게 기도했습니다. **"아버지 내 말을 들으신 것을 감사하나이다."** 예수님께서는 무언가를 세우신 것입니다.

> 항상 내 말을 들으시는 줄을 내가 알았나이다 그러나 이 말씀 하옵는 것은 둘러선 무리를 위함이니 곧 아버지께서 나를 보내신 것을 그들로 믿게 하려 함이니이다(요 11:42)

예수님의 말씀은 이런 의미입니다. "아버지께서 제 말을 들으시는 줄 알았습니다. 그러므로 제가 담대하게 선포하는 것입니다. 하나님 아버지의 뜻을 이 땅에 세우기를 원합니다."

시편 119편 89절은 이렇게 말합니다. **"여호와여 주의 말씀이 영원히 하늘에 굳게 섰사오며"**

하나님의 말씀은 이미 하늘에 굳게 세워졌습니다. 그러나 이 땅에서는 이제 세워져야 합니다. 예수님께서 베드로에게 하신 말씀을 봅시다.

> 내가 천국 열쇠를 네게 주리니 네가 땅에서 무엇이든지 매면 하늘에서도 매일 것이요 네가 땅에서 무엇이든지 풀면 하늘에서도 풀리리라 하시고(마 16:19)

예수님은 이 땅에서의 묶고 푸는 권세에 대해 말씀하는 것입니다. 우리는 **하늘에서** 이미 묶여진 것을 이 땅에서 묶는 권세를 가지고 있습니다. 하늘에서 이미 풀려진 것을 이 땅에서 풀 수 있습니다. 혼자 하는 것이 아니라 우리가 이 땅에서 풀면 하늘에 계신 하나님이 풀어 주십니다. 이 땅에서 풀어주는 것은 우리에게 달려 있습니다. 예수님께서 나사로를 풀어주셨습니다.

이 말씀을 하시고 큰 소리로 나사로야 나오라 부르시니(요 11:43)

예수님께서 죽은 나사로에게 말하기 시작했을 때 베드로는 어떤 생각을 했을까요. 묶고 푸는 권세에 대해 들었지만, 베드로도 당황했을 것입니다.

예수님께서 말씀하셨을 때 그것들은 모두 복종했습니다

예수님은 사역 기간 중에 나무에게 말씀하신 적이 있지요. 바람에게도 말씀하셨습니다. 바다에게도 말씀하셨고, 죽은 자에게도 말씀하셨습니다. 그들은 모두 예수님의 말씀에 복종했습니다. 이것은 모두 없는 것을 있는 것 같이 부르신 것입니다.

나사로가 걸어나올 때 요한은 베드로의 옆구리를 찌르며 "베드로, 저것을 보게! 무덤 입구에 나사로가 서 있군."

그때야 비로소 모든 당황스런 감정들은 사라졌을 것입니다. 우리도 현재의 상황에도 불구하고 하나님의 말씀을 고백하기 시작할 때

당황스런 기분을 느낄 것입니다. 고백이 실제가 되려면 시간이 필요하니까요. 그러나 고백이 실제가 되면 그 당황스런 기분들은 곧 사라질 것입니다.

폭풍 속에서 잠잠하라고 말씀하십니다

마가복음 4장에 예수님께서 없는 것을 부르시는 것이 기록되어 있습니다.

> 그 날 저물 때에 제자들에게 이르시되 우리가 저편으로 건너가자 하시니……큰 광풍이 일어나며 물결이 배에 부딪쳐 들어와 배에 가득하게 되었더라 예수께서는 고물에서 베개를 베고 주무시더니 제자들이 깨우며 이르되 선생님이여 우리가 죽게 된 것을 돌보지 아니하시나이까 하니 예수께서 깨어 바람을 꾸짖으시며 바다더러 이르시되 잠잠하라 고요하라 하시니 바람이 그치고 아주 잔잔하여지더라 (막 4:35,37-39)

예수님께서 바람과 파도에게 말씀하십니다. 예수님께서 배 위에 섰을 때 바람이 세차게 불고 있었고 파도는 배 안으로 들이치고 있었습니다. 심한 파도 정도가 아니라 폭풍이 몰아치고 있었습니다. 예수님은 폭풍을 보고 말씀하십니다. "잠잠하라."

예수님께서 말씀하실 때에는 잠잠한 기운이라고는 전혀 없었습니다. 그러나 없는 것을 있는 것 같이 부르셨습니다. 그런 상황에서 "잠잠하라 고요하라"는 말은 거짓말을 하시는 것 같지 않으신가요? 잠잠하고 고요한 기색이라고는 전혀 없었습니다. 그렇지만 예수님은 그것을 부르셨습니다.

제가 알고 있는 부정적인 분들이 그 배에 없었던 것이 참 다행입니다. 그들이 그곳에 있었더라면 "예수님, 그렇게 하시면 안 됩니다. 현재의 상황만을 정직하게 말씀하셔야지요"라고 말했을 것입니다. 그 상황에서 이렇게 말하고 있어야 한다는 것은 우스운 일 아닌가요. "파도가 엄청나게 치는구나. 바람이 너무나 강하고, 우리 배는 가라앉고 있구나."

많은 분들이 자신의 어려운 상황 속에서 예수님과는 정반대로 행동하므로 자신의 어두운 미래를 앞당기고 있습니다.

나병환자들에게 치유를 부르다

예수님은 이 땅에서 사역하시는 동안 언제나 없는 것을 있는 것 같이 부르셨습니다. 그리고 우리에게 자신처럼 행하라고 가르치셨습니다. 누가복음 17장에는 열 명의 나병환자가 예수님께 구해달라고 외쳤던 이야기가 기록되어 있습니다.

> 한 마을에 들어가시니 나병환자 열 명이 예수를 만나 멀리 서서 소리를 높여 이르되 예수 선생님이여 우리를 불쌍히 여기소서 하거늘 보시고 이르시되 가서 제사장들에게 너희 몸을 보이라 하셨더니 그들이 가다가 깨끗함을 받은지라(눅 17:12-14)

예수님께서는 나병환자들에게 "가서 제사장들에게 몸을 보이라"고 하셨습니다.

예수님이 무엇을 말씀하신 것입니까? 예수님은 그들이 나병환자라는 것을 모르셨습니까?

물론 예수님도 아셨습니다. 그리고 그들이 깨끗하게 될 것을 부르고 계셨던 것입니다. 성경에서는 나병환자들이 제사장을 만나야 할 목적은 오직 그들이 나은 후에 확인을 받기 위한 것이라고 말합니다.

그러므로 예수님께서는 그들의 치유를 부르신 것임을 알 수 있습니다. 나병환자들이 예수님의 말씀을 듣고 이렇게 말했을 수도 있습니다. "우리는 없는 것을 있는 것 같이 부르는 것을 믿을 수 없어요. 아직 실재가 되지 않은 것을 고백하는 것을 믿을 수 없다니까요. 우리는 눈에 보이는 것만을 믿을 수 있어요. 눈에 보이는 대로만 말한답니다."

그랬더라면 그들은 평생을 나병환자로 살아야 했을 것입니다. 그러나 그들은 그렇게 하지 않았다고 성경은 기록하고 있습니다. **"…그들이 가다가 깨끗함을 받은지라."** 그들은 예수님께서 없는 것을 있는 것같이 부르시는 음성에 순종했습니다. 그들이 간 것은 없는 것을 있는 것같이 부르시는 예수님에게 동의한 것입니다.

불구자들에게 예수님께서 **"일어나라 네 침상을 들고 걸어가라"** 고 하실 때마다 없는 것을 있는 것 같이 부르셨던 것입니다.(요 5:5, 눅 5:24)

불구자가 일어서거나 침상을 들고 걸을 수 없다는 것은 우리도 알고 예수님도 아십니다. 예수님께서 그들을 부르신 때는 그들이 아직 침상에 누워 있을 때였습니다. 우리는 행동으로 치유를 불러야 합니다.

누가복음 6장 10절에서 예수님은 손 마른 자에게 손을 뻗으라고 말씀하십니다. 손이 마른 자는 낫기 전까지는 손을 뻗을 수 없습니다. 그런데 그 사람이 예수님의 말씀에 따라 행했을 때 그는 자신의 손이 정상이 되도록 불렀던 것입니다. 이렇게 하는 것이 하나님의 방법입니다.

세 가지 방법

없는 것을 있는 것 같이 부르는 방법은 세 가지입니다. **응답받기 위해 기도함**으로 없는 것을 있는 것같이 부를 수 있습니다. **하나님의 말씀을 고백함**으로 없는 것을 있는 것같이 부를 수 있습니다. 마지막으로 **행동함**으로 없는 것을 있는 것같이 부를 수 있습니다. 성경에 기록된 이 사람들은 예수님의 말씀을 따라 행동함으로 없는 것을 있는 것같이 불렀던 것입니다.

마지막 결과, 즉 열매를 말하는 것은 없는 것을 있는 것처럼 부르는 것입니다. 예수님께서도 계속해서 이 원리를 따라 행동하셨습니다.

우리가 없는 것을 있는 것같이 부르는 원리를 잘 개발하려면 끊임없이 실천해야 합니다. 하루아침에 개발되지는 않습니다. 시간이 필요합니다. 우리가 말하는 것이 이루어지리란 것을 믿는 훈련을 해야 합니다. 날마다 헛된 것만을 말하면서 이 원리가 개발되리라고 기대할 수는 없습니다.

새로운 삶의 방법

옳다 옳다 하거나 아니라 아니라 하십시오. 즉 우리의 속마음이 정확히 우리의 말이 되도록 하십시오. 우리의 말에 믿음을 실을 수 있도록 개발하십시오. 우리의 모든 말에 믿음을 풀어놓는 것을 배우고 익히십시오.

약속의 말씀이 우리 입에 가깝습니다. 먼저 입으로 말하면 마음에 심어집니다.

우리 입으로 없는 것을 있는 것같이 부르는 것이 매우 중요하기 때문에 이 책의 부록으로 고백 예시문을 첨부합니다. 하나님의 창조적인 능력이 우리를 위해 역사할 것입니다. 고백 예시문을 성경적인 고백을 실천하는데 있어 안내서로 사용하십시오. 믿음의 고백은 일시적인 것이 아니며 우리가 이 땅에서 사는 동안 계속해야 하는 새로운 삶의 방식입니다. 아직 우리 눈에 보이지 않지만 우리가 원하는 것을 약속하신 하나님의 약속을 고백하는 일에 부지런하십시오.

이것은 새로운 삶의 방식의 시작입니다.
약속을 날마다 큰 소리로 고백하십시오.
그저 읽는 것으로는 부족합니다.
목청껏 그것이 진리가 되도록 선포하십시오.
믿음은 들음에서 납니다.

하나님의 말씀에 근거한 고백문 예시

하나님의 말씀에 근거한 고백문입니다.

**염려와 걱정을 없애려면
하루에 세 번 그리고 매 번 3회씩 고백하십시오.**

나는 그리스도의 몸이며 사단은 나에게 아무런 해를 끼칠 수 없습니다. 나는 선으로 악을 이기는 사람이기 때문입니다(고전 12:27, 롬 12:21).

나는 하나님께 속하였고, 사단을 이미 이겼습니다. 내 안에 계신 분이 세상에 있는 자보다 크시기 때문입니다(요일 4:4).

주님! 주님께서 저와 함께하시니 어떤 어려움도 두렵지 않습니다. 주님의 말씀과 주님의 성령이 나를 위로하십니다(시 23:4).

학대받는 일이 내게 있을 수 없으며, 나를 해치는 일도 생길 수 없습니다(사 54:14).

나는 여호와의 의로움을 덧입었으므로, 나를 해치려는 무기는 아무런 힘도 쓰지 못하게 되었습니다. 나는 시냇가에 심은 나무와 같아서 내가 하는 일마다 번성할 것입니다(사 54:17, 시 1:3).

나는 악한 이 세상에서 건져 냄을 받았습니다. 그것은 나를 향한 하나님의 뜻입니다(갈 1:4).

내게는 어떤 악한 일도 일어나지 않습니다. 내가 거하는 곳에 재앙이 가까이 오지 못할 것입니다. 주께서 나를 위하여 천사들을 보내셔서 내가 어디를 가든지 나를 지키게 하셨습니다. 내가 가는 길에는 생명만 있고, 사망이 없습니다(시 91:10-11, 잠 2:8).

나는 하나님의 말씀을 행하는 자이므로, 나의 행한 일마다 복이 따라옵니다. 하나님의 말씀을 행하므로 늘 축복을 누립니다(약 1:22).

악한 자가 내게 불화살을 쏠 때마다, 나는 믿음의 방패를 가지고 그것들을 모두 소멸시킵니다(엡 6:16).

그리스도께서 나를 대신하여 율법의 저주를 받으셨으므로 나는 율법의 저주에서 풀려났습니다. 그러므로 율법의 저주인 질병이 내 몸에 생길 수 없노라. 모든 병균과 모든 바이러스는 예수의 이름으로 내 몸에 닿는 즉시 모두 죽을지어다. 내 몸의 모든 기관과 조직은 하나님께서 창조하실 때 부여받은 기능을 완벽하게 수행하라. 예수의 이름으로 내 몸에게 명하노니 잘못 작동하는 일을 중단하라(갈 3:13, 롬 8:11, 창 1:30, 마 16:19).

나는 이긴 자입니다. 어린양의 피와 나의 증거하는 말로 이겼습니다(계 12:1).

내가 하나님께 순복하며 예수 그리스도의 이름으로 마귀를 대적하므로 마귀는 나를 피해 달아납니다(약 4:7).

하나님의 말씀이 영원히 하늘에 굳게 섰습니다. 그러므로 내가 그 하나님의 말씀을 이 땅에 세울 것입니다(시 119:89).

나의 자녀들은 여호와의 가르침에 순종할 것이므로 큰 평강을 누립니다(사 54:13).

체중을 조절하려면
이 문장들을 하루에 세 번 고백하십시오

나는 체중이 늘어날 정도로 많이 먹기를 원치 않습니다. 내 몸은 하나님께 드려졌으며 내주하시는 성령님의 거처입니다. 나는 내 맘대로 할 수 있는 것이 아니며, 하나님께서 값주고 사신 것입니다. 그러므로 내가 예수 그리스도의 이름으로 명하노니 체중이 늘어나는 것을 거절하노라. 내 몸아 예수 그리스도의 이름으로 명하노니 식욕을 가라 앉혀라. 잘못된 욕구들은 죽을 지어다. 그리고 하나님의 말씀과 일치할 것을 명하노라(참조; 롬 8:13,12:1, 고전 6:19,20)

물질적인 필요를 채우기 위해서는
이 문장들을 하루에 세 번 고백하십시오

그리스도께서 나를 대신하여 율법의 저주를 받으셨으므로 나는 율법의 저주에서 풀려났습니다. 그러므로 율법의 저주인 가난으로부터 해방되었고, 질병으로부터 해방되었으며, 영적 죽음에서 해방되었습니다(갈 3:13, 신 28장).

나의 주 예수 그리스도께서 나에게 가난 대신 부요함을 주셨고, 질병 대신 건강을 주셨고, 죽음 대신 영생을 주셨습니다(고후 8:9. 요 10:10, 요 5:24).

하나님의 말씀은 내게 모두 그대로 이루어집니다(시 119:25).

나의 기쁨은 여호와 안에 있습니다. 왜냐하면 그분이 내 마음의 소원을 이루어 주시기 때문입니다(시 37:4).

내가 주었으므로 사람들이 내게 후히 되어 누르고 흔들어 넘치도록 하여 안겨 줄 것입니다(눅 6:38).

내가 헤아리는 그 헤아림으로 나도 헤아림을 받게 될 것입니다. 나는 많이 심으므로 많이 거둡니다. 나는 즐거운 마음으로 드립니다. 그러므로 나의 하나님이 능히 모든 은혜를 넘치게 해주셔서 모든 일에 항상 모든 것이 넉넉하므로 모든 착한 일을 넘치게 합니다(고후 9:6-8).

나의 하나님이 그리스도 예수 안에서 영광 가운데 그의 풍성한 대로 나의 모든 쓸 것을 채우시기에 내겐 부족함이 전혀 없습니다(빌 4:19).

여호와는 나의 목자가 되셔서 돌보시므로 내겐 부족함이 없습니다. 예수께서 가난하게 되심은 그의 가난함을 인하여 나를 부요하게 하기 위함입니다. 예수께서 오신 것은 나로 생명을 얻고 더 풍성한 삶을 살게 하려 함입니다(시 23:1, 고후 8:9, 요 10:10).

넘치는 은혜와 의로움을 선물로 받았으므로 예수 그리스도로 말미암아 내 삶에서 왕 노릇합니다(롬 5:17).

여호와는 그의 종의 번영을 기뻐하시며, 나는 아브라함이 받은 복을 받았습니다(시 35:27, 갈 3:14).

지혜와 인도하심을 얻기 위하여
이 문장들을 하루에 세 번 고백하십시오

진리의 성령이 내 안에 계셔서 나에게 모든 것을 가르치시며 그가 나를 모든 진리 가운데로 인도하십니다. 그러므로 내가 처한 어떤 상황도 능히 대처할 수 있는 완전한 지혜가 있음을 고백합니다. 나에게는 하나님의 지혜가 있습니다(요 16:13, 약 1:5).

나는 마음을 다하여 여호와를 의뢰하고 내 명철을 의지하지 않습니다(잠 3:5).

나는 범사에 하나님을 인정하며 하나님은 나의 길을 지도하십니다(잠 3:5-6).

여호와께서 나와 관계된 것을 완전케 하실 것입니다(시 138:8).

나는 그리스도의 말씀이 모든 지혜로 내 속에 풍성히 거하게 합니다(골 3:16).

나는 선한 목자를 따르며 그분의 음성과 타인의 음성을 구별하므로 타인의 음성을 따라가지 않습니다(요 10:4,5).

예수는 나에게 지혜와 의로움과 거룩함과 구원함이 되셨습니다. 그러므로 나는 하나님의 지혜를 가졌음을 고백합니다. 나는 그리스도 예수 안에서 하나님의 의가 되었습니다(고전 1:30, 고후 5:21).

나는 모든 신령한 지혜와 총명에 하나님의 뜻을 아는 지식으로 가득 채워졌습니다(골 1:9).

나는 그리스도 안에 있으므로 새로운 피조물이 되었습니다. 나는 그리스도 예수 안에서 새로 만들어진 자이므로 그리스도의 마음을 가졌으며 내 속에서는 하나님의 지혜가 만들어집니다(고후 5:17, 엡 2:10, 고전 2:16).

나는 옛 사람을 벗어버렸으며, 새 사람을 입었습니다. 새 사람은 나를 창조하신 하나님의 형상대로 지식에까지 새롭게 하심을 받은 사람입니다(골 3:10).

나는 하나님을 알 수 있는 지혜와 계시의 영을 받았습니다. 나의 마음의 눈은 밝아졌으며, 나는 이 세대를 본받지 않고 오직 마음을 새롭게 함으로 변화를 받아 하나님의 선하시고 기뻐하시고 온전하신 뜻이 무엇인지 분별합니다(엡 1:17, 롬 12:2).

하나님께 위로와 힘을 얻기 원할 때마다 이것을 고백하십시오

나는 하나님을 아는 지식이 점점 증가하고 있습니다. 또한 그의 영광의 힘을 좇아 얻은 모든 능력으로 힘이 강해졌습니다(골 1:10-11).

나는 흑암의 권세에서 건짐 받았으며 하나님께서 사랑하는 아들의 나라로 옮겨졌습니다(골 1:13).

나는 하나님께로부터 난 자이므로 세상을 이기는 믿음이 내 속에 있습니다. 내 안에 계신 이가 세상에 있는 이보다 더 크십니다(요일 5:4-5, 요일 4:4).

나는 내게 능력 주시는 자 그리스도 안에서 모든 것을 할 것입니다(빌 4:13).

여호와를 기뻐하는 것이 나의 힘입니다. 여호와는 내 생명의 능력이십니다(느 8:10, 시 27:1).

모든 지각에 뛰어난 하나님의 평강이 내 마음과 생각을 지킵니다. 나는 무엇에든지 참되며, 무엇에든지 경건하며, 무엇에든지 옳으며, 무엇에든지 정결하며, 무엇에든지 사랑할만하며, 무엇에든지 칭찬할 만한 것을 생각합니다(빌 4:7,8).

나는 더러운 말을 내 입 밖에 내지 않고, 오직 덕을 세우는데 소용되는 대로 선한 말을 하여 듣는 자들에게 은혜를 끼칩니다. 나는 하나님의 성령을 근심하게 하지 않습니다. 그 안에서 나는 구원의 날까지 인치심을 받았습니다(엡 4:29-30).

나는 사랑 안에서 하나님의 말씀의 진리를 말하며 범사에 주 예수 그리스도에게까지 자라갑니다(엡 4:15).

아무도 아버지 손에서 나를 빼앗지 못합니다. 나에게는 영생이 있기 때문입니다(요 10:29).

나는 하나님의 평강이 나의 마음을 주장하게 합니다. 나는 어떤 것도 염려하기를 거부합니다(골 3:15).

하나님이 나를 위하십니다. 하나님이 지금 내 안에 계시는데 누가 나를 대적할 수 있으리요. 하나님께서 생명과 경건에 속한 모든 것을 나에게 주셨습니다. 그러므로 나는 신의 성품에 참여한 자입니다(고후 6:16, 요 10:10, 벧후 1:3-4, 롬 8:31).

나는 믿는 자이며 이런 표적들이 나를 따릅니다. 예수의 이름으로 귀신을 쫓아내며, 새 방언을 말하며, 무슨 독을 마실지라도 해를 받지 아니하며, 뱀을 집으며, 병든 자에게 손을 얹은즉 낫게 됩니다(막 16:17-18).

예수께서 나에게 그의 이름을 사용할 권세를 주셨습니다. 내가 땅에서 매는 것은 하늘에서 매이고 내가 땅에서 푸는 것은 하늘에서도 풀립니다. 그러므로 주 예수 그리스도의 이름으로 나는 정사와 권세와 이 어두움의 세상 주관자들을 결박하노라. 내가 예수의 이름으로 하늘에 있는 악의 영들을 결박하고 무너뜨려 나에게 해를 끼치지 못하도록 무력화시키노라(마 16:19, 마 18:18, 엡 6:12).

나는 모든 정사와 권세의 머리이신 그리스도 안에서 충만하여졌습니다(완전하게 되었습니다). 하나님께서 나를 그리스도 예수 안에서 선한 일을 하도록 새로 지으셨습니다. 하나님께서 내가 그렇게 행하도록 미리 정해두신 것입니다(골 2:10, 엡 2:10).

믿음의 말씀사 출판물

믿음의말씀사에서 발행되는 모든 도서는 본사에서 직영판매하며,
본사 대표전화 또는 홈페이지를 통해서만 구입이 가능합니다.
구입문의 : 031-8005-5483 / 5493 http://faithbook.kr

케네스 해긴의 「믿음 도서관」 책들   케네스 해긴 지음 · 김진호 옮김

- 믿는 자의 권세 (생애기념판) | 양장본 신국판 264p / 값 13,000원
- 당신이 알아야 하는 신유에 관한 일곱 가지 원리 | 국판 112p / 값 5,000원
- 기도의 기술 | 국판 208p / 값 7,000원
- 인간의 세 가지 본성 (증보판) | 국판 128p / 값 5,500원
- 어떻게 하나님의 영으로 인도받을 수 있는가? (생애기념판) | 국판 272p / 값 10,000원
- 믿음의 계단 | 국판 240p / 값 8,500원
- 마이더스 터치 | 국판 272p / 값 10,000원
- 당신을 향한 하나님의 계획 | 국판 256p / 값 8,500원
- 하나님 가족의 특권 | 국판 176p / 값 6,500원
- 나는 환상을 믿습니다 | 국판 208p / 값 7,000원
- 하나님의 계획과 목적과 추구 | 국판 224p / 값 8,000원
- 역사하는 기도 | 국판 256p / 값 9,000원
- 병을 고치는 하나님의 말씀 | 국판 184p / 값 7,000원
- 영적 성장 | 국판 192p / 값 7,000원
- 치유의 기름부음 | 국판 336p / 값 10,000원
- 크게 성장하는 믿음 | 국판 160p / 값 6,000원
- 신선한 기름부음 | 국판 176p / 값 7,000원
- 예수 열린 문 | 국판 216p / 값 8,000원
- 믿음이란 무엇인가 | 국판 64p / 값 2,500원
- 진짜 믿음 | 국판 56p / 값 2,000원
- 기름부음의 이해 | 국판 256p / 값 9,000원
- 그리스도께서 지금 하고 계시는 일 | 국판 64p / 값 2,500원
- 승리하는 교회 | 신국판 496p / 값 15,000원
- 믿음의 양식 | 국판 384p / 값 13,000원
- 조에 | 국판 96p / 값 4,000원
- 그리스도의 선물 | 신국판 368p / 값 12,000원

- 믿음이 흔들리고 패배한 것 같을 때 승리를 얻는 법 | 신국판 160 p / 값 7,000원
- 충분하고도 넘치는 하나님 엘 샤다이 | 국판 64 p / 값 2,500원
- 하나님의 말씀 : 모든 것을 고치는 치료제 | 국판 72p / 값 3,000원
- 믿음의 선한 싸움을 싸우는 법 | 국판 200 p / 값 7,000원
- 내주하시는 성령 임하시는 성령 | 국판 256 p / 값 9,000원
- 방언 | 신국판 384 p / 값 12,000원
- 재정적인 번영에 대한 성경적 열쇠들 | 국판 240 p / 값 9,000원
- 그리스도 안에서 | 문고판 48p / 값 1,000원
- 새로운 탄생 | 문고판 48p / 값 1,000원
- 방언기도의 능력을 풀어 놓으라 | 문고판 64p / 값 1,200원
- 재정 분야의 순종 | 문고판 48p / 값 1,000원
- 말 | 문고판 48p / 값 1,000원
- 나는 지옥에 갔다 왔습니다 | 문고판 48p / 값 1,000원
- 하나님의 처방약 | 문고판 48p / 값 1,000원
- 더 좋은 언약 | 문고판 48p / 값 1,000원
- 옳은 사고방식 틀린 사고방식 | 문고판 64p / 값 1,200원
- 속량 - 가난, 질병, 영적 죽음에서 값 주고 되사다 | 문고판 64p / 값 1,200원
- 예수의 보배로운 피 | 문고판 48p / 값 1,000원
- 하나님을 탓하지 마십시오 | 문고판 48p / 값 1,000원
- 네 주장을 변론하라 | 문고판 48p / 값 1,000원
- 셀 모임에서 성령인도 받기 | 문고판 48p / 값 1,000원
- 네 염려를 주께 맡겨라 | 문고판 80p / 값 2,000원
- 성령을 받는 성경적인 방법 | 문고판 64p / 값 1,200원
- 안수 | 문고판 48p / 값 1,000원
- 치유를 유지하는 법 | 문고판 48p / 값 1,000원
- 사랑은 결코 실패하지 않습니다 | 문고판 48p / 값 1,000원

기타「믿음의 말씀」설교자의 책들

- 성령의 삶 능력의 삶 | 데이브 로버슨 지음 · 김진호 옮김 / 신국판 480p / 값 13,000원
- 왕과 제사장 | 김진호 지음 / 국판 136p / 값 6,500원
- 새로운 피조물의 실재 | 김진호 지음 / 국판 256p / 값 9,000원
- 믿음의 반석 | 최순애 지음 / 국판 352p / 값 12,000원
- 새 언약의 기도 | 최순애 지음 / 신국판 192p / 값 8,000원

- 위글스워스: 하나님과 함께 동행했던 사람 | 조지 스토몬트 지음 · 김진호 옮김 / 국판 192p / 값 7,000원
- 위글스워스: 하나님의 능력으로 불타오른 삶 | 윌리엄 하킹 지음 · 김진호 옮김 / 국판 104p / 값 5,000원
- 승리하는 믿음 | 스미스 위글스워스 지음 · 김진호 옮김 / 46판 112p / 값 4,000원
- 스미스 위글스워스의 천국 | 스미스 위글스워스 지음 · 박미가 옮김 / 신국판 320 p / 값 11,000원
- 스미스 위글스워스의 매일묵상 | 스미스 위글스워스 지음 · 박미가 옮김 / 신국판 600 p / 값 20,000원
- 위글스워스는 이렇게 했다 | 피터 J. 매든 지음 · 박미가 옮김 / 국판 272p / 값 9,000원
- 스미스 위글스워스의 능력의 비밀 | 피터 J. 매든 지음 · 박미가 옮김 / 국판 200p / 값 7,000원
- 행동하는 신자들 | T. L. 오스본 지음 · 김진호 옮김 / 46판 112p / 값 4,000원
- 기적 - 하나님 사랑의 증거 | T.L. 오스본 지음 · 김진호 옮김 / 46판 144p / 값 4,500원
- 새롭게 시작하는 기적 인생 | T.L. 오스본 / 라도나 오스본 지음 · 박미가 옮김 / 46판 288p / 값 8,000원
- 좋은 인생 | T. L. 오스본 지음 · 박미가 옮김 / 신국판 416p / 값 13,000원
- 성경적인 치유 | T.L. 오스본 지음 · 김진호 옮김 / 국판 272p / 값 10,000원
- 능력으로 역사하는 메시지 | T.L. 오스본 지음 · 김주성 옮김 / 신국판 368p / 값 12,000원
- 100개의 신유 진리 | T.L. 오스본 지음 · 김진호 옮김 / 문고판 48p / 값 1,000원
- 하나님의 큰 그림 | 라도나 C. 오스본 지음 · 문지숙 옮김 / 46판 160p / 값 5,500원
- 믿음의 말씀 고백 기도집 | 잔 오스틴 지음 · 김진호 옮김 / 46판 160p
- 하나님의 사랑의 흐름 | 잔 오스틴 지음 · 김진호 옮김 / 46판 48p
- 견고한 진 무너뜨리기 | 잔 오스틴 지음 · 김진호 옮김 / 46판 48p
- 초자연적인 흐름을 따르는 법 | 잔 오스틴 지음 · 김진호 옮김 / 46판 96p
- 당신의 운명을 바꿀 수 있습니다 | 잔 오스틴 지음 · 김진호 옮김 / 46판 96p
- 복을 취하는 법 | R.R.쏘아레스 지음 · 김진호 옮김 / 국판 128p / 값 5,500원
- 주는 자에게 복이 되는 선물 | R.R.쏘아레스 지음 · 김병수 옮김 / 국판 160p / 값 6,000원
- 믿음으로 사는 삶 | 코넬리아 나줌 지음 · 신현호 옮김 · 김진호 추천 / 46판 176p / 값 6,000원
- 그리스도 안에 있는 나를 인정하기 | 마크 행킨스 지음 · 김진호 옮김 / 문고판 48p / 값 1,000원
- 여기서 머물지 말라 | 크리스 오야킬로메 지음 · 김진호 옮김 / 46판 72p / 값 2,500원
- 방언기도학교 31일 | 크리스/애니타 오야킬로메 지음 · 이종훈/김인자 옮김 / 46판 80p / 값 2,500원
- 이제 당신이 거듭났으니 | 크리스 오야킬로메 지음 · 김진호 옮김 / 문고판 64p / 값 1,500원
- 당신의 인생을 재창조하라 | 크리스 오야킬로메 지음 · Paula Kim 옮김 / 국판 48p / 값 2,000원
- 이 마차에 함께 타라 | 크리스 오야킬로메 지음 · Paula Kim 옮김 / 국판 128p / 값 5,000원
- 붉은 줄의 기적 | 리차드 부크 지음 · 황성하 옮김 / 국판 288p / 값 10,000원
- 당신은 이미 가졌습니다 | 앤드류 워맥 지음 · 두영규 옮김 / 국판 320p / 값 11,000원
- 당신이 말한 대로 얻게 됩니다 | 돈 고셋 지음 · 전진주 옮김 / 국판 288p / 값 10,000원
- 예수-치유의 길 건강의 능력 | 윌포드 H. 리트 지음 · 김진호 옮김 / 국판 304p / 값 11,000원
- 믿음과 고백 | 찰스 캡스 지음 · 신현호 옮김 / 신국판 384 p / 값 12,000원

예닮 선교센터
Word of Faith Mission Center

예닮교회
- MISSION – 선교하라고 복 주신 교회
- WORD – 믿음의 말씀을 전파하는 교회
- SPIRIT – 표적과 기사가 함께하는 교회

목회자 컨퍼런스
믿음의 말씀 네트워크 목회자 대상

국제 기독 학교
New Creation International School, 미국 중고등학교 과정 홈스쿨링

예수선교사관학교
새로운 피조물의 계시를 바탕으로, '믿음의 말씀' 과 '성령의 능력'으로 구비된 하나님 군대의 장교를 배출하는 사역자 훈련학교
- 홈페이지 : www.ejma.co.kr · 전화 : 031) 8005-8482

믿음의 말씀사
케네스 해긴, T.L. 오스본, 스미스 위글스워스 등 믿음의 말씀 계열 고전 및 대표 서적을 번역·출간하는 전문 출판사
- 홈페이지 : http://faithbook.kr · 전화 : 031) 8005-5483 / 5493

예닮선교센터
Word of Faith Mission Center

경기도 용인시 기흥구 마북동 323-4
Tel : 031) 8005-8894~6
www.jesuslike.org

예수 선교 사관학교
Jesus Mission Academy

당신을 향한 하나님의 계획을 찾아 이루고 싶으십니까?

예수 선교 사관학교는 당신을 위한 훈련소입니다!
예수 선교 사관학교는 '믿음의 말씀' 과 '성령의 능력' 으로 구비된 하나님 군대의 장교를 배출하는 사역자 훈련 학교입니다.

- 새로운 피조물 – 새 언약의 비밀인 새로운 피조물에 대한 분명한 계시
- 믿음의 말씀 – 말씀이 실재가 되는 능력 있는 그리스도인의 삶

■ 강의 진행
수업 연한 : 1년 (학기제 운영, 매년 연말 입학 지원)
수업 내용 : "믿음의 말씀"에 관한 핵심 이론

■ 모집 대상

모집구분	월요 정규반	온라인 e-JMA
수업방식	매주 월요일(9:30-17:30 종일반) 용인 예닮선교센터에 **직접 출석**	인터넷 eJMA 사이트를 통하여 **온라인 수강**
대 상	믿음의 말씀으로 훈련 받기 원하는 **현직 목회자 및 사역 헌신자**	믿음의 말씀을 배우기 원하는 자
입학전형	서류전형 및 필기, 면접 시험	서류전형만 시행

* 1개 반에만 선택하여 지원할 수 있으며, 입학 후에는 다른 반으로 이동이 불가합니다.

예수선교사관학교
Jesus Mission Academy

경기도 용인시 기흥구 마북동 323-4
Tel : 031) 8005-8482
www.ejma.co.kr